Karte: Alfred Skowronski

DIE
VERGESSENEN
DER TAIGA

Wassili Peskow

DIE VERGESSENEN DER TAIGA

Das Überleben der Familie Lykow
in den Weiten Sibiriens

Aus dem Russischen
von Renate Janssen-Tavhelidse

Weltbild

Die russische Originalausgabe erschien 1990 unter dem Titel
Tajoshny Tupik beim Verlag Molodaja Gwardija, Moskau
Die französische Ausgabe erschien unter dem Titel
Ermites dans la Taïga beim Verlag Actes Sud, Arles

Die deutsche Ausgabe ist um das vorletzte
Kapitel erweitert worden.

Besuchen Sie uns im Internet:
www.weltbild.de

Genehmigte Lizenzausgabe
für Verlagsgruppe Weltbild GmbH,
Steinerne Furt, 86167 Augsburg

Aus dem Russischen von Renate Janssen-Tavhelidse
Umschlaggestaltung: Studio Höpfner-Thoma, München
Gesamtherstellung: Clausen & Bosse GmbH,
Birkstraße 10, 25917 Leck
Printed in Germany
ISBN 3-8289-6806-6

2005 2004 2003
Die letzte Jahreszahl gibt
die aktuelle Lizenzausgabe an.

INHALTSVERZEICHNIS

VORWORT DES AUTORS

Die »Vergessenen der Taiga« bedürfen in Rußland keiner Erläuterung. Es gibt kaum einen Zeitungsleser, der nicht wüßte, daß es hierbei um das Schicksal der Lykows geht. Zum erstenmal berichtete die *Komsomolskaja Prawda* im Jahre 1982 über diesen »Fund« einer Gruppe von Geologen in der Taiga. Das Interesse an der kleinen Dokumentarerzählung war enorm. Schließlich ging es um eine Familie, die über dreißig Jahre lang von den Menschen isoliert gelebt hatte. Und das nicht irgendwo im sonnigen Süden, sondern in Sibirien, in der Taiga. Da war alles von Interesse: die Umstände, die zu der einzigartigen Robinsonade geführt hatten, der Zusammenhalt dieser Menschen im Daseinskampf, ihre Findigkeit und Geschicklichkeit und natürlich der religiöse Glaube, der sie zu diesem Leben ohne Ausweg veranlaßt hatte, ihnen aber in ihrer extremen Situation auch ein Halt war.

Mein besonderes Interesse galt dem Schicksal der beiden letzten überlebenden Mitglieder der Familie: Agafja und Karp Ossipowitsch. Sie hatten, wenn auch am Rande, Fühlung aufgenommen mit dem, was sie das »weltliche Leben« nennen. Wie würde sich dieser Prozeß gestalten, und wohin würde er führen? Seit 1982 halte ich mich, ob im Winter, im Sommer oder im Herbst, so oft wie möglich bei den Lykows auf. Und jedesmal finde ich in ihrem Leben und Schicksal etwas Neues und Interessantes.

Ich möchte all jenen danken, die die Lykows unterstützt

und auch mir geholfen haben, zu der kleinen Hütte am Abakan zu gelangen. Ihre Namen finden Sie in der Erzählung.

Von der Familie Lykow lebt heute nur noch die jüngste Tochter Agafja. Manchmal erfreut sie mich mit einem kleinen Brief: Zettelchen mit »gedruckten« altkirchenslawischen Buchstaben. Wir haben eine Vereinbarung: Sie schreibt sofort, wenn etwas Wichtiges passiert. Im vorigen Jahr berichtete sie von einem seltsamen Wolf, der sich neben ihrer Hütte »niedergelassen« hat. Und die neueste Nachricht: die Geologen in der Nachbarschaft stellen ihre Arbeiten ein... Aber von alledem werden Sie ja im folgenden lesen können.

W. Peskow 14. Mai 1990

NIKOLAI USTINOWITSCH ERZÄHLT

Im Februar 1982 erhielt ich einen Anruf des Krasnojarsker Heimatkundlers Nikolai Ustinowitsch Shurawljow, der sich auf der Rückreise vom Süden[1] nach Sibirien befand. Er fragte, ob die Zeitung nicht an einer einzigartigen Story interessiert sei... Eine Stunde später saß ich in einem Hotel im Zentrum Moskaus und hörte meinem sibirischen Gast aufmerksam zu.

Er erzählte mir, daß in den Chakassischen Bergen, in einer abgelegenen, schwer zugänglichen Region des Westlichen Sajan, Menschen entdeckt worden waren, die seit über vierzig Jahren völlig abgeschieden von der Welt lebten. Eine kleine Familie. In ihr waren zwei Kinder aufgewachsen, die von Geburt an keinen Menschen außer ihren Eltern gesehen und eine Vorstellung von der menschlichen Welt nur aus deren Erzählungen hatten.

Ich fragte sofort, ob Nikolai Ustinowitsch dies vom Hörensagen wisse, oder ob er die »Einsiedler« selbst gesehen habe. Der Heimatkundler erzählte, er habe zunächst in einem dienstlichen Schriftstück über den »Zufallsfund« einer Gruppe von Geologen gelesen, dann aber im Sommer selbst diesen entlegenen Winkel der Taiga aufgesucht. »Ich war in ihrer Hütte. Und sprach mit ihnen wie jetzt mit Ihnen. Mein Eindruck? Feuer machen sie mit dem Wetz-

1 Gemeint sind die südlichen Urlaubsgebiete der ehemaligen UdSSR, also die Schwarzmeerküste und Kaukasien (A. d. Ü.).

stahl, Licht erzeugen sie durch Kienspäne ... Sie leben wie in der Zeit vor Peter dem Ersten[1], vermengt mit ein paar Spritzern Steinzeit. Im Sommer laufen sie barfuß, im Winter tragen sie Schuhwerk aus Birkenrinde. Sie benutzen kein Salz, Brot kennen sie nicht. Die Sprache haben sie bewahrt. Aber die jüngeren Familienmitglieder kann man nur schwer verstehen ... Inzwischen halten sie Kontakt zu der Gruppe von Geologen, und offensichtlich freuen sie sich über jedes noch so kurze Zusammentreffen mit den Menschen. Aber nach wie vor sind sie vorsichtig, an ihrem Alltag und ihrer Lebensweise hat sich kaum etwas geändert. Grund für ihr Einsiedlerleben ist religiöses Sektierertum, das in seinen Wurzeln auf die Zeit vor Peter dem Ersten zurückgeht. Bei dem Namen Nikon[2] spucken sie aus, sie bekreuzigen sich mit zwei Fingern, von Peter dem Ersten sprechen sie wie von ihrem Intimfeind. Von Ereignissen jüngeren Datums wissen sie nichts. Elektrizität, Radio, Sputniks liegen jenseits ihres Vorstellungsvermögens.«

Entdeckt hatte man die »Robinsons« im Sommer 1978. Bei geologischen Luftaufnahmen direkt am Oberlauf des Abakan waren Eisenerzvorkommen gefunden worden. Eine Gruppe von Geologen sollte dort abgesetzt werden, um die Vorkommen zu untersuchen. Aus der Luft hielt der Hubschrauber Ausschau nach einem geeigneten Landeplatz. Das war mühselige Kleinarbeit. Die Piloten überflogen viele Male die tiefe Gebirgsschlucht, um abzuschätzen, wo der Uferkiesel für eine Landung geeignet wäre.

Bei einem der Anflüge auf den Berghang erspähten die Piloten etwas, das deutliche Ähnlichkeit mit einem Gemüsegarten hatte. Zuerst glaubten sie, sich zu irren. Wie sollte

1 Peter I., der Große (1672–1725): russischer Zar, führte Reformen nach westlichem Vorbild durch (A.d.Ü.).

2 Nikon (1605–1681): russischer Patriarch von Moskau (seit 1652); suchte gegen die Altgläubigen, die Raskolniki, (v. a. gegen Awwakum) Liturgie- und Kirchenreformen durchzusetzen (A.d.Ü.).

Der Oberlauf des Abakan, nicht weit entfernt von der Hütte der Lykows.

ein Gemüsegarten in eine unbewohnte Region gelangen? In eine Gegend wie ein »weißer Fleck« im wahrsten Sinne? Bis zur nächstgelegenen Siedlung flußabwärts waren es zweihundertfünfzig Kilometer... Und dennoch ein Gemüsegarten! Dunkle Furchen zogen sich quer über den Hang – aller Wahrscheinlichkeit nach Kartoffeln. Und die Lichtung im großen dunklen Lärchen- und Zirbelkiefernwald konnte auch nicht von selbst entstanden sein. Da war abgeholzt worden, und zwar vor langer Zeit.

Als sie die Höhe verringerten und so dicht wie möglich über den Bergspitzen flogen, erspähten die Piloten in Gartennähe so etwas wie eine Behausung. Sie flogen noch eine Runde. Eine Behausung! Und da ein kleiner Pfad zum Bach. Und gehacktes Holz zum Trocknen. Menschen waren jedoch nicht zu sehen. Ein Rätsel! Auf Pilotenkarten ist in einer solchen menschenleeren Gegend jeder bewohnte Flecken, selbst eine im Sommer leerstehende Jagdhütte, unbedingt eingetragen. Und nun dieser Gemüsegarten!

Die Piloten zeichneten auf der Karte ein Kreuzchen ein und setzten ihre Suche nach einem Landeplatz fort. Sie fanden ihn schließlich am Fluß, fünfzehn Kilometer entfernt von der rätselhaften Stelle. Als sie die Geologen über die Ergebnisse des Aufklärungsflugs unterrichteten, war der rätselhafte Fund natürlich das Hauptthema.

Vier Geologen nahmen die Arbeiten an den Wolkowsker Erzvorkommen auf, drei Männer und eine Frau, die Gruppenleiterin Galina Pismenskaja. Mit der Taiga allein, konnten sie nicht eine Minute vergessen, daß es irgendwo in der Nähe diesen geheimnisvollen »Gemüsegarten« gab. In der Taiga ist es weniger gefährlich, einem wilden Tier zu begegnen, als einem unbekannten Menschen. Um dem Rätseln ein Ende zu machen, beschlossen die Geologen, die Lage unverzüglich zu klären. Und nun führe ich wohl am besten an, was Galina Pismenskaja selbst erzählt.

»Wir warteten geeignetes Wetter ab und packten Gastgeschenke in den Rucksack, aber für alle Fälle überprüfte ich meine Pistole, die ich seitlich trug.

Die von den Piloten markierte Stelle lag ungefähr fünf Kilometer bergaufwärts am Hang. Beim Aufstieg trafen wir plötzlich auf einen Pfad. Selbst ein ungeübtes Auge hätte gesehen: Dieser Pfad wurde seit Jahren benutzt, und noch vor kurzem war hier jemand gelaufen. An einer Stelle fanden wir einen an einen Baum gelehnten Stecken. Dann sahen wir zwei Kornspeicher. In diesen auf Pfählen stehenden Bauten entdeckten wir Körbe aus Birkenrinde mit getrockneten Kartoffelscheiben. Aus irgendeinem Grund beruhigte uns dieser Fund, so daß wir unseren Weg schon zuversichtlicher fortsetzten. Spuren menschlichen Lebens begegneten wir nun immer wieder: ein weggeworfener ausgedienter Korb, ein als Brücke über dem Bach liegender Baumstamm, Spuren eines Lagerfeuers...

Dann stießen wir in der Nähe des Baches auf eine Behau-

Das »Gut« der Lykows. Zu sehen sind die Streifen der Kartoffelfurchen und die Hütte. Ein solches Bild bot sich 1980 den Piloten.

sung. Rund um die von Zeit und Regen schwarz gewordene Hütte sahen wir allerlei Dinge, die man in der Taiga findet: Baumrinden, Stangen und Bretter. Wäre da nicht das Fensterchen von der Größe meiner Rucksacktasche gewesen, hätte man es kaum für möglich gehalten, daß hier Menschen lebten. Aber es gab keinen Zweifel daran: Neben der Hütte grünte ein gepflegter Gemüsegarten mit Kartoffeln, Zwiebeln und Rüben. Am Rand lag eine Hacke, an der frische Erde klebte.

Unsere Ankunft war offensichtlich bemerkt worden. Die kleine Tür quietschte. Und dann trat, wie im Märchen, die Gestalt eines altertümlichen Greises heraus. Er war barfuß. Am Leib trug er ein über und über geflicktes Hemd aus Sackleinen. Aus dem gleichen Stoff waren die Hosen, und auch sie waren voller Flicken. Sein Bart war ungekämmt, auf dem Kopf trug er zottiges Haar. Er hatte einen erschrockenen, sehr aufmerksamen Blick und wirkte unentschlossen. Von einem auf den anderen Fuß tretend, als ob die Erde plötzlich heiß geworden wäre, schaute der Alte uns stumm an. Auch wir schwiegen. So ging es eine ganze Weile. Irgend etwas mußten wir sagen. Schließlich brachte ich heraus:

›Guten Tag, Großvater! Wir wollten euch besuchen...‹

Der Alte antwortete nicht sofort. Er lief umher, schaute sich um, berührte mit der Hand einen Riemen, der an der Wand hing, und schließlich hörten wir eine leise, unentschlossene Stimme:

›Kommt herein, wenn ihr schon da seid...‹

Der Alte öffnete die Tür, und wir befanden uns plötzlich in einer muffigen, klebrigen Dunkelheit. Wieder herrschte beklemmende Stille, die plötzlich von Schluchzen und Wehklagen unterbrochen wurde. Erst jetzt bemerkten wir die Silhouetten zweier Frauen. Die eine hatte einen hysterischen Anfall und betete: ›Das ist die Strafe für unsere Sünden, für unsere Sünden...‹ Die andere hielt sich an einem Pfeiler fest, der einen durchhängenden Balken abstützte,

In dieser kleinen Hütte, auf dem Berg und fern vom Fluß errichtet, haben die Lykows ungefähr vierzig Jahre lang gelebt.

und ließ sich langsam auf den Boden niedersinken. Durch das kleine Fenster fiel Licht auf ihre aufgerissenen Augen, sie waren zu Tode erschrocken, und wir verstanden: Wir mußten schnellstens nach draußen. Der Alte folgte uns. Auch er war sehr verwirrt und sagte, die beiden seien seine Töchter.

Wir wollten unseren neuen Bekannten Gelegenheit geben, zu sich zu kommen, machten in der Nähe erst einmal ein Lagerfeuer und packten unseren Proviant aus.

Nach etwa einer halben Stunde erschienen unter dem Vordach der kleinen Hütte drei Figuren und näherten sich unserem Lagerfeuer: der Alte und seine beiden Töchter. Von Hysterie war keine Spur mehr, ihre Gesichter zeigten Schrecken und offene Neugier zugleich.

Eine Bewirtung mit Konserven, Tee und Brot lehnten die drei entschieden ab: ›Das ist uns nicht möglich!‹ Sie stellten einen gußeisernen Topf mit im Bach gewaschenen Kartoffeln auf den steinernen Herd neben der Hütte, deckten ihn mit einer Steinplatte zu und warteten. Auf die Frage, ob sie irgendwann schon einmal Brot gegessen hätten, sagte der Alte: ›Ich habe es gegessen. Aber sie nicht. Noch nicht einmal gesehen haben sie es.‹

Die Töchter trugen genau wie der Alte Kleidung aus hausgewebtem Hanfsackleinen. Sackartig war auch der Schnitt der ganzen Kleidung, ein Loch für den Kopf, ein Strick als Gürtel. Und alles war übersät mit Flicken.

Das Gespräch kam zunächst nicht in Fluß. Nicht nur aus Verlegenheit. Wir konnten die Sprache der Töchter nur schwer verstehen. Sie enthielt viele altertümliche Wörter, deren Bedeutung wir nur erraten konnten. Die Art zu sprechen war ebenfalls sehr eigenartig: ein gedämpftes Rezitativ mit Artikulation durch die Nase. Wenn die Schwestern untereinander sprachen, erinnerte der Klang ihrer Stimmen an ein verzögertes, gedämpftes Gurren.

Gegen Abend hatte sich unsere Bekanntschaft recht weit entwickelt, so daß wir bereits wußten, daß der Alte Karp Ossipowitsch hieß und seine Töchter Natalja und Agafja. Ihr Familienname war Lykow.

Die Jüngere, Agafja, verkündete mitten im Gespräch mit offenkundigem Stolz, daß sie lesen könne. Nachdem sie den Vater um Erlaubnis gefragt hatte, huschte Agafja in die Behausung und kam mit einem schweren, verräucherten Buch zurück. Sie schlug es auf ihren Knien auf, und in derselben singenden Weise, wie sie sprach, las sie nun ein Gebet vor. Dann wollte sie zeigen, daß Natalja ebenfalls lesen konnte, und legte ihr das Buch auf die Knie. Danach verfielen alle in bedeutungsvolles Schweigen. Man spürte, daß lesen zu können bei diesen Leuten hochgeschätzt und möglicherweise ihr größter Stolz war.

›Kannst du lesen?‹ fragte mich Agafja. Alle drei warteten neugierig auf meine Antwort. Ich sagte, daß ich lesen und schreiben kann. Dies, so schien uns, enttäuschte unsere

Gastgeber ein wenig, war das Lesen- und Schreibenkönnen für sie doch offensichtlich eine außergewöhnliche Gabe. Aber Können ist Können, und damit betrachteten sie mich als ihresgleichen.

Der Alte hielt es dann für notwendig, mich zu fragen, ob ich ein Mädchen sei. Der Stimme nach und auch sonst – wie ein Mädchen, aber die Kleidung… Das amüsierte sowohl mich als auch meine drei Begleiter, die Karp Ossipowitsch erklärten, daß ich nicht nur schreiben und lesen könne, sondern auch der Chef der Gruppe sei. ›Unerforschlich sind Deine Wege, o Herr!‹ sagte der Alte und bekreuzigte sich. Und auch die Töchter begannen zu beten.

Mit Gebeten unterbrachen unsere Gesprächspartner immer wieder unsere lange andauernde Unterhaltung. Es gab beiderseits viel zu fragen. Schließlich war es an der Zeit, unsere wichtigste Frage zu stellen: Wie hatte es diese Menschen hierhin verschlagen, so abseits von jeglicher Zivilisation? Der Alte, immer noch auf der Hut, sagte, er und seine Frau seien auf Befehl Gottes von den Menschen weggegangen. ›Es ist uns nicht möglich, mit der Welt zu leben…‹

Die Geschenke, die wir mitgebracht hatten – ein Stück Stoff, Garn, Nähnadeln, Angelhaken –, wurden dankbar entgegengenommen. Die Schwestern schauten einander an, strichen mit den Händen über den Stoff und hielten ihn gegen das Licht.

Damit ging die erste Begegnung zu Ende. Der Abschied war beinahe schon freundschaftlich, und wir spürten: In der kleinen Hütte im Wald würde man nun schon auf uns warten.«

Man kann die Neugier der vier jungen Leute verstehen, die so völlig unverhofft auf ein Bruchstück fast »fossilen« Lebens gestoßen waren. Wenn es das Wetter zuließ, eilten sie an jedem freien Tag zu dem verborgenen Winkel der Taiga.

»Es hatte den Anschein, als wüßten wir bereits alles über das Schicksal der Vergessenen in der Taiga, die Neugier, Erstaunen und Mitleid zugleich erregten, als sich plötzlich herausstellte, daß wir noch nicht alle aus der Familie kennengelernt hatten.«

Beim vierten oder fünften Besuch trafen die Geologen den Hausherrn nicht in seiner Hütte an. Auf ihre nachforschenden Fragen antworteten die Schwestern ausweichend: »Er kommt bald.« Der Alte kam, aber nicht alleine. Er erschien auf dem Pfad in Begleitung zweier Männer. Jeder hielt einen Stecken. Sie trugen ebenfalls jene Kleidung aus geflicktem Sackleinen, waren barfuß und hatten einen Bart. Sie waren nicht mehr ganz jung, obwohl man ihr Alter schlecht schätzen konnte. Sie blickten beide voller Neugier und ge-

So sah die Familie im ersten Jahr ihrer Bekanntschaft mit den Geologen aus: hausgewebte Kleidung, Schultersäcke, Stecken in der Hand.

spannter Aufmerksamkeit. Zweifellos hatten sie durch den Alten bereits von den Visiten im verborgenen Winkel erfahren. Sie waren auf eine Begegnung vorbereitet. Dennoch konnte sich der eine nicht beherrschen beim Anblick jener Person, die bei ihnen die größte Neugier weckte. Er drehte sich zu dem anderen um und rief: »Dmitri, ein Mädchen! Ein Mädchen steht da!« Der Alte brachte seine Begleiter zur Raison. Er stellte sie als seine Söhne vor.

»Das ist der ältere, Sawin. Und das hier ist Dmitri...«

Bei dieser Vorstellung standen die Brüder mit gesenktem Blick und auf ihre Stecken gestützt da. Wie sich herausstellte, lebte man in dieser Familie aus irgendeinem Grund getrennt. Sechs Kilometer von hier, nahe am Fluß, stand eine weitere Hütte mit Gemüsegarten und Keller. Das war die männliche »Filiale« der Siedlung. Beide Hütten waren mit einem Pfad verbunden, auf dem man beinahe täglich hin und her pendelte.

Nun begannen auch die Geologen diesen Pfad zu benutzen.

Galina Pismenskaja: »Das freundschaftliche Empfinden war aufrichtig und beiderseitig. Dennoch hegten wir keinerlei Hoffnung, daß die Einsiedler bereit wären, unser Basislager zu besuchen, das fünfzehn Kilometer flußabwärts lag. Zu oft hatten wir schon die Phrase gehört: ›Das ist uns nicht möglich.‹ Wie erstaunt waren wir aber, als eines Tages der ganze Trupp bei den Zelten auftauchte, vorneweg der Alte selbst, dann die ›Kinderschar‹: Dmitri, Natalja, Agafja, Sawin. Der Alte trug eine hohe Kappe aus Moschustierfell, die Söhne hatten aus Sackleinen genähte Mönchskappen. Alle fünf waren in Sackleinen gekleidet und barfuß und hielten Stecken in der Hand. Auf den Schultern trugen sie Säcke mit Kartoffeln und Zirbelnüssen, die sie uns mitgebracht hatten.

Wir unterhielten uns angeregt über allgemeine Themen.

Gegessen haben wir aber wieder getrennt – ›uns ist euer Essen nicht möglich!‹ Sie setzten sich in einiger Entfernung unter eine Zirbelkiefer, schnürten ihre Säcke auf und kauten »Brot« aus Kartoffeln, das schwärzer aussah als die Erde beim Abakan. Dazu tranken sie Wasser aus *Tujesoks*[1]. Dann machten sie sich ans Nüsseknacken, und schließlich fingen sie zu beten an.

Im ihnen zugewiesenen Zelt schauten sich die Gäste lange um und überprüften mit ihren Händen die Feldbetten. Dmitri ging ohne sich auszuziehen zu Bett. Sawin war unentschlossen. Endlich setzte er sich neben das Bett und schlief so, im Sitzen. Später erfuhr ich, daß er sich auch in der Hütte angewöhnt hatte, in der Position zu schlafen: ›So ist es Gott gefälliger.‹

Das praktisch denkende Familienoberhaupt tastete eine ganze Weile die Kante des Zeltes ab, überprüfte die Reißfestigkeit der Leinwand und schnalzte mit der Zunge: ›Oh, die ist fest, die ist gut! Davon ein Paar Hosen, die würden nicht verschleißen...‹«

Im September, als auf den Gipfeln der erste Schnee lag, mußten die Geologen abreisen. Sie suchten die kleinen Taigahütten auf, um sich zu verabschieden. »Und wie wäre es, wenn ihr mit uns kämt?« fragte das »Chef-Mädchen« halb im Scherz. »Ihr könnt euch niederlassen, wo ihr wollt. Wir helfen euch, eine Hütte zu bauen, ihr legt einen Gemüsegarten an...«

»Nein, uns ist das nicht möglich!« winkten alle fünf ab.

Zum Abschied beschrieb der Hubschrauber zwei Kreise über dem Berg mit dem »Gemüsegarten«. Neben einem Haufen frischgeernteter Kartoffeln standen fünf Menschen und sahen nach oben. Sie winkten nicht und standen reglos da. Nur einer von ihnen fiel auf die Knie und betete.

1 *Tujesok*: rundes Körbchen aus Birkenrinde (A. d. Ü.).

In der »zivilisierten Welt« rief der Bericht der Geologen über ihre Entdeckung in der Taiga natürlich eine Vielzahl von Gerüchten, Klatsch und Mutmaßungen hervor. Was waren das für Leute? Die Alteingesessenen am Abakan versicherten, das seien *Kershak*-Altgläubige[1], so etwas habe es früher schon gegeben.

Aber es tauchte auch das Gerücht auf, daß sich in den zwanziger Jahren ein Oberleutnant der Weißen Garde, angeblich der Mörder seines älteren Bruders, in die Taiga zurückgezogen habe und sich nun mit seiner Frau versteckt hielt. Man sprach auch über die dreißiger Jahre: »Was es da nicht alles gab ...«

Nikolai Ustinowitsch Shurawljow beschloß, teils aus dienstlichen Gründen, teils aus heimatkundlicher Leidenschaft für alles Ungewöhnliche, in diesen entlegenen Winkel der Taiga vorzudringen. Und das ist ihm auch gelungen. Mit einem Bergführer und einem Polizeisergeanten aus der Rayonhauptstadt Taschtyp gelangte er zu dem »Gemüsegarten« in der Taiga und fand dort alles wie beschrieben vor. Die fünf Menschen lebten nach wie vor in zwei Hütten, überzeugt, daß es sich für »wahre Christen« genau so zu leben ziemte.

Die Besucher wurden mit Vorsicht empfangen. Dennoch erhielten sie einige Erklärungen: Es handelte sich um eine Altgläubigen-Familie, die sich in den zwanziger Jahren in die Taiga zurückgezogen hatte.

Der Alte, Karp Ossipowitsch Lykow, war 83 Jahre alt, sein ältester Sohn Sawin 56, Natalja 46, Dmitri 40, und die Jüngste, Agafja, war im 39. Lebensjahr.

Sie führten eine äußerst armselige Existenz, die aus Gebeten, dem Lesen ihrer liturgischen Bücher und einem wahren Daseinskampf unter beinahe urgesellschaftlichen Bedingungen bestand.

1 *Kershak*: sibirischer Anhänger der alten Lehre (A. d. Ü.).

Den Besuchern stellten sie keine Fragen. Die Erzählungen über das Leben von heute und dessen wichtigste Ereignisse »hörten sie sich wie Marsmenschen an«.

Nikolai Ustinowitsch hielt sich nur einen Tag bei den Lykows auf. Er stellte fest, daß die Geologen, deren Gruppe schon um einige Personen erweitert war, relativ oft in den »Gemüsegarten« der Lykows hinaufstiegen. Die einen aus verständlicher Neugier, die anderen, um den »Alten« beim Bau ihrer neuen Hütte oder bei der Kartoffelernte zu helfen. Die Lykows gehen auch hin und wieder in die Siedlung. Nach wie vor laufen sie barfuß, aber in der Kleidung ist einiges von dem Geschenkten aufgetaucht. Der Alte hat Gefallen an einem Filzhut mit schmaler Krempe gefunden, die Töchter tragen schwarze Kopftücher. Sawin und Dmitri haben die Hosen aus selbstgewebtem Material eingetauscht gegen solche, die aus Zeltstoff genäht sind.

Was Nikolai Ustinowitsch erzählte, war interessant, warf aber viele Fragen auf, auf die mein Gesprächspartner keine vollständigen Antworten hatte. Es war nicht ganz klar, auf welche Weise die Familie Lykow an diesen Punkt äußerster Entfernung von den Menschen gekommen war. Auch war es interessant, anhand konkreter menschlicher Schicksale die Spuren des *Raskol*[1] zu verfolgen, über den seinerzeit so viel geschrieben worden war. Wichtiger aber als religiöse Momente war für mich die Frage, wie sie eigentlich lebten.

Wie konnten diese Menschen überleben, nicht in den Tropen, inmitten von Bananen, sondern in der sibirischen Taiga, wo der Schnee im Winter bis an die Gürtellinie reicht und die Temperatur unter minus dreißig Grad sinkt? Essen, Kleidung, Gebrauchsgegenstände, Feuer, Licht in

1 *Raskol*: russ.: Spaltung. Im Rußland des 17. Jahrhunderts entstandene, auf Erhaltung der alten religiösen Grundsätze und der alten Lebensart gerichtete Glaubensbewegung (A. d. Ü.).

Agafja und Dmitri. Die beiden kamen besonders gern zu den Geologen und hatten immer ein Mitbringsel dabei: Kartoffeln aus dem Gemüsegarten in der Taiga.

der Behausung, Gartenbestellung, Bekämpfung von Krankheiten, Zeitrechnung – wie wurde all das gemacht und geschafft, welche Anstrengungen und Kenntnisse erforderte das? Und zog es sie nicht zu den Menschen hin? Wie stellten sich die jüngeren Lykows, deren Geburtsstätte die Taiga war, die sie umgebende Welt vor? Welche Beziehung hatten sie zu Vater und Mutter und untereinander? Was wußten sie von der Taiga und deren Bewohnern? Wie stellten sie sich das »weltliche« Leben vor? Sie wußten doch, daß es das irgendwo gab, und sei es nur durch die am Himmel fliegenden Flugzeuge.

Und dann gab es ja noch die nicht unwesentliche Geschlechterproblematik, den Instinkt zur Weitergabe des Lebens. Wie konnten Mutter und Vater, die doch wußten, was Liebe ist, ihren Kindern diese Freude vorenthalten, die das Leben jedem Wesen schenkt? Schließlich noch die Begegnung mit den Menschen. Für die Jüngeren in der Familie bedeutete sie zweifellos eine Erschütterung. Was hatte sie den Lykows gebracht – Freude oder vielleicht Bedauern, daß das Geheimnis ihres Lebens gelüftet worden war? Es gab noch viele andere spannende, unerklärliche Momente dieses einsamen Lebens.

Nikolai Ustinowitsch und ich saßen in dem Moskauer Hotel und brachten eine ganze Liste von Fragen zu Papier. Wir beschlossen: Sobald der Sommer beginnt und diese einsame Gegend per Expedition zu erreichen ist, besuchen wir die Lykows.

DAS FERNE LAND AM ABAKAN

September 1982

Heute, wo ich in meiner Wohnung nahe Moskau über meinen Papieren sitze, Strom und Telefon habe, dazu ein Fernsehgerät, auf dessen Bildschirm gerade vier Männer und eine Frau in der Schwerelosigkeit schwimmen und lächelnd Grüße zur Erde schicken, kommt mir alles, was ich im Juli gesehen habe, unwirklich vor. So erinnert man sich an einen klaren, langen Traum. Aber all das war geschehen! Hier die vier Notizbücher mit ihren Regenspuren, den Zirbelnadeln und zwischen den Seiten zerquetschten Mücken. Hier die Karte mit der eingezeichneten Route. Hier schließlich der bereits in Umschläge sortierte Farbfilm, der mit einer für das Gedächtnis unerreichbaren Überzeugungskraft jede Einzelheit der Reise wiederaufleben läßt.

Schauen Sie sich auf der Karte die Mitte Sibiriens an, und zwar das Jenisseibecken. In dieser Region, die Krasnojarsk heißt, gibt es unterschiedliche Naturzonen. Im Süden, wo der Abakan in den Jenissei mündet, ist es nicht schlechter als in den Steppen Astrachans. Hier werden Wassermelonen, Zuckermelonen und Tomaten geerntet. »Das Italien Sibiriens« nennt man diese Gegend auch. Im Norden, wo sich der Jenissei schon in ein Meer verwandelt, suchen die Hirsche unter dem Schnee nach Futter, und die Menschen leben ausschließlich von dem, was die Hirschzucht einbringt. Von Süden nach Norden sind es Tausende Kilometer, von der Steppe über die Waldsteppe, den breitesten Gürtel der Taiga, und die Waldtundra bis hin zur Polarzone. Über die Erschließung dieser Region wird bei uns viel geschrieben. Und sie ist schon recht zugänglich. Aber ist es ein Wunder, wenn es hier auch noch »Krähwinkel«, »weiße Flecken« gibt, Stellen, die noch völlig unberührt sind?

Landschaft im Sajan-Gebirge.

Der uns interessierende Ort liegt im Süden Sibiriens: in Chakassien, wo sich das Altai- und das Sajangebirge treffen. Suchen Sie auf der Karte den Ursprung des Abakan-Flusses und zeichnen Sie zur Erinnerung rechts davon ein Kreuz ein – das ist die Stelle, wo wir hinwollten und von wo wir später nur mit Mühe herausfanden.

Der Erde hat es in ihren jungen Jahren gefallen, die Gebirgsketten hier so miteinander zu verwirren, daß dieser Ort äußerst unzugänglich geworden ist. »Hier gibt es keine passierbare Straße, nicht einmal einen leidlich guten Pfad. Eine kaum sichtbare, von der Taiga überwucherte Spur ist zur Benutzung geeignet für starke, widerstandsfähige Menschen, aber auch nur mit einem gewissen Risiko.« (Aus dem Bericht einer geologischen Expedition.)

»Um hierhin vorzudringen, sind einige Barrieren zu überwinden, und je weiter man vorankommt, desto höher und steiler wird eine jede von ihnen«, lesen wir in einem anderen Bericht.

In Sibirien dienten die Flüsse den Menschen von jeher als die zuverlässigsten Wege. Der Abakan jedoch, der in diesen Gegenden seinen Ursprung nimmt, ist derartig launisch und gefährlich, daß es nur zwei bis drei Tollkühnen – alteingesessenen Jägern mit langen, hechtförmigen Booten – gelingt, flußaufwärts nahe an die Quelle heranzukommen. Und die Gegend um den Fluß ist völlig menschenleer. Die erste Siedlung, das Städtchen Abasa, ist von der eingezeichneten Stelle ungefähr zweihundertfünfzig Kilometer entfernt.

Zur Illustration lassen Sie mich eine spätere Episode vorwegnehmen. Als wir auf dem Rückweg von dem »Gemüsegarten« in der Taiga waren, gerieten wir in eine Unwetterperiode und saßen eine ganze Weile in der Geologensiedlung fest, wo wir auf den Hubschrauber warteten. Wir probierten alles mögliche aus, was man bei Regen zum Zeitvertreib machen kann. Viermal schwitzten wir in der *Banja*[1], einige Male gingen wir in die Taiga zu den Bohranlagen, sammelten Heidelbeeren und fotografierten Burunduks (sibirische Streifen-Erdhörnchen), angelten Äschen, schossen mit der Pistole auf leere Konservendosen, erzählten einander sämtliche Märchen. Und als es schon nicht mehr auszuhalten war, machten wir eine schüchterne Andeutung über das Boot, das in der kleinen Bucht des Abakan festgemacht war. »Das Boot?« fragte der Chef der Geologen. »Und wenn die Reise mit einer schwarzumrandeten Anzeige endet, unterschrieben von den ›trauernden

1 *Banja*: russisches Schwitzbad, Sauna (A. d. Ü.).

Kameraden‹? Ihnen kann das dann ja egal sein, aber ich bekomme es mit dem Staatsanwalt zu tun.« Verlegen machten Nikolai Ustinowitsch und ich einen Rückzieher. Aber wohl am zehnten Tag, als es immer noch Bindfäden regnete, tauchte das Wort »Boot« langsam wieder auf. »Na gut«, sagte der Chef, »wir wollen's riskieren! Aber ich komme mit.«

Und wir schifften uns ein! Sechs Mann und dreihundert Kilo Gepäck: ein Fotokoffer, ein Faß Benzin, ein Ersatzmotor, Stangen, eine Axt, Rettungsgürtel, Regenmäntel, ein Eimer mit eingelegten Äschen, Brot, Zucker, Tee – all das konnte in dem Boot aus Abasa, das schon vieles erlebt hatte, untergebracht werden. Am Heckmotor nahm Waska Denissow Platz, ein Bohrarbeiter und findiger und erfahrener Bursche, bislang jedoch nur Kandidat im sehr exklusiven Kreis jener Pfundskerle, die sicher durch den ganzen Abakan zu steuern vermögen.

Furcht hat tausend Augen, und möglicherweise war die Gefahr nicht so groß, wie es uns Neulingen schien. Aber wahrlich, nicht nur einmal hörten wir die Engel singen. In der engen Felsschlucht der Taiga rast der Abakan, zersplittert sich dabei in Nebenarme, bildet Sperren aus weggeschwemmtem Holz und schäumt an den steinigen Furten auf. Unser Boot war für diesen Fluß ein Holzspielzeug, das man gegen die Felsen schleudern, in einer Stromschnelle umkippen oder unter die Sperren aus Baumstämmen ziehen konnte. Das Wasser floß nicht, es flog! Zeitweise war das Stromgefälle derartig stark, daß es schien, als sauste das Boot auf einer schaumbedeckten, steilen Rolltreppe abwärts. In solchen Minuten gedachten wir alle schweigend unserer Verwandten und engen Freunde.

Aber gepriesen sei unser Steuermann – es ist nichts passiert! Waska machte nirgends einen Fehler, er wußte, von welchem der Nebenarme und in welchem Augenblick man abbiegen, wo man Vollgas geben, wo das Tempo verringern und wo man sich nur mit Hilfe von Stangen fortbewegen mußte; namentlich kannte er die unter Wasser verborgenen Klippen, an denen viele Boote zerschellt waren... Als Transportweg ist der Oberlauf des Abakan gefährlich und unsicher. Aber wer diese Strecke jemals zurückgelegt hat, der wird eine besondere Auffassung von der wilden, unberührten Schönheit haben, die das menschliche Auge bislang nur gestreift hat.

Die Natur lächelte uns an. Die Hälfte des Weges legten wir bei Sonnenschein zurück. Die den Fluß umzingelnden Berge strömten den Geruch von Nadelholz im Juli aus, das felsige, fliederfarbene Ufer schimmerte bunt vor Blumen, der Himmel war stechend blau. Mal verbargen die Krümmungen des Flusses die Reihe geheimnisvoller Hügel, mal öffneten sie sie unserem Blick, und jeden Augenblick konnte der Fluß uns ein Geheimnis der Taiga schenken: Auf einer steinigen Landzunge konnte ein Bär erscheinen, ein Maral (ein sibirischer Edelhirsch), ein Elch, oder es konnte

Den Abakan mit dem Boot zu befahren, ist gefährlich. Es gibt Stellen, an denen man unbedingt anhalten und überlegen muß, wie das Hindernis zu umgehen ist.

ein Auerhahn übers Wasser fliegen... Alles im Leben ist veränderlich. Über eine Woche hatten wir das Wetter verwünscht, weil es den Hubschrauber nicht zu uns ließ. Jetzt aber waren wir den Unbilden der Witterung dankbar, hatten sie uns doch in die Umarmung des Abakan getrieben.

Die Reise dauerte zwei Tage mit Übernachtung in einer Winterjagdhütte. Aber sie kam uns viel länger vor. Zweihundertfünfzig Kilometer – und völlig unbewohnt! Als wir vom Wasser aus den ersten Rauch aus einem Schornstein erblickten, begannen alle wie auf Kommando lauthals zu schreien: »Abasa!!!« Die erste Siedlung am Abakan kam uns in diesem Augenblick vor wie das Zentrum des Universums.

So war also unsere Rückkehr aus der Taiga verlaufen, nachdem wir die Lykows getroffen hatten. Ich habe meine kleine Erzählung über die Begegnung mit diesen Menschen und ihrem ungewöhnlichen Schicksal von hinten angefangen, damit man ein Gefühl dafür bekommt und sich vorstellen kann, wie weit sie sich von den Menschen entfernt haben und warum sie nur zufällig entdeckt wurden.

In Abasa übernachteten wir und sahen dieses an die Taiga grenzende ländliche Städtchen nun auf einmal mit völlig anderen Augen. Es war ja tatsächlich die Hauptstadt dieser Region. An der Anlegestelle lagen ein paar hundert Boote, die dem glichen, mit dem wir aus der Taiga gekommen waren. Auf ihnen transportiert man hier Heu, Holz, Pilze, Beeren, Zirbelnüsse, und man geht mit ihnen auf die Jagd und zum Fischfang. Am Ufer bauten Zimmerleute in der Nähe der Anlegestelle neue Boote. Alte Frauen kamen hierher, um sich auf die Bänke zu setzen. Abends gingen hier Pärchen spazieren, Jungen trieben sich bei den Booten herum, junge Burschen überprüften und reparierten Motoren oder erzählten, wenn sie wie wir vom Fluß gekommen waren, was sie gesehen und erlebt hatten.

Direkt an die Anlegestelle grenzten die eingezäunten Gärten der gemütlichen, solide gebauten sibirischen Häuser. Äpfel reiften neben den Häusern. Die Gemüsegärten verströmten den Geruch von in der Sonne gewärmtem Dill und Sonnenblumen. Von den Häusern ging das harzige Aroma akkurat gestapelten Brennholzes aus. Es war Samstag, und neben jedem Haus dampfte die Banja. Auf den breiten, ordentlichen Straßen des Städtchens teilten Kälber und »Shigulis« – als Exportversion unter dem Namen »Lada« bekannt – friedlich Gras und Asphalt miteinander. Plakate kündigten den bevorstehenden Besuch eines prominenten Filmschauspielers an. Und auf dem Schwarzen Brett lasen wir ohne jegliche Verwunderung folgendes Zettelchen: »Tausche Wohnung in Leningrad gegen Wohnung in Abasa.« Hier wohnen Bergbauern, Holzfäller, Geologen und Jäger. Sie alle sind dem gemütlichen, malerischen Abasa innig zugetan. So verhält es sich also mit dem Städtchen am Rande der Taiga.

Hier suchten wir nach einem der Wagemutigen, die am Oberlauf des Flusses gewesen waren. Wir wollten uns nach dieser Gegend und allem erkundigen, was wir bei den Lykows und den Geologen zu erfragen nicht geschafft oder vergessen hatten. Wir besuchten den Jäger Juri Moganakow und verbrachten den ganzen Abend in seinem Haus. »Die Taiga ist dort nicht arm! Dort wächst vieles, läuft vieles herum«, sagte der Jäger. »Aber es ist und bleibt die Taiga. In den Bergen fällt schon im September Schnee, und er bleibt bis zum Mai liegen. Es kommt vor, daß es noch im Juni schneit und ein paar Tage nicht taut. Im Winter geht einem der Schnee bis zur Gürtellinie, und Frost ist bis unter dreißig Grad. Das ist Sibirien!«

Von den Lykows hatte Juri schon gehört. Im vergangenen Jahr hatte ihn die Neugier sogar bis zu ihrer Hütte getrieben. Auf die Frage, was er von ihrer Art, in der Taiga zu leben, hielte, sagte der Jäger, er möge die Taiga, ginge immer mit Freuden dorthin, »aber mit noch größerer Freude komme ich wieder hierher, nach Abasa, zurück«. Nachdenklich fügte er hinzu: »Sein Leben in der Taiga einzumauern, ohne Menschen, ohne Salz, ohne Brot, das ist ein großer Fehler. Der alte Lykow selbst hat diesen Fehler, glaube ich, begriffen.«

Wir fragten auch, wie es die Lykows geschafft haben konnten, den Abakan so weit hinauf zu fahren, wenn heutzutage, wo ein Boot zwei sehr starke Motoren hat, nur einige wenige den Mut haben, es mit dem Fluß aufzunehmen. »Sie führten das Boot im Schlepptau und mit Stangen. Früher sind alle so gefahren, wenn auch nicht sehr weit. Aber Karp Lykow ist, wie ich gesehen habe, ein Kershak besonderen Schlags. Er ist durchgekommen! Wahrscheinlich brauchte er acht Wochen für das, was ich heutzutage in zwei Tagen schaffe.«

...Und der Hubschrauber brauchte bis zu diesem Winkel nur zwei Stunden. Um zehn Uhr morgens sind wir gestartet, und bereits um zwölf hielten wir Ausschau nach einem Landeplatz.

DIE BEGEGNUNG

Zwei Stunden flogen wir über der Taiga und stiegen dabei immer höher gen Himmel. Dazu zwang uns die zunehmende Höhe der Berge. Flach und ruhig in der Gegend um Abasa, wurden sie allmählich strenger und beängstigender. Die sonnendurchfluteten, grünen und freundlichen Täler wurden enger und verwandelten sich am Ende des Weges in dunkle, steile Schluchten mit Flüssen und Bächen, die wie Silberfäden schimmerten.

»Wir fliegen den Zielpunkt an!« schrie mir der Hubschrauberkapitän ins Ohr.

Wie kleine Glassplitter in der Sonne glitzerte der Fluß in der dunklen Schlucht, und über ihr schwebte der Hubschrauber und senkte sich mehr und mehr... Wir landeten auf dem Kiesel neben der Geologensiedlung. Bis zur Behausung der Lykows war es, wie wir wußten, noch fünfzehn Kilometer flußaufwärts, bevor es dann steil bergan ging. Wir brauchten einen Bergführer. Bereits vor dem Abflug aus Abasa hatten wir uns per Funk mit ihm verabredet, und da war er auch schon: Jerofej Sasontjewitsch Sedow, ein bärenstarker Bohrmeister und waschechter Sibirier. Seine »Kollegen« warfen Gummistiefel, Rucksäcke und eine in Sackleinen gewickelte Säge durch die geöffnete Hubschraubertür, und schon waren wir wieder in der Luft, schwebten über dem Abakan und folgten den Flußkrümmungen in der engen Schlucht.

Unmittelbar bei der Hütte der Lykows zu landen, ist unmöglich. Sie steht an einem Berghang, und außer dem Gemüsegarten gibt es keine einzige abgeholzte Stelle in der Taiga. Allerdings ist irgendwo in der Nähe flußaufwärts ein kleiner Sumpf, auf dem man zwar nicht landen, den man aber sehr tief anfliegen kann. Vorsichtig zogen die Piloten Kreis um Kreis und inspizierten die kleine Lichtung, in der das Wasser gefährlich glänzte. Bei diesen Anflügen sahen wir auch den Gemüsegarten, der aus der Luft entdeckt worden war.

Der Gemüsegarten! Quer zum Hang angelegte Kartoffelfurchen und noch irgendein Kraut. Und daneben die verwitterte Hütte. Beim zweiten Anflug sahen wir zwei kleine Figuren bei der Hütte, einen Mann und eine Frau. Mit den Händen ihre Augen vor der Sonne schützend, beobachteten sie den Hubschrauber. Das Erscheinen dieser Maschine bedeutete für sie das Erscheinen von Menschen.

Wir hingen über dem kleinen Sumpf in der Luft, warfen unsere Ladung ins Gras und sprangen selbst auf das feuchte Moos, das uns wie ein Kissen auffing. Eine Minute später schnellte der Hubschrauber, ohne den Boden berührt zu haben, in die Höhe und war sofort hinter der waldigen Schulter des Berges verschwunden.

Stille... Eine ohrenbetäubende Stille, die jeder nur zu gut kennt, der schon einmal wie ein Angehöriger der Landetruppen innerhalb einer halben Minute einen Hubschrauber verlassen hat. Hier nun, im Sumpf, bestätigte uns Jerofej die traurige Nachricht, die wir bereits in Abasa gehört hatten: Von den Lykows waren nur noch zwei Familienmitglieder übriggeblieben, der alte Karp und seine jüngste Tochter Agafja. Die drei anderen, Dmitri, Sawin und Natalja, waren im letzten Herbst kurz nacheinander vorzeitig verstorben.

»Früher kamen immer alle fünf heraus, wenn sie einen Hubschrauber hörten. Jetzt sind es nur noch zwei, wie Sie selbst gesehen haben...«

Während er mit uns die Ursachen dieser unerwarteten Todesfälle diskutierte, schlug der Bergführer irrtümlich die falsche Richtung ein, so daß wir zwei Stunden durch die Taiga irrten und glaubten, wir würden uns der Hütte nähern. Wie sich herausstellte, waren wir aber genau in die entgegengesetzte Richtung gelaufen. Als wir unseren Fehler bemerkten, beschlossen wir, lieber wieder zum Sumpf zurückzugehen, um von diesem Anhaltspunkt aus von vorne anzufangen.

Nach einer weiteren Stunde Fußmarsch auf einem Pfad, den wir bereits durch Berichte der Geologen kannten, lag das Ziel unserer Reise vor uns: eine kleine Hütte, bis zum Fensterchen in der Erde versunken, von Zeit und Regen schwarz geworden, ringsum mit Stangen umgeben, bis unters Dach vollgestopft mit Haushaltskram, Körben und Tujesoks, Brennholz, massiven Holzkübeln und -trögen und so allerlei Dingen, deren Sinn ein ungeübtes Auge nicht sofort begreift. In meiner gewohnten Welt hätte ich diese Holzhütte unter der großen Zirbelkiefer für eine Banja gehalten. Es war aber eine Behausung, die schon etwa vierzig Jahre hier in der Einsamkeit stand.

Die Kartoffelfurchen, die treppenartig den Berg hinaufführten, die dunkelgrünen Hanfinselchen dazwischen und das Roggenfeld, das in etwa die Größe eines Volleyballfeldes hatte, verliehen diesem Ort, der der Taiga durch mühsame Arbeit abgetrotzt wurde, einen friedlichen, bewohnten Eindruck.

Wir sahen aber keine Menschen, hörten kein Hundegebell, kein Hühnergackern, keinen für bewohnte Orte typischen Laut. Ein seltsam aussehender Kater, der uns vom Dach der Hütte aus mißtrauisch beäugt hatte, sprang herunter und verschwand wie ein Geschoß im Hanf. Auch eine Schnepfe flatterte auf und flog über den schaumbedeckten Bach.

»Karp Ossipowitsch! Lebt ihr noch?« rief Jerofej und

ging auf die Tür zu, deren oberer Pfosten ihm nicht mal bis zur Schulter ging.

Nun bewegte sich etwas in der Hütte. Die Tür quietschte, und wir sahen den im Tageslicht erscheinenden Alten. Wir hatten ihn geweckt. Er rieb sich die Augen, blinzelte, strich sich mit der flachen Hand über den zottigen Bart und rief schließlich aus:

»Gott, Jerofej!...«

Er freute sich offensichtlich über diese Begegnung, gab aber niemandem die Hand. Er ging auf uns zu, faltete die Hände neben seiner Brust und verbeugte sich vor jedem.

»Und wir haben gewartet und gewartet. Dann dachten wir, es ist ein Feuerwehrhubschrauber. Und sind im Kummer eingeschlafen.«

Der Alte erkannte auch Nikolai Ustinowitsch, der vor einem Jahr hier gewesen war.

»Und das ist ein Gast aus Moskau. Mein Freund. Er interessiert sich für euer Leben«, sagte Jerofej.

Der Alte machte eine vorsichtige Verbeugung in meine Richtung:

»Seien Sie willkommen, seien Sie willkommen...«

Während Jerofej erzählte, wo wir gelandet waren und wie wir uns verirrt hatten, konnte ich den Alten eingehend betrachten. Er war nicht mehr in rohes Sackleinen gekleidet, wie er von den Geologen entdeckt und beschrieben worden war. Durch den Filzhut, den ihm jemand geschenkt hatte, sah er wie ein Bienenzüchter aus, Hosen und Hemd waren aus fabrikgewebtem Stoff. An den Füßen trug er Filzstiefel, unter dem Hut ein schwarzes Tuch – zum Schutz gegen die Mücken. Er hielt sich etwas krumm, war aber für seine achtzig Jahre recht kräftig und rege. Seine Aussprache war deutlich, ohne die kleinste Unschärfe, die das Alter für gewöhnlich mit sich bringt. Häufig sagte er, um seine Zustimmung auszudrücken: »*Jedak, jedak*...«, was bedeutet: »so, so...«. Weil er ein bißchen schwerhörig war, zupfte er immer wieder das Tuch an seinem Ohr zurecht und beugte sich zu seinem Gesprächspartner hin. Sein Blick war aufmerksam und ließ nicht locker.

Als wir uns gerade darüber unterhielten, was er im Gemüsegarten alles erntet, ging die Tür ein wenig auf, und wie eine Maus huschte Agafja heraus, wobei ihre kindliche Freude darüber, Menschen zu sehen, offensichtlich war. Auch sie hatte die Hände gefaltet und verbeugte sich tief.

»Die Maschine ist geflogen und geflogen... Aber die guten Menschen sind nicht gekommen...«, sagte sie in singendem Tonfall, wobei sie die Wörter stark auseinanderzog. So sprechen Glückselige. Man mußte sich erst ein wenig daran gewöhnen, um nicht in den herablassenden Ton zu verfallen, in dem man für gewöhnlich mit ihnen spricht.

Es war unmöglich, das Alter dieser Frau zu schätzen. Sie hatte die Gesichtszüge einer noch nicht Dreißigjährigen, aber die Farbe ihrer Haut war unnatürlich weiß und ungesund und erinnerte an Kartoffelkeime, die lange in warmer, feuchter Dunkelheit gelegen haben. Agafja trug ein sackartiges schwarzes Hemd, das ihr bis zu den Fersen ging. Sie war barfuß. Um den Kopf hatte sie ein schwarzes Leinentuch.

Sie und ihr Vater waren voller Kohleflecken, als kämen sie gerade vom Schornsteinfegen. Wie sich herausstellte, waren sie vier Tage lang mit dem Löschen eines Taigabrands beschäftigt gewesen, der bis an ihre Behausung vorgedrungen war. Der Alte führte uns auf einen kleinen Pfad hinter den Gemüsegarten, und wir sahen: Die Bäume waren verkohlt, und unter unseren Füßen knirschte ein verbrannter Heidelbeerstrauch. Und all das »drei Steinwürfe« vom Gemüsegarten.

Im Juni, der Moskau gewöhnlich im Regen versinken läßt, war es hier in den Wäldern trocken und heiß gewesen. Mit den aufziehenden Gewittern entstanden vielerorts Brände. Der Blitz »schlug in die alte Zirbelkiefer ein, und die brannte wie eine Kerze«. Zum Glück war es windstill gewesen, so daß sich das Feuer nur am Boden ausbreiten und von dort der Behausung nähern konnte.

»Papachen und ich haben Wasser auf das Feuer gegossen, mit Zweigen auf es eingedroschen und Erde gestreut. Aber es kam immer näher, immer näher...«, sagte Agafja.

Sie waren überzeugt: Da hatte der Herr ihnen den rettenden Regen geschickt. Und auch der Hubschrauber heute war auf seine Anweisung hin gekreist.

»Die Maschine hat uns geweckt. Als sie wegflog und ihr nicht gekommen seid, haben wir uns wieder hingelegt. Viel Kraft haben wir verloren«, sagte der Alte.

Es war an der Zeit, die Rucksäcke aufzuschnüren. Unsere Geschenke, mit denen wir auf althergebrachte Weise unsere freundliche Gesinnung zeigten, wurden bereitwillig aufgenommen. Dankbar hielt der Alte die Hände auf und nahm den Arbeitsanzug, die Jacke aus dickem Wolltuch, die Schachtel mit Werkzeug und das Bündel Kerzen entgegen. Er bedankte sich mit entsprechenden Worten und schaute sich alles höflich an. Dann schnürte er jedes Geschenk mit einem Stück Birkenrinde zusammen und verstaute es unter dem Vordach. Später entdeckten wir dort viele Erzeugnisse unserer Bekleidungs- und Gummiindustrie und ein ganzes Eisenwarenlager – jeder, der hierher kam, brachte etwas mit.

Agafja schenkten wir Strümpfe, Stoff und Nähzeug. (»Ein Fingerhut!« rief sie erfreut und zeigte dem Vater das metallene Käppchen.) Noch größere Freude riefen bei ihr eine von erfahrenen Händen genähte Kattunschürze, ein Kopftuch und rote Fäustlinge hervor. Um uns eine Freude zu machen, band sich Agafja das Tuch über das andere, mit dem sie geschlafen und auch den Brand gelöscht hatte. Und so lief sie den ganzen Tag herum.

Zu unserer Verwunderung wurden Seife und Zündhölzer zurückgewiesen – »das ist uns nicht möglich«. Dasselbe bekamen wir zu hören, als ich einen Karton mit Lebensmitteln öffnete, die ich aus Moskau mitgebracht hatte. Es war von jedem etwas: Kekse, Brot, Zwieback, Rosinen, Datteln, Schokolade, Butter, Konserven, Tee, Zucker, Honig, Kondensmilch. All das wurde mit einem Handzeichen zurückgewiesen. Lediglich eine Dose Kondensmilch nahm der Alte und stellte sie, einen Augenblick zögernd, neben der Hütte auf die Erde: »Für die Katzen ...«

Nur mit Mühe konnten wir sie überreden, die Zitronen anzunehmen: »Ihr braucht das jetzt unbedingt.« Nachdem er sich erkundigt hatte: »Und wo wächst denn das?«, ließ er sie sich in den Hemdschoß legen, sagte aber zu Agafja, sie solle die Zitronen zum Bach bringen und »bis zum Abend dort liegenlassen«. (Am nächsten Tag sahen wir, wie der Alte und seine Tochter nach unseren Anweisungen die Zitronen über einem Krug auspreßten und neugierig an der Schale schnupperten.)

Auch wir bekamen Geschenke. Agafja ging mit einem Sack herum und schüttete jedem einzelnen Zirbelnüsse in die Tasche; sie brachte einen Birkenrindenkorb mit Kartoffeln. Der Alte zeigte uns, wo wir ein Lagerfeuer machen konnten, und auf unseren Vorschlag, gemeinsam eine Kleinigkeit zu essen, antwortete er höflich: »Das ist uns nicht möglich.« Dann verschwand er mit Agafja in der Hütte, um zu beten.

Während die Kartoffeln kochten, machte ich einen Rundgang über das »Lykowsche Gut«. Es liegt an einer sorgfältig und gewiß nach reiflicher Überlegung ausgewählten Stelle. Etwas abseits vom Fluß und recht hoch am Hang gelegen, ist es vor jedem Zufallsblick gut versteckt. Vor dem Wind schützen die Berge und die Taiga. Neben der Behausung fließt ein kalter, sauberer Bach. Lärchen, Fichten, Zirbelkiefern und Birken geben den Menschen alles, was sie ihren Kräften entsprechend nehmen können. Die Tiere fürchten sich nicht. Heidelbeeren und Himbeeren wachsen in Reichweite, in nächster Nähe ist Brennholz, die Zapfen der Zirbelkiefer fallen direkt auf das Dach der Behausung. Das einzig Unbequeme ist vielleicht, daß der Gemüsegarten an einem nicht allzu sanften Hang liegt. Doch wie satt das Grün der Kartoffeln ist! Und der Roggen trägt schon Körner, die Erbsenschoten sind dick... Ich überraschte mich plötzlich dabei, wie ich dieses kleine Heim mit den Augen eines Moskauers betrachtete, der sich auf seiner Datscha erholt. Aber schließlich fuhr hier keine elektrische Schnellbahn! Bis zum nächsten Häuserlicht oder dem Händedruck eines Menschen waren es nicht eine Stunde, sondern über zweihundert Kilometer Reise durch die undurchdringliche Taiga. Und die Lykows wohnten hier auch nicht für dreißig Tage, sondern bereits seit über dreißig Jahren! Wie mühsam war es, hier Brot und Wärme zu bekommen? Hatten sie nicht manchmal den Wunsch, Flügel zu haben und einfach loszufliegen?

Neben dem Haus betrachtete ich aufmerksam den ausgedienten Kram. Ein Speer aus Lärchenholz mit selbstgeschmiedeter Spitze... Eine bis zum Beilrücken abgenutzte Axt... Ob man mit einer selbstgemachten Axt überhaupt einen Ast abhacken kann?... Skier, von unten mit Hirschfell beschlagen... Hacken... Teile eines Webstuhls... Eine Spindel... Jetzt lag das alles nutzlos herum. Den Hanf hatten die Lykows wohl aus Gewohnheit gesät. Man hatte ihnen so viel Stoff mitgebracht, daß sie lange Zeit damit auskommen würden. Und noch vieles andere war unters Dach gestopft oder lag unter dem Schutzdach am Bach: eine Spule Draht, fünf Paar Stiefel, Sportschuhe, ein Emailletopf, ein Spaten, eine Säge, gummierte Hosen, eine Rolle Blech, vier Sicheln...

»Soviel Hab und Gut – in einem ganzen Jahrhundert kann man das nicht aufbrauchen!« seufzte Karp Ossipowitsch, der sich in seinen Filzstiefeln unbemerkt genähert hatte. Er nahm den Hut ab und betete in die Richtung zweier Grabkreuze. »Gott hab sie selig, sie brauchen keine Sicheln mehr und keine Äxte...«

Der Alte zeigte mir den »zum Schutz der Lebensmittel vor Mäusen und Bären« auf zwei hohen Pfählen stehenden Kornspeicher, den Keller, wo die Kartoffeln aufbewahrt wurden, und den unmittelbar vor der Hüttentür aufgebauten Steinherd, an dem Agafja auf kleinem Feuer das Abendessen bereitete. Ich schaute mir das Dach der ärmlichen Hütte genauer an. Es war gar nicht so chaotisch gedeckt, wie es zunächst schien. Die Lärchenholzplanken waren rinnenförmig und wie die Dachziegel eines europäischen Hauses angeordnet...

Die Nächte in den hiesigen Bergen sind kalt. Wir hatten kein Zelt dabei. Als Agafja und ihr Vater sahen, daß wir uns einfach neben dem Lagerfeuer schlafen legen wollten, luden sie uns für die Nacht in ihre Hütte ein. Und mit ihrer Beschreibung will ich die Schilderung des ersten Tages beenden.

Wir duckten uns unter dem Türpfosten hindurch und standen in nahezu völliger Finsternis. Nur durch das Fensterchen, nicht größer als zwei Handteller, schimmerte bläulich das Abendlicht. Als Agafja einen Kienspan entzündete und in den Halter steckte, der in der Mitte der Behausung stand, konnte man ihr Inneres so halbwegs erkennen. Die Wände waren auch jetzt noch dunkel – der in vielen Jahren angesammelte Ruß schluckte das Licht. Waagerecht unter der Decke hingen Stäbe zum Trocknen der Kleidung. In derselben Höhe verliefen entlang der Wände Regale, auf denen Birkenrindenbehälter mit getrockneten Kartoffeln und Zirbelnüssen standen. Unten säumten breite Bänke den Raum. Nach den herumliegenden Lumpen zu urteilen, dienten sie zum Schlafen. Jetzt konnten wir uns darauf setzen.

Links vom Eingang stand ein Ofen aus Naturstein, der dort den meisten Platz beanspruchte. Das Ofenrohr, ebenfalls aus Steinplatten, die mit Lehm verputzt und mit Birkenrinde umwickelt waren, führte nicht durchs Dach, sondern seitlich durch die Wand nach draußen. Der Ofen war zwar klein, aber ein echter russischer Ofen mit zweistufigem Aufsatz. Auf der unteren der Stufen, auf einem Bett aus getrocknetem Sumpfgras, saß und schlief der Hausherr. Oben stapelten sich wieder große und kleine Körbe aus Birkenrinde. Rechts vom Eingang war ein weiterer Ofen, der auf kleinen Füßen stand. Er war aus Metall. Das winkelige Ofenrohr führte ebenfalls seitlich durch die Wand nach draußen. »Im Winter könnte man hier Wölfe zum Gefrieren bringen. Deswegen haben wir ihnen diesen kleinen Kanonenofen geschweißt. Ich frage mich heute noch, wie wir ihn hierher geschleppt haben...«, sagte Jerofej, der nicht zum erstenmal hier übernachtete.

In der Mitte der Behausung stand ein kleiner, mit der Axt gehauener Tisch. Das war das gesamte Mobiliar. Doch es war eng hier. Diese Bude maß ungefähr sieben mal fünf Schritt, und man konnte nur rätseln, wie sechs erwachsene Menschen beiderlei Geschlechts hier viele Jahre lang Platz gefunden hatten.

»Wir lebten in Armut...«

Der Alte und Agafja sprachen gerne und ohne Anstrengung. Das Gespräch wurde aber oft unterbrochen, weil sie plötzlich die Anwandlung hatten zu beten. Dann drehten sie sich zu einer Ecke, in der offenbar im Dunkeln nicht zu erkennende Ikonen standen, sangen laut ihre Gebete, ächzten, stöhnten, seufzten und hantierten mit dem ledernen Rosenkranz der Altgläubigen, der *Lestowka*, mit der sie ihre Verbeugungen zählen. Das Gebet endete ebenso unerwartet, wie es angefangen hatte, und die Unterhaltung wurde genau an dem Punkt wieder aufgenommen, an dem sie unterbrochen worden war...

Zu festgelegter Stunde nahmen der Alte und seine Tochter das Abendessen ein. Sie aßen Kartoffeln, die sie in grobes Salz tunkten. Die Salzkörner sammelten sie beim Essen sorgfältig von ihren Knien ab und legten sie in das Salzfaß zurück. Agafja bat die Gäste, ihre Becher zu bringen, um »Zirbelmilch« hineinzuschütten. Das Getränk, das mit kaltem Wasser zubereitet wird, hatte die Farbe von Tee mit Milch und schmeckte eigentlich ganz gut. Agafja bereitete es vor unseren Augen zu: In einem Steinmörser zermahlte sie die Nüsse, mischte sie in einem Birkenrindengefäß mit Wasser und seihte das Ganze durch... Sie hatte keinerlei Begriff von Sauberkeit. Das erdfarbene Tuch, das sie zum Durchseihen des Getränks benutzte, diente ihr zugleich zum Händeabwischen. Doch was blieb uns anderes übrig, wir tranken die »Milch« und waren voll des Lobes, womit wir Agafja Anlaß zu großer Freude gaben.

Nach dem Abendessen kam das Gespräch ganz von selbst auf das Bad. Die Lykows hatten keine Banja. Sie wuschen sich nicht. »Uns ist das nicht möglich«, sagte der Alte. Agafja verbesserte ihn und erzählte, daß sie und ihre Schwester sich von Zeit zu Zeit in einem geschnitzten Trog gewaschen hatten, wenn sie im Sommer die Möglichkeit hatten, Wasser zu erwärmen. Auch ihre Kleidung wuschen sie von Zeit zu Zeit in mit Asche versetztem Wasser.

Den Hüttenboden hatte wohl noch nie ein Besen oder Handfeger berührt. Der Boden federte unter den Füßen, und als Nikolai Ustinowitsch und ich eine Armeezeltbahn darauf ausbreiteten, nahm ich eine Prise dieser »Kulturschicht«, um sie mir draußen im Schein der Taschenlampe anzuschauen. Sie bestand aus Kartoffel- und Zirbelnußschalen und Hanfabfall. Auf diesem »Teppich« legten wir uns in den Kleidern schlafen und benutzten unsere Rucksäcke als Kopfkissen. Der hochgewachsene Jerofej streckte sich in voller Länge auf der Bank aus und verkündete relativ bald durch sein Schnarchen, daß er schlief. Karp Ossipowitsch legte sich, ohne sich von seinen Filzstiefeln zu trennen, auf den Ofen, nachdem er sein Federbett aus Gras ein wenig aufgeklopft hatte. Agafja löschte den Kienspan und rollte sich, so wie sie war, zwischen Tisch und Ofen zusammen.

Entgegen unseren Erwartungen lief uns nichts über die Füße oder versuchte, sich mit unserem Blut vollzusaugen. Als sich die Lykows von den Menschen entfernten, ist es ihnen wohl gelungen, auch deren ewigen Begleitern zu entwischen, die durch das Fehlen von Banja, Seife und Warmwasser eigentlich herrlich und in Freuden leben könnten. Vielleicht spielte aber auch der Hanf eine Rolle. Bei uns im Dorf benutzte man Hanf, wie ich mich nun erinnere, gegen Wanzen und Flöhe...

Als durch das Fensterchen schon schwach das Licht des Julimorgens schimmerte, hatte ich noch immer kein Auge zugetan. Neben uns Menschen gab es in der Behausung noch zwei Katzen und sieben Junge, denen die Nacht die beste Zeit für Spaziergänge in alle Winkel ist. Zudem war die Vielfalt der Gerüche so groß und die Luft derartig drückend, daß mir schien, ein zufälliger Funke könnte für eine Explosion genügen, und das Ganze würde mitsamt den Balken und der Birkenrinde in alle Richtungen fliegen.

Ich hielt es nicht mehr aus und kroch aus der Hütte, um Luft zu schnappen. Über der Taiga stand der große Mond, es herrschte absolute Stille. Ich lehnte mich mit der Wange an einen kalten Brennholzstapel und dachte: Erlebe ich das alles wirklich? Ja, es war Wirklichkeit. Karp Ossipowitsch ging austreten, und wir standen eine Viertelstunde beisammen und unterhielten uns über Reisen ins All. Ich fragte ihn, ob er wisse, daß Menschen auf dem Mond waren, daß sie dort herumgelaufen und mit Wagen gefahren sind. Der Alte sagte, er habe schon oft davon gehört, aber er glaube es nicht. Der Mond – er schien auf so göttliche Weise. Wer außer Göttern und Engeln konnte dorthin fliegen? Und wie konnte man überhaupt mit dem Kopf nach unten laufen und fahren?

Nachdem ich so etwas Luft geschnappt hatte, schlief ich für ein bis zwei Stunden ein. Ich erinnere mich deutlich an einen schweren, wirren Traum. In der Hütte der Lykows stand ein riesiger Farbfernseher. Und auf dem Bildschirm diskutierte Sergej Bondartschuk[1] in Gestalt des Pierre Besuchow[2] mit Karp Ossipowitsch über die Möglichkeiten des Menschen, auf den Mond zu fahren...

Ein ungewohntes Geräusch weckte mich. Hinter der Tür schärften Jerofej und der Alte auf einem Stein eine Axt. Noch gestern hatten wir den Lykows versprochen, ihnen beim Bau der kleinen Hütte zu helfen, den sie begonnen hatten, als sie noch zu fünft waren.

1 ein bekannter sowjetischer Schauspieler und Regisseur (A. d. Ü.).

2 Romanfigur aus L. N. Tolstois *Krieg und Frieden* (A. d. Ü.).

GESPRÄCH BEI KERZENLICHT

An diesem Tag halfen wir den Lykows, auf dem »Ersatzgemüsegarten« eine neue Hütte zu bauen. Für das Dach hoben wir Balken, Planken und Heu auf die vier Wände der Blockhütte. Wie ein geschäftiger Bauleiter eilte Karp Ossipowitsch hin und her. »Wenn du auch sterben willst, mußt du doch den Roggen säen«, sagte er einige Male, wie um der Frage zuvorzukommen: Wozu dieser Bau im neunten Lebensjahrzehnt?

Nach dem Mittagessen unterbrach ein plötzlicher Regen unsere Arbeit, und wir suchten Schutz in der alten Hütte. Als Karp Ossipowitsch sah, wie ich mich mühte, in der Dunkelheit Aufzeichnungen zu machen, spendierte er eine »Festbeleuchtung«: Er zündete eine Kerze aus dem Vorrat an, den Jerofej am Vortag aufgefüllt hatte. Dieses Licht nutzte Agafja, uns ihre Lesekenntnisse zu zeigen. Nachdem sie höflich gefragt hatte: »Papachen, ist es gestattet?«, holte sie die verräucherten, in Holz gebundenen und mit Schließen versehenen liturgischen Bücher aus dem Regal in der Ecke. Sie zeigte uns auch die Ikonen. Aber der Ruß vieler Jahre hatte eine so dicke Schicht auf ihnen hinterlassen, daß nichts zu sehen war als schwarze Bretter.

An jenem Abend sprachen wir über Gott, den Glauben und darüber, warum und auf welche Weise die Lykows hierher geraten waren. Zu Beginn der Unterhaltung unterzog Karp Ossipowitsch seinen Moskauer Gesprächspartner einer diskreten, vorsichtigen Prüfung. Was war mir über die

Erschaffung der Welt bekannt? Wann war das gewesen? Was wußte ich über die Sintflut?

Der ruhige, akademische Gesprächston änderte sich, sobald reale Ereignisse berührt wurden. Zar Alexei Michailowitsch, sein Sohn Peter und der Patriarch Nikon, der das Bekreuzigen mit drei Fingern (»die Teufelsprise«) eingeführt hatte, waren für Karp Ossipowitsch persönliche Feinde. Er sprach über sie, als wären nicht dreihundert Jahre vergangen, seitdem sie gelebt und regiert hatten, sondern höchstens fünfzig.

Karp Ossipowitschs Worte über Peter den Ersten (»er hackte den Christen die Bärte ab und stank nach Tabak«) waren besonders hart. Diesen Zaren, den »Antichristen in Menschengestalt«, stellte er auf eine Stufe mit einem Kaufmann, der zu Beginn dieses Jahrhunderts die Altgläubigen um sechsundzwanzig Pud[1] Salz betrogen hatte...

Das Drama der Lykows hat seine Wurzeln in dem drei Jahrhunderte alten Volksdrama, das mit dem Begriff »Raskol« verbunden ist. Viele werden dabei an das eindrucksvolle Gemälde *Abschied der Bojarin Morosowa* denken, das in der Tretjakow-Galerie hängt. Mit dieser Gestalt versucht der Maler Surikow die Emotionen zu bündeln, die Mitte des siebzehnten Jahrhunderts ganz Rußland bewegten. Die Morosowa ist nicht die einzige herausragende Symbolfigur des Raskol. Vielgestaltig und äußerst bunt war das Geschehen in diesem großen Drama. Der Zar war gezwungen, sich die Vorwürfe und Klagen von »Menschen Gottes«, der Narren in Christo[2] anzuhören; die Bojaren traten im Bündnis mit den Elenden auf; hohe Repräsentanten der Kirche,

1 Pud: ehemaliges russisches Gewichtsmaß = 16,38 kg (A. d. Ü.).

2 im 13. bis 16. Jahrhundert Mittel der russischen Mönchsaskese (gemäß 1. Kor. 4, 10ff.); um ihre eigene Eitelkeit zu besiegen, wollten die Mönche die Verachtung durch die Welt erlangen und täuschten deshalb den Verlust ihres Verstandes vor (A.d.Ü.).

deren Geduld sich in den Streitgesprächen erschöpft hatte, zogen sich gegenseitig an den Bärten; in Aufruhr befanden sich die Strelitzen[1], die Bauern und die Handwerkerschaft. Beide Seiten des Raskol bezichtigten sich gegenseitig der Häresie, verfluchten und exkommunizierten einander. Die widerspenstigsten Raskolniki ließ die Obrigkeit in tiefen Verließen faulen, man riß ihnen die Zungen heraus oder verbrannte sie mitsamt ihren Häusern. Sogar auf die Zarenfamilie warf der Raskol seinen kühlen Schatten. Die Gemahlin des Zaren, Maria Iljinitschna, und dann auch seine Schwester Irina Michailowna setzten sich nicht nur einmal für die in Ungnade gefallenen Führer des Raskol ein.

Aber was erregte die Gemüter so? Äußerlich waren es Lappalien. Um den orthodoxen Glauben und den Staat zu festigen, hatten Zar Alexei Michailowitsch und der Patriarch Nikon eine Kirchenreform geplant und 1653 durchgeführt, deren Grundlage eine Korrektur der Liturgie war. Noch zu Zeiten der Christianisierung des heidnischen Rußlands unter dem Kiewer Fürsten Wladimir aus dem Griechischen übersetzt (988), waren die liturgischen Bücher durch vielmaliges Abschreiben zu »Kauderwelsch« geworden. Ein Übersetzungsfehler, eine Flüchtigkeit beim Abschreiben oder die falsche Auslegung eines Fremdwortes – all das hatte dazu geführt, daß sich im Laufe von sechseinhalb Jahrhunderten allerlei Ungenauigkeiten und viele Ungereimtheiten angesammelt hatten. Daher beschloß man, auf die Quellen zurückzugreifen und alles zu korrigieren.

Und nun ging es los! An die Ungereimtheiten hatte man sich doch gewöhnt! Die Korrekturen taten in den Ohren weh und schienen den Glauben selbst zu untergraben. Es entstand eine beträchtliche Opposition gegen die Reformen, und zwar bei Gläubigen aller Schichten, von der Kir-

1 von Iwan IV., dem Schrecklichen, aufgebaute stehende Truppe zu Fuß; von Peter dem Großen nach einer Meuterei abgeschafft (A. d. Ü.).

chenhierarchie, den Bojaren und Fürsten bis zu den Popen, Strelitzen, Bauern und Narren in Christo. »Man hat sich am alten Glauben vergangen!« war die einhellige Meinung der Opposition.

Besonderen Protest riefen aus heutiger Sicht lächerliche Veränderungen hervor. Nikon behauptete mit den neuen Büchern, die Kirchenprozessionen seien gegen die Sonne und nicht nach der Sonne zu führen; das Halleluja solle nicht zwei-, sondern dreimal gesungen werden; man solle sich einfach tief verbeugen, anstatt ganz bis zur Erde, und bekreuzigen solle man sich nicht mit zwei, sondern, wie die Griechen, mit drei Fingern. Wie man sieht, ging der Streit nicht um den Glauben, sondern lediglich um einzelne, im

Garn wurde auf einem solchen Spinnrad hergestellt.

Grunde unwichtige Details liturgischer Riten. Aber religiöser Fanatismus und Dogmentreue kennen keine Grenzen – ganz Rußland war in Aufregung.

Und noch etwas steigerte den Fanatismus der Opposition. Nikons Reform fiel zusammen mit der endgültigen Durchsetzung der Leibeigenschaft, so daß das Volk die Neuerungen mit dem Verlust der letzten Freiheiten und der »heiligen alten Zeiten« verband. Das Rußland der Bojaren fürchtete die aus Europa kommenden Neuheiten, denen Zar Alexei keine besonderen Schranken setzte, sah er doch, wie sich Rußland mit den Füßen in seinem bodenlangen Kaftan verfing. Auch die Repräsentanten der Kirche hatten für den »Nikonismus« nicht viel übrig. In der Reform fühlten sie die starke Hand des Zaren, der die Kirche seinem Willen untertan machen wollte. Mit einem Wort, viele waren dagegen, »sich mit drei Fingern zu bekreuzigen«. So fingen die als Raskol bezeichneten Unruhen an.

Nicht nur in Rußland gab es Religionsstreitigkeiten. Denken wir an die europäischen Religionskriege, denken wir an die Bartholomäusnacht in Paris (die Nacht zum 24. August 1572, in der dreitausend Hugenotten von Katholiken ermordet wurden), ein Symbol für Fanatismus und Intoleranz. Wie im russischen Raskol war die Religion in allen Fällen eng mit sozialen, nationalen und hierarchischen Gegensätzen verflochten. Das Banner aber war ein religiöses. Die Menschen brachten einander im Namen Gottes um. Und jeder Religionsstreit, der innerhalb seines Einflußbereichs jeweils zahllose Menschen erfaßte, hatte seine eigenen Führer.

Im russischen Raskol treten insbesondere zwei Figuren in den Vordergrund: der Patriarch Nikon auf der einen Seite und der Protopope Awwakum auf der anderen. Interessanterweise waren beide von einfacher Herkunft. Nikon war der Sohn eines Mushiks, Awwakum der Sohn eines einfachen Popen. Und beide stammten – welch verblüffender Zufall – aus derselben Gegend. Nikon (mit »weltlichem« Namen Nikita) wurde in dem Dorf Weldemanowo bei Nischni Nowgorod geboren, Awwakum in dem Dorf Grigorowo, nur einige Kilometer von Weldemanowo entfernt... Es ist nicht ausgeschlossen, daß sie sich in ihrer

Kindheit und Jugend begegnet waren, ohne auch nur im mindesten zu ahnen, daß sie später zu Feinden werden würden. Und um welch hohen Preis! Sowohl Nikon als auch Awwakum waren außergewöhnlich talentierte Menschen. (Beide waren Zar Alexei Michailowitsch, der von Jugend an auf Talentsuche war, aufgefallen, und er zog sie in seinen Kreis. Nikon machte er – eine unvorstellbar hohe Würde – zum Patriarchen von ganz Rußland.)

Aber widerstehen wir der Versuchung, auf so faszinierende Persönlichkeiten wie Awwakum und Nikon näher einzugehen, denn das würde uns auf dem Weg zum Abakan aufhalten. Kehren wir aber für einen Moment zu der Bojarin zurück, die auf dem Schlitten unterwegs in Moskau ist.

Karp Ossipowitsch hat keine blasse Ahnung von der Bojarin Morosowa. Aber sie hätte zweifellos seine Schwester sein können in ihrem Fanatismus und der Bereitschaft, alles zu opfern, um sich nur ja nicht mit drei Fingern bekreuzigen zu müssen.

Die Freundin der ersten Gemahlin des Zaren Alexei Michailowitsch, die junge Witwe Feodossja Prokofjewna Morosowa, war sehr reich (achttausend Seelen Leibeigene, Berge von Hab und Gut, eine vergoldete Kutsche, Pferde, Dienerschaft). Ihr Haus war das Moskauer Zentrum des Raskol. Schließlich sagte der Zar, der dies lange ertragen hatte: »Einer von uns muß weichen.«

Auf dem Bild sehen wir, wie Feodossja Prokofjewna, auf einem Bauernschlitten Moskau verlassend, in die Verbannung gebracht wird. Die ganze Atmosphäre des Raskol ist hier dargestellt: Kichernde Popen, betroffene Gesichter aus dem einfachen Volk und der Aristokratie, die offensichtlich ihr Mitleid mit der Märtyrerin ausdrücken, finstere Gesichter von eifrigen Verfechtern der alten Zeiten, ein Narr in Christo. Im Zentrum des Bildes ist Feodossja Prokofjewna selbst mit dem Symbol ihrer Überzeugung, den »zwei Fingern« ...

Doch kehren wir nun auf den Pfad zurück, der zu der Hütte über dem Abakan führt. Sie haben ja bereits ein Gefühl dafür bekommen können, wie weit er in die Geschichte zurückreicht. Und wir sollten ihn zumindest in groben Zügen zu Ende verfolgen.

Der Raskol war auch nach dem Tod des Zaren Alexei (1676) noch nicht überwunden. Im Gegenteil, der Rücktritt Nikons, die Seuchen, die in jener Zeit Hunderttausende dahinrafften, und der unerwartete Tod des Zaren selbst bestärkten die Raskolniki nur in ihrer Überzeugung, daß Gott auf ihrer Seite war.

Zar und Kirche mußten einschneidende Maßnahmen ergreifen. Diese aber verschlimmerten die Lage nur. Die Menschen sprachen bereits vom Ende der Welt. Man war so sehr vom baldigen Eintreten des Jüngsten Gerichts überzeugt, daß innerhalb des Raskol eine Strömung entstand, die predigte, »zur Rettung vor dem Antichristen« freiwillig aus dem Leben zu scheiden. Es kam zu kollektiven Selbstmorden, die Menschen starben zu Dutzenden, weil sie sich im Hungerstreik in ihren Häusern oder Klausen einschlossen. Besonders verbreitet war aber die Selbstverbrennung – »Feuer läutert«. Es verbrannten ganze Familien und Dörfer. Nach Ansicht der Historiker sind ungefähr zwanzigtausend fanatische Verfechter des »alten Glaubens« verbrannt.

In der Thronbesteigung Peters des Großen und seinen besonders radikalen Neuerungen erkannten die Altgläubigen die seit langem angekündigte Ankunft des Antichristen.

Peter aber, gleichgültig gegenüber der Religion, hielt es für vernünftig, die Raskolniki nicht zu verfolgen, sondern zu registrieren und mit einer doppelten Steuer zu belegen. Einem Teil der Altgläubigen war diese »Legalität« nur recht, andere strömten vor dem Antichristen in Wälder und Weiten. Peter gründete eigens ein Raskolniki-Kontor, das diejenigen aufzuspüren hatte, die sich vor der Zahlung versteckt hielten. Doch Rußland ist groß! Da fanden sich viele entlegene Winkel, wohin kein Auge und keine Zarenhand reichte. Entlegen waren damals schon die Gebiete östlich der Wolga, der Norden, das Donbecken und Sibirien. Und hier siedelten sich auch die Raskolniki als »wahre Christen«, wie sie sich nannten, an. Doch das Leben holte sie ein, es bedrängte und spaltete diese aus religiösen, alltäglichen und teils auch sozialen Gründen Protestierenden.

Zunächst bildeten sich zwei Zweige des Raskol: die *Popowzy* (mit Priestertum) und die *Bespopowzy* (Priesterlose). Die ihrer Kirchen beraubten *Bespopowzy* zersplitterten, bedingt durch soziale Heterogenität, Lebensweise, Umwelt und oft auch die Launen der Prediger, in den Bergen und Wäldern recht bald in eine Vielzahl von Sekten.

Im vorigen Jahrhundert gerieten die Altgläubigen in das Blickfeld von Literaten, Historikern und Forschern, die man später als Ethnologen bezeichnet. Dieses Interesse ist nur zu verständlich. In einem Haus, wo viele Generationen ihre Umgestaltungen und Erneuerungen durchführen, Möbel und Geschirr, Kleider und Gewohnheiten wechseln, stößt eine neu entdeckte Rumpelkammer mit Urgroßvaters Utensilien unweigerlich auf Neugier. Rußland, das sich seit Peter dem Ersten bis zur Unkenntlichkeit verändert hatte, entdeckte nun plötzlich »in den Wäldern und Bergen« diese »Rumpelkammer«. Alltagsleben, Kleidung, Essen, Gewohnheiten, Sprache, Ikonen, Riten, altertümliche handgeschriebene Bücher, Überlieferungen aus längst vergangener Zeit – all das hatte sich in diesem lebenden Museum vortrefflich erhalten.

Darüber hinaus waren viele Altgläubigen-Sekten Gegner der Leibeigenschaft und der Zarenherrschaft an sich. Dieser Aspekt veranlaßte den in Verbannung lebenden Schriftsteller Alexander Iwanowitsch Herzen, Möglichkeiten eines Bündnisses mit den Altgläubigen zu sondieren. Aber bald konnte er sich davon überzeugen, daß ein Bündnis unmöglich war. Einerseits hatte sich in den Gemeinden der

Altgläubigen eine mit dem Zarismus vollkommen einverstandene Klasse gebildet (an der Schwelle der Revolution wurden sie von Millionären wie den Gutschkows, Morosows und Rjabuschinskis vertreten, die alle von Bauern abstammten), andererseits herrschte in vielen Sekten geistige Finsternis, religiös motivierte Grausamkeit und Obskurantismus, die gegen die Natur menschlichen Lebens gerichtet waren.

Um eine solche Sekte handelte es sich auch bei den *Begunen* (Flüchtlinge). Die einzige Rettung vor dem im Zaren personifizierten Antichristen, vor Fron und Unterdrückung durch die Obrigkeit war für diese Menschen, »zu flüchten und sich zu verstecken«. Die Altgläubigen dieser Sekte lehnten nicht nur Bartrasur, Tabak und Wein ab, die Peter der Erste eingeführt hatte, sondern alles Weltliche: staatliche Gesetze, den Dienst in der Armee, Pässe, Geld, jedwede Staatsmacht, festtägliche Volksvergnügen, Gesänge und alles, was nur Menschen, »die keine Gottesfurcht haben, sich ausdenken konnten«. »Freundschaft mit der ›Welt‹ ist Feindschaft gegen Gott. Man muß fliehen und sich verstecken!« Dieser außergewöhnlichen Askese war nur eine kleine Anzahl von Menschen gewachsen, entweder sehr bedürftige oder im Gegenteil sehr starke Menschen, die ein Einsiedlerleben ertragen konnten. Das Schicksal führte die Bedürftigen und die Starken zusammen.

Das Leben bedrängte die Begunen unaufhörlich und trieb sie in die unzugänglichsten Urwälder. Und damit verstehen wir jetzt auch den dreihundertjährigen Weg zur Waldhütte über dem Abakan. Mutter und Vater von Karp Lykow waren aus dem Gebiet Tjumen gekommen und hatten sich in dieser Einöde angesiedelt. Bis in die zwanziger Jahre lebte, einhundertfünfzig Kilometer von Abasa entfernt in einer Siedlung namens Tischi, eine kleine Altgläubigengemeinde. Die Menschen hatten Gemüsegärten und

Vieh, sie säten, fingen Fische, erlegten Tiere. In diesem schwer zugänglichen Heim in der Taiga, wo seine Eltern Land besaßen, das *Lykowskaja Saimka* hieß, wurde Karp Ossipowitsch geboren. Verbindung mit der »Welt« hatte man nur über Mittelsmänner, die ihre mit Stangen gesteuerten Boote hier mit Pelzen und Fischen beluden und dafür »Salz und Eisen« brachten.

Es war kein armes Leben, das die Altgläubigen in Tischi führten. Dieser stille Platz an einem ruhigen Abschnitt des Abakan hatte jedoch auch seine Nachteile: Die Wiesen wurden überflutet, der Roggen verdarb, und wegen des häufigen Nebels konnte das Gemüse nicht immer reifen. Ossip Lykow, der Vater von Karp Ossipowitsch, hatte flußaufwärts bereits ein passendes Plätzchen ausfindig gemacht und beschloß 1928 oder 1929, Tischi zu verlassen. In seinem Entschluß bestärkte ihn möglicherweise ein Gerücht: »Eine Zählung der Unsren ist im Gange.« Das Wort »Zählung« war für die Altgläubigen schon immer ein Signal gewesen weiterzuziehen.

Die Lykows und vier weitere Familien siedelten sich ein Stück flußaufwärts an, wo der Fluß Kair in den Abakan mündet.

Dieser Platz war nicht nur aufgrund seiner natürlichen Beschaffenheit gut zum Leben geeignet, sondern auch, weil er eine richtige Einsiedelei, das heißt, weit genug von der »Welt« entfernt war. Ossip Lykows Söhne Karp und Jewdokim heirateten hier. Karp führte Akulina Daibowa heim in seine kleine Hütte, eine von sieben Schwestern, die in dem an der Bija gelegenen Dorf Daibowo lebten (zwei Schwestern, Agafjas Tanten Lukerja und Marja, leben heute noch).

Das Leben dieser Handvoll Einsiedler am Kair blieb nur kurze Zeit ruhig. 1931 richtete man das Altai-Naturschutzgebiet mit der Verwaltung am Teletzker-See ein, und der Oberlauf des Abakan gehörte fortan zum Territorium dieses Naturschutzgebietes. Jagen und Wirtschaften wurden

Utensilien aus dem Alltag.

untersagt. Alle hier ansässigen Altgläubigen wurden vor die Wahl gestellt, entweder in die Dienste der Naturschutzbehörde einzutreten (womit einige einverstanden waren) oder das Gebiet zu verlassen.

Ein paar Jahre lang drückte die Verwaltung beide Augen vor der einsamen Siedlung am Kair zu. 1934 jedoch sprach eine Dienstpatrouille unter Führung Danil Molokows vor, der ein Glaubensbruder und alter Bekannter der Lykows war. Er trug den Einsiedlern in aller Freundschaft an, an einen anderen Ort zu gehen. Alle waren einverstanden und versprachen, nach Tischi zurückzugehen. Doch die in die Siedlung entsandten Kundschafter brachten Nachrichten, die es von vornherein ausschlossen, dort zu leben. In Tischi war nämlich eine landwirtschaftliche Produktionsgenossenschaft, ein *Artel*, gegründet worden, wo »man nüßte, böttcherte, Waschbären pelzte«. Dorthin konnten die Einsiedler, die keine Papiere, kein Geld und keinerlei Unterordnung akzeptierten, nicht gehen. Mit zwei Kindern (Sawin und Natalja) zogen Akulina und Karp Lykow aus dem Naturschutzgebiet an den Fluß Lebed, ohne jedoch jede Verbindung zu dem kleinen Ort am Kair abzubrechen. Die Gründe für ihren Rückzug waren die Schwierigkeiten im Alltag und die feste Überzeugung, daß man sich vor der »Welt« zu verstecken habe. Agafja: »Großmutter Raissa setzte Papachen die ganze Zeit zu: Man muß in der Einsiedelei leben. Das ist die Rettung.«

1935 schickte man aus dem Naturschutzgebiet zwei bewaffnete Männer an den Kair, um zu überprüfen, ob sich die Altgläubigen zurückgezogen hatten. Als sie gegen Abend bis zu der entlegenen Stelle vorgedrungen waren, sahen die beiden Patrouillengänger Nikolai Russakow und Dmitri Chlobystow, wie die Brüder Karp und Jewdokim Lykow Kartoffeln ernteten. Das Drama das sich dann in Sekundenschnelle abspielte, beschreibt der Altai-Forscher Tigri Georgijewitsch Dulkejt, der im Naturschutzgebiet am Teletzker-See aufgewachsen ist. Folgendes hat ihm die Patrouille selbst erzählt: »Jewdokim, der sah, daß da Leute in Uniform und mit Waffen kamen, stürzte zu einem Krauthaufen, auf dem ein Gewehr lag. Als er das Drillingsgewehr anlegte, kam ihm der Schuß des Patrouillengängers Russakow zuvor.«

Und so ist der eine der Lykow-Brüder gestorben. Die Naturschutzbehörde sah sich zu keiner Untersuchung des Vorfalls veranlaßt, zumal die Patrouille ihrem Bericht hinzugefügt hatte, wer Jewdokim gewesen sei: »Er war ein übler Bursche, ging viele Male nach Tuwa auf Beutezug.« Die Gesetzlosigkeit jener Jahre hätte das Verhalten der Patrouille selbst an bevölkerteren Orten gerechtfertigt. Und hier war man schließlich in der Taiga und hatte es mit ungehorsamen, störrischen Altgläubigen zu tun...

Interessant war es nun, sich auch die andere Seite anzuhören. Agafja wußte von dem, was ihr der Vater erzählt hatte, folgendes zu berichten: »Sie ernteten Kartoffeln. Als sie die Wache sahen, stürzte Jewdokim zur Hütte. Im Laufen wurde er von Russakow erschossen.« Tigri Georgijewitsch, der Nikolai Russakow gekannt hatte, meint: »Es wird wohl so gewesen sein. Russakow begegnete allen Menschen mit Mißtrauen und verkniffenem Blick.«

Nach dem Tod des Bruders hätte sich Karp eigentlich von dem Naturschutzgebiet fernhalten müssen. Aber wahrscheinlich sagte er sich: »Wir waren doch guten Willens und bereit wegzugehen. Aber weil sie uns zwingen wollen, gehe ich überhaupt nirgends hin!« Der Platz am Kair war verlassen. Aber wer wo steckte, das wußte man nicht.

Bereits 1940 stieß Danil Molokow in Begleitung von Wachmännern des Naturschutzgebietes an einer entlegenen Stelle am Abakan auf Anzeichen dafür, daß hier Menschen siedelten. Die Lykows! Ein weiteres Mal schlug man Karp vor, entweder wegzugehen oder als Wachmann in die Dienste des Naturschutzgebietes einzutreten. Karp willigte ein zu dienen, aber wie sich zeigte, war es nur zum Schein.

Um einen Ukas zur Unterbindung der Desertion auszuführen, wurde im ersten Kriegssommer ein bewaffneter Trupp in die Taiga entsandt, der nun nicht mehr aus Wachmännern der Naturschutzbehörde, sondern aus Grenzsoldaten bestand. Bergführer war wieder Danil Molokow. Wohl wissend, was den Lykows nach den Gesetzen der Kriegszeit drohte, tat Danil alles, um den Trupp an der Einsiedelei vorbeizuführen; er selbst aber traf sich heimlich mit Karp Lykow und warnte ihn nachdrücklich, sollte er Deserteure beherbergen, sei das sein sicherer Tod...

Die Siedlung Tischi wurde während des Kriegs gewaltsam liquidiert, weil sie im Verdacht stand, Deserteuren Unterschlupf zu gewähren und für das Verschwinden zweier Steuereinnehmer in der Taiga verantwortlich zu sein. Beim Verlassen der Siedlung steckten die Orthodoxen ihre Hütten selbst in Brand oder aber nahmen sie auseinander und flößten sie.

Bis zum Ende des Krieges waren die Lykows in Vergessenheit geraten. Im Herbst 1945 stieß ein Trupp von Militärtopographen an einer schwer zugänglichen Stelle auf eine kleine Hütte am Fluß Jerinat. Tigri Georgijewitsch erinnert sich an den Führungsoffizier, Leutnant Bereshnoi. Bei seiner Rückkehr zur Naturschutzbehörde berichtete der Leutnant über alles, was er am Jerinat gesehen hatte.

»In der Familie gibt es Kinder. Zwei sind schon erwachsen. Als das Familienoberhaupt die Schulterstücke[1] sah, dachte er, die Zarenmacht sei zurückgekehrt, und fing zu beten an und wollte mir die Stiefel küssen.« Den ehemaligen Frontsoldaten gefiel das alles nicht: »Wir haben im Krieg unser Blut vergossen, und ihr habt euch hier versteckt.« Sie verziehen jedoch und nahmen am Tisch Platz. Und sie verbrachten vier Tage in völlig entspannter Atmosphäre bei den Lykows. Beim Abschied ließen sie den Einsiedlern Salz und Patronen da. Karp Ossipowitsch und sein Ältester, Sawin, begleiteten den Trupp und zeigten ihm den Pfad zum Teletzker-See.

In der Naturschutzbehörde hörte man den Bericht des Leutnants aufmerksam an. Und da man Lykows Charakter kannte, war man sich sicher: Er wird weggehen...

Im Februar des nächsten Jahres rüstete die Naturschutzbehörde am Jerinat einen Sondertrupp aus und beauftragte den uns schon bekannten Danil Molokow, der wohlbehalten aus dem Krieg heimgekehrt war, mit seiner Führung. Auch der achtzehnjährige Tigri Dulkejt gehörte dem Trupp an: »Wir gingen mit der Absicht, die Lykows zu überreden, die Einsiedelei aufzugeben und die Kinder zu schonen.« In dieser Zeit der Schneestürme war der Trupp in den schwer zugänglichen Bergen zweimal dem Tode nah, doch er erreichte schließlich wohlbehalten die kleine Hütte. Sie war

1 Während der Revolution abgeschafft, wurden die Schulterstücke 1943 in der Roten Armee wieder eingeführt (A. d. Ü.).

leer. Man sah sofort, daß die Lykows gleich nach der Verabschiedung des Trupps mit Sack und Pack gegangen waren. Aber in einer Grube hatten sie einen Teil der Kartoffeln und Rüben zurückgelassen. »Wir waren sicher, sie würden wegen der Kartoffeln wiederkommen. Ich schrieb in Druckbuchstaben auf ein großes Blatt Papier, daß und warum wir hier waren und erwähnte Molokow. Wir appellierten an die Eltern, Mitleid mit ihren Kindern zu haben und aufzugeben, es würde ihnen nichts Böses geschehen. Uns war klar, daß sie nicht weit sein konnten. Aber einen zu suchen, der sich in der Taiga hier verkriechen wollte, war eine schwierige und gefährliche Angelegenheit. Wir winkten ab: Sollen sie leben, wie sie wollen.«

Das weitere ist unseren Lesern bekannt. Die durch das Auftauchen von Menschen beunruhigten Lykows zogen sich gleich nach der Kartoffelernte zurück. Sie zogen flußaufwärts, siedelten aber nicht am Abakan. Sie gingen in die Berge und wählten einen Platz am Bach. Dort begann ein fünfunddreißigjähriger verborgener Überlebenskampf mit der Natur. Agafja nennt diese ganzen Jahre »Hungerjahre«; der Gemüsegarten am Nordhang ernährte sie schlecht. »Wir aßen das Blatt der Eberesche, Wurzelgemüse, Gras, Pilze, Kartoffelkraut, Baumrinde. Wir hungerten die ganze Zeit. Jedes Jahr gingen wir mit uns zu Rate, ob wir alles aufessen oder etwas für die Saat lassen sollten.«

1958 entdeckte eine den Abakan hinunterfahrende Touristengruppe einen Mann mit einem langen Bart und einer Angel in der Hand. »Er war stämmig wie ein Milchpilz. Und neben ihm, auf einem Berg von Tannenzweigen, saß eine alte Frau, sehr mager, gebeugt – ein wandelndes Skelett.« Vom Touristenführer, und das war Tigri Georgijewitsch, hörten die vorbeifahrenden Touristen: Irgendwo hier muß die Einsiedelei der Lykows sein; und sie konnten sich denken, daß das die Eremiten Akulina und Karp waren. Auf die Fragen nach ihren Kindern antworteten sie: »Manche sind bei uns, manche sind weggegangen.« Mehr war aus ihnen nicht herauszubekommen. Die Taigamenschen waren offensichtlich beunruhigt, daß man sie aufgespürt hatte.

Als die Geologen die Familie Lykow fanden, war sie vom Daseinskampf schon so erschöpft, daß sie sich nicht mehr vor den Menschen verkriechen wollte und demütig annahm, was ihr das Schicksal vorherbestimmt hatte.

Die Lykows selbst bezeichnen sich nicht als *Begunen*, als Flüchtlinge. Es ist möglich, daß dieses Wort bei den *Begunen* selbst ungebräuchlich oder im Laufe der Zeit in Vergessenheit geraten ist. Aber der ganze Lebensstil der Familie war »begunisch«: Die Ablehnung von Staatsmacht, »weltlichen« Gesetzen und Papieren, von »weltlichem« Essen und »weltlichen« Sitten; »mit der Welt zu leben, ist uns nicht möglich«.

Die Kerze auf dem Kienspanhalterklotz brannte an jenem Abend bis zur Neige herunter. Ihr Rest zerlief in eine kleine Stearinpfütze, aus der die Flamme mal plötzlich hochschlug, mal schnell zu flackern begann. Karp Ossipowitsch saß auf der Ofenbank, die Knie mit seinen knotigen Fingern umfassend. Meinen Bücherweisheiten über den Raskol hörte er sehr aufmerksam und mit unverhohlener Neugier zu: »*Jedak, jedak* ...« Gegen Ende atmete er tief durch und schneuzte auf den Boden, wobei er seine Nasenlöcher nacheinander mit den Fingern zudrückte, und dann schimpfte er wieder auf Nikon: »Mit diesem Wüstling fing alles an.«

Die Hüttentür hatten wir ein wenig offen gelassen, damit wir wenigstens etwas Luft bekamen und die Katzen in der Nacht auf Jagd gehen konnten. Durch den Türspalt war wieder der helle, große Mond zu sehen. »Wie eine Zuckermelone ...«, sagte Jerofej. Das neue Wort »Zuckermelone«

weckte Agafjas Interesse. Jerofej erklärte ihr, was das war. Das Gespräch über die Religion verlagerte sich auf die Geographie, wir machten einen Exkurs nach Mittelasien. Auf Agafjas Bitte zeichnete ich eine Zuckermelone, ein Kamel und einen Menschen in orientalischer Kleidung auf ein Blatt Papier. »O Herr...«, seufzte Agafja auf.

Bevor sie sich neben den im Dunkeln piepsenden Kätzchen zum Schlafen zusammenkauerte, betete sie inbrünstig und lange.

DER GEMÜSEGARTEN IN DER TAIGA

Von meinem Besuch bei den Lykows brachte ich ein Stück Brot mit nach Moskau. Als ich meine Freunde fragte, was das sei, kam nur einmal die unsichere, der Wahrheit jedoch sehr nahekommende Antwort: »Vielleicht Brot?« Ja, das ist das Lykowsche Brot. Sie backen es aus getrockneten, im Mörser zerstoßenen Kartoffeln, zwei bis drei Handvoll gemahlenem Roggen und einer Handvoll zerstoßenem Hanfsamen. Dieses in Wasser verrührte Gemisch wird ohne Hefe oder sonstige Treibmittel in der Pfanne gebacken und sieht aus wie eine dicke, schwarze Plinse. »Man wagt es kaum anzuschauen, geschweige denn zu essen«, sagte Jerofej. »Sie aber haben es immer gegessen und essen es noch heute. Echtes Brot haben sie niemals angerührt.«

Nahrungsquelle der Familie war all die Jahre der Gemüsegarten, ein abschüssiger, gerodeter Bergabschnitt in der Taiga. Um sich gegen die Unbeständigkeit des Bergsommers abzusichern, war ein weiterer Abschnitt bergab am Fluß gerodet worden. »Gab es oben eine Mißernte, konnten wir unten etwas sammeln.«

Im Gemüsegarten reiften Kartoffeln, Zwiebeln, Rüben, Erbsen, Hanf und Roggen. Die Samen hatten die Lykows, wie das Eisen und die Meßbücher, als große Kostbarkeit vor sechsundvierzig Jahren aus der inzwischen von der Taiga verschluckten Siedlung mitgebracht. Und kein einziges Mal hatte auch nur eine dieser Kulturen versagt und war entartet; immer gaben sie zu essen und zu säen. Es bedarf keiner Erklärung, warum die Lykows diese Samen besser hüteten als ihren Augapfel.

Es ist eine Ironie des Schicksals, daß die Kartoffel, dieses »dämonische, vielfruchtige, lüsterne Gewächs«, das Peter der Große aus Europa einführte und das die Altgläubigen ebenso wie »Tee und Tabakszeug« ablehnten, für viele später zur Hauptnahrungsquelle wurde. Und auch bei den Lykows war die Kartoffel das Grundnahrungsmittel. Sie gedieh hier gut. Man lagerte sie im Keller und deckte sie mit Balken und Birkenrinde ab. Aber die Vorräte von Ernte zu Ernte reichten, wie sich zeigte, nicht aus. Der Junischnee in den Bergen konnte schwerwiegende und sogar katastrophale Auswirkungen auf den Gemüsegarten haben. Unbedingt notwendig war ein »strategischer« Zweijahresvorrat. Aber selbst in einem guten Keller konnten die Kartoffeln nicht zwei Jahre halten.

So gewöhnten sich die Lykows an, einen Trockenvorrat anzulegen. Sie schnitten die Kartoffeln in Scheiben und trockneten sie an heißen Tagen auf großen Birkenrindenstücken oder direkt auf dem Dach. Wenn es notwendig war, trockneten sie sie zusätzlich am Feuer und auf dem Ofen. Auch jetzt war jede freie Fläche in der Hütte vollgestellt mit Birkenrindenkörben voll getrockneter Kartoffeln. Diese Körbe standen auch in den Kornspeichern, den auf langen Pfählen errichteten Blockbauten. Alles wurde selbstverständlich sorgfältig abgedeckt und mit Birkenrindenstreifen umwickelt.

Aus Sparsamkeit hatten die Lykows all die Jahre die Kartoffeln immer mit der Schale gegessen. Aber mir scheint, sie hatten auch instinktiv erraten, daß Kartoffeln mit Schale nahrhafter sind.

Rüben, Erbsen und Roggen bereicherten den Speiseplan, waren aber keine Grundnahrungsmittel. Korn konnte nur so wenig geerntet werden, daß die jüngeren Lykows von unserem Brot gar keine Vorstellung hatten. Das getrocknete Korn wurde im Mörser zermahlen, und »an heiligen Feiertagen« kochte man daraus Roggenbrei.

Irgendwann hatte es im Gemüsegarten auch Karotten gegeben, aber wegen einer Mäuseplage waren die Samen eines Tages verlorengegangen. So hatten diese Menschen einen sehr notwendigen Nährstoff eingebüßt. Die krankhaft blasse Hautfarbe der Lykows war wahrscheinlich weniger dadurch zu erklären, daß sie viel im Dunkeln saßen, als vielmehr durch den Mangel einer Substanz namens Karotin, die in Karotten, Apfelsinen, Tomaten usw. reichlich vorhanden ist. Die Geologen haben die Lykows dieses Jahr mit Karottensamen versorgt, und Agafja brachte jedem von uns zwei blasse, orangefarbene Wurzeln als Delikatesse ans Lagerfeuer und sagte mit einem Lächeln: »Karo-hotten...«

Als zweiter Gemüsegarten diente hier die Taiga. Ohne ihre Gaben wäre ein langes Menschenleben in der Isolation kaum möglich gewesen. Schon im April lud die Taiga zu Birkensaft ein. Er wurde in Tujesoks gesammelt. Und wenn die Lykows genügend entsprechende Gefäße gehabt hätten, wären sie wahrscheinlich darauf gekommen, den Saft verdampfen zu lassen, um daraus ein süßes Konzentrat zu gewinnen. Aber man kann einen Tujesok nicht aufs Feuer stellen. Die Lykows stellten die Töpfe in einen natürlichen Kühlschrank: den Bach, wo sich der Saft lange hielt.

Auf den Birkensaft folgten die Brennesseln und die wilden Zwiebeln. Aus den Brennesseln kochten die Lykows Suppe, und für den Winter trockneten sie sie bündelweise zur »Festigung des Körpers«. Im Sommer gibt es in der Taiga dann schon Pilze (die Lykows aßen sie sowohl gebacken als auch gekocht), Himbeeren, Heidelbeeren, Preiselbeeren und Johannisbeeren. »Wir waren die Kartoffeln so leid, daß wir es kaum erwarten konnten, diese göttlichen Gaben zu genießen.«

Doch schon im Sommer mußte man wieder an den Winter denken. Der Sommer ist kurz, der Winter lang und streng. Wie ein Burunduk muß der Taigabewohner Vorratshaltung betreiben. Und wieder kamen die Tujesoks zum Einsatz. Pilze und Johannisbeeren wurden getrocknet, Preiselbeeren in Birkenrindengefäßen gewässert. Doch all dies in geringeren Mengen als man denkt: »Wir hatten keine Zeit.«

Ende August nahte die Erntezeit, dann wurden alle anderen Arbeiten und Pflichten aufgeschoben, man mußte »nüssen« gehen. Die Nüsse waren für die Lykows »die Kartoffeln der Taiga«. Niedrig hängende Zapfen der Zirbelkiefer schlugen sie mit Stöcken ab. Sie mußten aber auch auf die Bäume klettern, um sie herunterzuschütteln. Alle Lykows, alt wie jung, Männer wie Frauen, kletterten mit Leichtigkeit. Die geernteten Zapfen schütteten sie in geschnitzte Kübel und hülsten sie später mit einer hölzernen Reibe aus. Anschließend wurden die Nüsse geworfelt (gereinigt). Sauber und sortiert bewahrte man sie in Birkenrindengefäßen in der Hütte und den Kornspeichern auf, um sie vor Feuchtigkeit, Bären und Nagetieren zu schützen.

Inzwischen haben Ernährungsfachleute den Fruchtinhalt

Die Hauptnahrungsmittel sind Kartoffeln und Zirbelnüsse.

Vielleicht gefährlicher als der Bär, weil es die Samenvorräte vernichtet: das Streifenhörnchen (Burunduk).

der Zirbelnüsse in seine Bestandteile zerlegt und darin zahlreiche Komponenten, von Fetten und Proteinen bis zu Spurenelementen, deren komplizierte Namen ich mir nicht merken kann, von außergewöhnlichem Nutzen entdeckt. Auf einem Moskauer Kolchosmarkt traf ich diesen Herbst neben den Händlern aus dem Süden mit ihren Granatäpfeln und gedörrten Aprikosen einen findigen Sibirier mit einem länglichen Reisekoffer voller Zirbelkiefernzapfen. Um keine Fragen offenzulassen, war auf einem der Zapfen mit einem Streichholz ein Stückchen Pappe befestigt mit der aufschlußreichen Information: »Für den Blutdruck. Ein Rubel das Stück.«

Die Lykows kennen kein Geld, aber der Wert all dessen, was die Nuß der Zirbelkiefer enthält, ist ihnen aus der Praxis bekannt. Und in allen Erntejahren haben sie soviele Nüsse aufbewahrt, wie sie nur konnten. Diese Nüsse lassen sich gut lagern: »Vier Jahre werden sie nicht bitter.« Die Lykows genossen sie auf natürliche Art: »Wir benagen sie wie die Burunduks«, außerdem gaben sie sie in zermahlener Form dem Brot bei, und aus den Nüssen machten sie auch ihre berühmte »Milch«, die selbst die Katzen nicht verschmähen.

In geringer Menge lieferte die Taiga auch tierische Nahrung. Vieh oder Haustiere gab es hier nicht. Warum, das vermochte ich nicht zu klären. Höchstwahrscheinlich hatte die ausgehöhlte »Arche«, mit der die Lykows den Abakan flußaufwärts gefahren waren, kaum Platz für Kleinvieh gehabt. Es ist aber auch möglich, daß sich die Lykows ganz bewußt gegen »Hausgeschöpfe« entschieden hatten, um sich besser verstecken und unbemerkter leben zu können. Viele Jahre ertönte bei ihrer Hütte kein Gebell, kein Hahnenschrei, kein Muhen, kein Blöken, kein Miauen.

Nachbar, Feind und Freund war in dieser Taiga nur die artenreiche, unberührte Natur. Ständig schwirrten freche Vögel ums Haus herum: Tannenhäher. Sie hatten die Angewohnheit, am Bach Nüsse im Moos zu verstecken und später nach ihnen zu graben, wobei sie das Moos sogar unmittelbar neben den Beinen eines vorbeigehenden Menschen umpflügten. Haselhühner brüteten direkt hinter dem Gemüsegarten. Zwei Raben, Alteingesessene an diesem Berg, hatten weiter unten am Bach ein Nest, das vielleicht schon länger existierte als die kleine Hütte. Ihr Alarmschrei teilte den Lykows immer mit, wenn ein Unwetter nahte, und ihr Kreisen zeigte ihnen, daß irgendwas in die Wolfsgrube gefallen war.

Von Zeit zu Zeit erschien hier im Winter ein Luchs. Unverhohlen und ohne Angst inspizierte er das »Gut«. Einmal kratzte er wohl aus Neugier sogar an der Hüttentür und verschwand genauso gemächlich, wie er erschienen war.

Zobel hinterließen Spuren im Schnee. Wölfe erschienen ebenfalls von Zeit zu Zeit, angezogen vom Rauch und ihrer Neugier. Aber nachdem sie sich überzeugt hatten, daß hier nichts zu holen war, entfernten sie sich in die Gebiete, in denen es Marale gab.

Im Sommer siedelten sich im Brennholz und unter dem Dach Agafjas Lieblinge an: die »Wendehälse«. Zuerst verstand ich nicht, was sie meinte, doch Agafja zeigte es mir mit einem ausdrucksvollen Schwirren ihrer Hand: Bachstelzen!

Über dieser Stelle der Taiga verlief keine der großen Zugvögelrouten. Nur einmal, im Herbstnebel, waren die Lykows durch den Schrei eines einsamen, offensichtlich durch den Wind abgetriebenen Storchs in Unruhe versetzt worden. Er irrte zwei Tage lang am Fluß umher: »Es tat uns in der Seele weh«, und dann wurde es still. Später fand Dmitri am Wasser Krallen und Flügel des aufgefressenen Vogels.

Einige Jahre lang teilte ein Bär die Taigaeinsamkeit der Lykows. Das Tier war nicht groß und nicht frech. Es tauchte nur ab und zu auf, stapfte umher, schnupperte am Kornspeicher und verschwand. Während des »Nüssens« versuchte der Bär, den Menschen nicht ins Auge zu fallen, doch er wich ihnen auch nicht von den Fersen und nahm sich, was unter den Zirbelkiefern liegenblieb. »Wir ließen ihm Zapfen zurück. Ihn verlangt doch danach, für den Winter setzt er Fett an.«

Das Bündnis mit diesem Bären war mit dem Auftauchen eines größeren Tieres plötzlich zu Ende. Neben dem Pfad, der zum Fluß führt, gerieten die beiden Bären aneinander: »Sie brüllten sehr laut«, und nach fünf Tagen fand Dmitri den alten Freund, zur Hälfte gefressen von seinem Artgenossen.

Nun war das ruhige Leben der Lykows vorbei. Der Neuankömmling benahm sich, als wäre er der Hausherr. Er verwüstete einen Kornspeicher mit Nüssen, und als er bei der Hütte auftauchte, erschrak Agafja so sehr, daß sie ein halbes Jahr liegen mußte: »Die Beine gehorchten mir nicht mehr.« In die Taiga zu gehen, war gefährlich geworden. Einstimmig beschlossen die Lykows, den Bären zu töten. Aber wie sollte man dieses Urteil vollstrecken? Ohne ein Gewehr! Sie gruben auf dem Himbeerpfad eine Falle. Doch der Bär geriet zwar hinein, konnte sich aber wieder befreien: Die Grube war nicht tief genug gewesen, und außerdem hatte er den gespitzten Pfeilen ausweichen können.

Dmitri machte im Herbst einen Jagdspieß und hoffte, das Tier in seiner Höhle überraschen zu können. Aber die Bärenhöhle war nicht zu finden. Weil sie wußten, daß das hungrige Tier im Frühling besonders gefährlich werden würde, bauten Sawin und Dmitri eine besonders raffinierte Falle: eine Hütte samt Köder und Falltür. Der Bär geriet tatsächlich in diese Falle, doch er schaffte es, sich zu befreien. So mußten die Lykows schließlich die Geologen um ein Gewehr bitten. Dmitri kannte die Bärenpfade, und auf dem sichersten von ihnen baute er eine Selbstschußanlage. Und sie funktionierte. »Eines Tages sahen wir: Die Raben schwebten in der Luft. Wir gingen vorsichtig los und sahen, wie er dalag.«

»Habt ihr von dem Bärenfleisch probiert?«

»Nein, wir ließen ihn für kleinere Tiere liegen. Was Pfoten hat, essen wir nicht. Gott befiehlt, nur das zu essen, was Hufe hat«, sagte der Alte.

Hufe haben hier in der Taiga Elche, Marale und Moschustiere. Und diese jagten die Lykows auch. Sie nutzten dazu nur ein einziges Mittel: Sie hoben auf den Pfaden Hetzjagdgruben aus. Um die Tiere an die so präparierten Stellen zu leiten, bauten sie in der Taiga Zäune und Hindernisse. Doch die Ausbeute war gering: »Das Tier wurde im Laufe der Jahre gescheit.« Aber wenn auch nur ein kleines Moschustier in die Falle geriet, veranstalteten die Lykows ein Festmahl. Sie trugen jedoch auch Sorge, daß Fleisch für den Winter aufbewahrt wurde. Es wurde in schmale Streifen geschnitten und im Wind gedörrt. Diese

»Fleischkonserven« in Birkenrindenverpackung hielten ein bis zwei Jahre. An hohen Feiertagen holten die Lykows sie hervor, oder sie packten sie vor schweren Arbeiten und Tagesmärschen in den Proviantsack.

(Agafja gab mir ein Geschenk mit nach Moskau: eine kleine Schnur mit getrocknetem Elch. Es roch zwar nach Fleisch, aber ich konnte mich dennoch nicht dazu entschließen, ein Stück davon zu probieren.)

Bis zum völligen Zufrieren des Flusses gingen die Lykows auf Fischfang. Im Oberlauf des Abakan gibt es Äschen und Lenok-Forellen. Die Lykows fingen sie auf unterschiedliche Weise: »mit der Rute« und »mit der *Morda*«, einem aus Weide geflochtenen Fangkorb. Den Fisch aßen sie roh oder über dem Lagerfeuer gebacken, und einen Teil legten sie immer als Trockenvorrat zurück.

Man muß aber wissen, daß die Lykows all die Jahre kein Salz hatten. Nicht ein Körnchen! Reichlicher Salzgenuß wird von den Medizinern als schädlich erachtet, aber in gewissen Mengen ist Salz dem Körper unabdingbar. Ich habe in Afrika Antilopen und Elefanten gesehen, die Entfernungen von nahezu hundert Kilometern zurücklegten mit dem einzigen Ziel, Salzboden zu fressen. Dieser Weg bedeutet große Lebensgefahr, Raubtiere und Jäger lauern den Tieren auf, doch ungeachtet dieser Gefahr zieht es sie zum Salz. Wer den Krieg in Rußland überlebt hat, weiß. Ein Becher schmutziges, erdiges Salz war »Alltagswährung«, gegen die man alles eintauschen konnte: Kleidung, Schuhe, Brot. Als ich Karp Ossipowitsch fragte, welches die größte Schwierigkeit ihres Taigalebens war, sagte er, das Leben ohne Salz sei »wahre Qual!«. Bei ihrer ersten Begegnung mit den Geologen hatten die Lykows alle Lebensmittel abgelehnt, Salz aber haben sie genommen. »Und von diesem Tag an konnten wir schon nicht mehr ohne Salz.«

Gab es auch Hungersnot? Ja, 1961 war für die Lykows ein schreckliches Jahr. Schneefälle und starker Frost im Juni vernichteten alles, was im Gemüsegarten wuchs: Der Roggen »erfror«, und die Kartoffeln reichten nur für die Saat. Auch die Nahrungsquellen der Taiga hatten stark gelitten. Die Vorräte des Vorjahres waren im Winter bald aufgebraucht. Im Frühjahr aßen die Lykows Stroh, Schuhwerk aus Leder, den Beschlag der Skier, Rinde und Birkenknospen. Von den Erbsenvorräten ließen sie einen kleinen Tujesok übrig – für die Aussaat.

In jenem Jahr starb die Mutter den Hungertod. Die kleine Hütte wäre heute völlig menschenleer, wenn auf die erste Mißernte eine weitere gefolgt wäre. Aber es kam ein gutes Jahr. Die Kartoffeln gediehen gut. An den Zirbelkiefern reiften die Nüsse. Und im Erbsenbeet war ein zufälliges Roggenkörnchen aufgegangen. Diese einzige Ähre behüteten die Lykows Tag und Nacht und bauten um sie herum einen besonderen Schutz vor Mäusen und Burunduks.

Die reife Ähre trug achtzehn Körner. Diese Ernte wurde in einen trockenen Lappen gewickelt, in einen eigens gefertigten, nicht einmal bechergroßen Tujesok gelegt, in ein Stück Birkenrinde verpackt und an die Decke gehängt. Die achtzehn Samen ergaben bereits ein Tellerchen Körner. Aber erst im vierten Jahr konnten die Lykows einen Roggenbrei kochen.

Jedes Jahr mußte die Hanf-, Erbsen- und Roggenernte vor den Mäusen und Burunduks gerettet werden. Diese »Taigavölkchen« betrachteten die Saat immer als ihre natürliche Beute. Wenn man nicht aufpaßte, blieb auf dem Beet nur noch Stroh, und alles andere verschwand in den Erdlöchern. Die Saatbeete waren umgeben von Fallen und Schlingen. Und dennoch hatten sich die Burunduks fast die Hälfte der Körner aus der Ernte der Lykows als Wintervorrat geholt. So war das nette und sympathische Tierchen den Menschen eine »Geißel Gottes«. »Wahrhaftig schlimmer als der Bär«, sagte der Alte.

Die Lösung dieses Problems brachten zwei Katzen und

ein Kater, die die Lykows von den Geologen bekommen hatten. Burunduks und Mäuse (zugleich leider auch die Haselhühner!) waren schnell ausgerottet. Aber jedes Ding hat zwei Seiten: Es kam zu einer Überbevölkerung dieser Mäusefänger. Die Lykows konnten sich nicht entschließen, die jungen Kätzchen zu ertränken, wie dies auf dem Lande üblich ist. Und statt der Taigakostgänger wuchs nun eine Herde von Hauskostgängern heran. »Viele sind es!« jammerte Agafja, als sie sah, wie die Katzen ihre Jungen im Genick packten und aus den dunklen Ecken zum Sonnenbad nach draußen trugen.

Und noch ein wesentlicher Aspekt. Vor dem Abflug in die Taiga sprach ich in Moskau mit Galina Michailowna Proskurjakowa, der Moderatorin der Fernsehsendung *Die Pflanzenwelt*. Als sie erfuhr, wohin und weshalb ich fliege, bat sie mich: »Erkundigen Sie sich unbedingt, welche Krankheiten die Lykows hatten und womit sie sie behandelt haben. Wahrscheinlich werden sie verschiedene Kräuter nennen. Bringen Sie Bündchen davon mit, wir schauen sie uns dann gemeinsam an und schlagen in den Büchern nach. Das ist doch interessant!«

Diese Bitte hatte ich nicht vergessen. Als ich mich erkundigte, ob sie schon einmal krank waren, sagten der Alte und Agafja: »Aber ja. Wie soll man hier nicht krank werden ...« Ihre Hauptkrankheit war »Verhebung«. Was das für ein Leiden war, habe ich nicht verstanden. Ich vermute, es war eine durch das Heben von Lasten hervorgerufene Erkrankung der inneren Organe, aber möglicherweise handelt es sich auch um eine gewisse allgemeine Schwäche. An »Verhebung« hatten sie alle gelitten. Sie behandelten sie durch »Richten des Bauches«. Was es bedeutet, den »Bauch zu richten«, habe ich ebenfalls nicht ganz verstanden. Sie erklärten es folgendermaßen: Der Kranke liegt auf dem Rücken, und ein anderer knetet auf bestimmte Weise die Bauchgegend.

Zwei der Verstorbenen, Sawin und Natalja, litten wahrscheinlich an einer Darmerkrankung. Die Medizin dagegen war ein Sud aus Rhabarberwurzel. Dies ist zwar höchstwahrscheinlich ein geeignetes Mittel, aber was kann ein Medikament schon ausrichten, wenn das Essen keinerlei Rücksicht auf die Därme nimmt? Die Ruhr hat Sawin den Rest gegeben.

Bei der Aufzählung der Krankheiten nannte Agafja die Erkältung. Diese behandelten sie mit Brennesseln, Himbeeren und Bettruhe auf dem Ofen. Jedoch war man hier nicht oft erkältet. Die Lykows waren abgehärtet. Es kam vor, daß sie sogar im Schnee barfuß liefen. Aber Dmitri, der kräftigste von allen, starb ausgerechnet an einer Erkältung.

Wunden auf dem Körper »beleckten sie mit Speichel« und rieben sie mit »Schmalz« (Tannenharz) ein. Gegen ein anderes Leiden, das ich nicht verstanden habe, »hilft Weißtannenöl sehr« (wird aus den Nadeln gewonnen).

Die Lykows tranken den Sud von Birkenschwämmen, Johannisbeerzweigen und Antoniuskraut, für den Winter bereiteten sie wilde Zwiebeln, Heidelbeeren, Sumpfporst, Salomonssiegel, Dostkraut und Rainfarn zu. Auf meine Bitte sammelte Agafja ein Dutzend »nützlicher, von Gott gegebener Pflanzen«. Doch dann brachen wir in Eile auf: Die Nacht nahte, und wir hatten einen weiten Weg – das Apothekensortiment der Taiga blieb auf einem Holzstapel liegen.

Wenn ich mich jetzt an unser Gespräch über Krankheiten und Kräuter zurückerinnere, denke ich mir, daß in diesen Taigaheilmitteln Weisheit und Erfahrung steckten, ganz gewiß aber auch Irrtümer. Was erstaunlich ist: Der Karte nach ist die Gegend, wo die Lykows leben, ein Enzephalitisgebiet. Geologen dürfen nicht ohne Impfungen hierher. Aber die Lykows wurden von dieser Plage verschont. Sie haben nicht einmal eine Ahnung davon.

Die Taiga verwöhnte sie nicht, aber alles unmittelbar Lebensnotwendige, von Salz vielleicht abgesehen, hat sie ihnen gegeben.

DIE ERZEUGUNG VON FEUER

»Ich wei-heiß, das sind Schwe-hefelchen«, sagte Agafja in singendem Ton und betrachtete dabei eine Schachtel Streichhölzer, auf deren Etikett ein Fahrrad abgebildet war. »Weißt du auch, was das hier ist?...«

Ein Fahrrad kannte sie nicht. Sie hatte auch noch nie ein Rad gesehen. In der Geologensiedlung gab es einen Raupentraktor. Aber wie geht das – auf dem Rad fahren? Für Agafja, die von klein auf mit einem Stecken in den Bergen zu laufen gewohnt war, war dies unbegreiflich.

»Das Sündenfeuer«, sagte Karp Ossipowitsch, als er den Schachtelinhalt berührte. »Und unzuverlässig. Unser Zeug ist doch besser.«

Nikolai Ustinowitsch und ich protestierten nicht, denn wir erinnerten uns: Im Krieg nannte man nicht nur Raketengeschosse *Katjuschas*, sondern auch die Dinge, mit denen in alten Zeiten Feuer erzeugt wurde. Feuerstein und Docht. Mit ebendieser Ausrüstung erzeugten die Lykows noch immer Feuer. Nur das Röhrchen mit dem Docht hatten sie nicht. Sie hatten Zunder. Der Pilz, aus dem dieser »funkenfangende« Stoff gewonnen wird, heißt deswegen auch seit alters her in Rußland *Trutowik*, das bedeutet Zunderschwamm. Aber wenn man den Pilz einfach mit Funken besprüht, entzündet er sich nicht. Agafja vertraute uns die Methode an, mit der man Zunder gewinnt: »Man kocht den Pilz von morgens bis Mitternacht in Aschewasser und läßt ihn dann trocknen.«

Mit der Herstellung von Zunder hatten die Lykows keine Probleme. Feuerstein dagegen mußten sie suchen. Ringsherum sind die Berge zwar aus Stein, aber Feuerstein, der hier Gold wert ist, kommt selten vor. Trotzdem wurden sie fündig. Ein Feuerstein, so groß wie zwei Köpfe! Der Vorrat dieses strategisch wichtigen Materials lag unübersehbar direkt an der Türschwelle, und wenn es erforderlich war, schlugen sie ein Stückchen davon ab...

Aber das Feuer bringt nicht nur Wärme, sondern auch Licht. Wie wurde die Hütte beleuchtet? Den Kienspan habe ich bereits erwähnt. Aber ob jeder weiß, daß es sich dabei nur um einen dünnen Span von der Länge eines Unterarms handelt? Unsere Vorfahren benutzten Kerzen aus Talg und Wachs und vor kurzem noch Petroleumlampen. Aber überall in waldigen Gegenden war die Glühbirne der Vergangenheit ein Span aus Holz: der Kienspan. Wieviele Lieder wurden gesungen, wieviele Märchen erzählt, wieviel gearbeitet bei Kienspanlicht!

Die Lykows waren zufrieden mit ihrem Kienspan, ein anderes Licht kannten sie ja auch nicht. Aber eine Art Forschungsarbeit hatten sie trotzdem durchgeführt: Ihr Ziel war, herauszufinden, aus welcher Baumart man den besten Kienspan bekam. Alles hatten sie ausprobiert: Erle, Espe, Weidengebüsch, Kiefer, Tanne, Lärche und Zirbelkiefer. Sie stellten fest, daß sich Birkenholz am besten für Kienspäne eignet. Und hieraus stellten sie einen Vorrat her. Abends mußte man dann nichts weiter tun, als den Span im richtigen Winkel am Kienspanhalter zu befestigen, damit er nicht gleich verlöschte oder zu schnell herunterbrannte.

Als die Lykows in der Geologensiedlung eine Glühbirne sahen, drückten sie der Reihe nach wie zweijährige Kinder auf den Schalter, weil sie dahinterkommen wollten, welche Verbindung zwischen dem Licht und dem schwarzen Knopf bestand. »Was hat man sich da ausgedacht! Wie eine Sonne, das tut in den Augen weh. Mit dem Finger habe ich es berührt, und das Fläschchen verbrannte mich!« erzählte Karp Ossipowitsch von den ersten Besuchen seiner Familie in der »Welt«, die so unerwartet auf sie zugekommen war.

Den Stoff für ihre Kleidung gewannen sie unter größter Anstrengung und mit viel Fleiß. Sie säten Hanf. Wenn er reif war, wurde er eingebracht, getrocknet, im Bach eingeweicht und gewalkt. Dann mit der Hanfschwinge gesäubert. Aus dem so gewonnenen Werg wurde mit dem Spinnrad, das aus einer Spindel und einem Schwungrad besteht, ein grobes Hanfgarn gesponnen. Und dann konnte man mit dem Weben beginnen.

Der Webstuhl stand in der Hütte und engte ihre Bewohner sehr ein. Aber er produzierte etwas Lebensnotwendiges, und so hatte die Familie große Hochachtung vor ihm. Längs gespannte Fäden... Der Querfaden läuft von links nach rechts, dann wieder von rechts nach links hinter dem Weberschiffchen her... Faden für Faden... Es verging viel Zeit, bis aus den Hanfstengeln ein kostbares Hemd entstanden war.

Aus Hanfleinen nähten sie Sommerkleider, Kopftücher, Strümpfe, Fäustlinge. Sie nähten Mäntel daraus, auch für den Winter: Zwischen Futter und Oberstoff kam trockenes Gras. »Der Frost hier ist so stark, daß es die Bäume zerreißt«, erklärte Agafja.

Wie diese Mäntel gehütet wurden! Wir Sklaven der Mode geben unsere Kleider oft weg, obwohl sie noch gar nicht abgetragen sind, und wollen etwas Neues und Auffälligeres. Diese Mäntel waren auffällig nur wegen ihrer Flicken.

Man kann sich gut vorstellen, welchen Wert eine einfache Nadel in dieser Welt hatte. Der Nadelvorrat, den die älteren Lykows schon in der *Lykowskaja Saimka* angelegt hatten, wurde als etwas unendlich Kostbares gehütet. In der Ecke am Fenster stand eine Birkenrindenschatulle, in der ein Nadelkissen lag. Inzwischen sieht dieses Kissen aus wie ein Igel, so viele Geschenke stecken darin. Viele Jahre aber herrschte eine strenge Ordnung: Sobald du mit dem Nähen fertig bist, kommt die Nadel sofort zurück an ihren Platz! Einmal suchten die Lykows eine heruntergefallene Nadel so verzweifelt, daß sie den gesamten Müll einzeln in den Händen gewendet haben.

Für die gröbsten Näharbeiten hatte der jüngste Sohn, Dmitri, aus einer Gabel, die mit dem anderen »Eisen« noch aus der früheren Siedlung stammte, eine Nadel gefertigt.

Als Faden für alle Näharbeiten aus Leinen und Birkenrinde, später auch aus Leder, diente immer Hanfgarn. Es wurde gezwirnt, bei Bedarf mit Tannen»schmalz« eingerieben und in einem Teer, den sie aus Birkenrinde herzustellen wußten, getränkt. Hanfgarn diente auch als Angelschnur. Auch Netze wurden daraus geknüpft und die im Haushalt so unentbehrlichen Seile gedreht.

Welcher unserer Leser hat schon einmal ein Hanfgewächs gesehen? Ich bin sicher, es werden nicht viele sein. Ich selbst war vor drei Jahren erstaunt, als ich im Gebiet Kalinin in einem Gemüsegarten die hohen Stengel und diesen eigenartigen Geruch des Hanfs fand. Ich fragte nach, woher man hier den Hanf noch kennt. Wie sich herausstellte, wurde er »ein bißchen gesät, um die Flöhe zu vertreiben«. Aber es ist noch gar nicht so lange her, daß man bei jedem Haus Hanf säte. Und ausnahmslos in jedem Haus gab es Spinnrad und Webstuhl. Wie bei den Lykows brachte man den reifen Hanf ein, trocknete ihn, weichte ihn ein, trocknete ihn wieder, walkte ihn, säuberte ihn mit der Hanfschlinge... Aus meiner nun schon fernen Kindheit erinnere ich mich an den Geschmack von Hanföl. Aus der Leinwand, die meine Mutter von meiner Großmutter geerbt hatte und die zuunterst in der Familientruhe lag, bekamen meine Schwester und ich im Krieg je ein Kleid, wobei der Stoff mit Erlenwurzeln gefärbt war.

Die »Hanfweberei« der Lykows war für mich ein lebendiges Bild aus der Vergangenheit jedes Bauernhauses in

Rußland. Aber während man Leinen dort bei Bedarf einfach tauschen oder kaufen konnte, mußte man in der Taiga erst einmal Hanf säen, den Samen sorgsam aufbewahren und spinnen, weben... Inzwischen gibt es bei den Lykows niemanden mehr, der sich damit befassen könnte, und es ist auch nicht mehr nötig. Aber wie ich hörte, erwähnte Karp

Birkenrindengefäße.

Ossipowitsch den Hanf zusammen mit Kartoffeln und Zirbelkiefern immer bei seinem täglichen Gespräch mit Gott.

Eine ebensolche Wertschätzung brachte man der Birke entgegen. Nur war in den Gebeten der Lykows wahrscheinlich kein Platz mehr für sie. Birken sind in der Taiga reichlich vorhanden. Wenn man nicht aufpaßt, steht auf einmal auch im Gemüsegarten ein Birkenwald. Aber was hat dieser Baum den Menschen, die durch ihr Schicksal an den Wald gekettet waren, nicht alles gegeben!

Vor allem lieferte die Birke den Lykows Schuhe (in diesen Gegenden wächst keine Linde, deswegen konnte es bei den Lykows keine geflochtenen Bastschuhe geben). Sie nähten sich eine Art Galoschen aus Birkenrinde. Dieses Schuhwerk war recht schwer und grob. Um es den Füßen warm und bequem zu machen, fütterten sie es mit getrocknetem Sumpfgras. Die Galoschen trugen sie das ganze Jahr hindurch, doch was helfen solche Schuhe, wenn der Schnee anderthalb Meter hoch liegt!

Die Lykows haben erst angefangen, sich eine Art Stiefel zu nähen, als Dmitri herangewachsen war und Tiere zu fangen gelernt hatte, und der Älteste, Sawin, die Kunst des Ledergerbens beherrschte. Aus irgendeinem Grund waren die Geologen von den Galoschen aus Birkenrinde am meisten beeindruckt, so daß sie sie nach und nach alle als Souvenirs fortgeschleppt und den Lykows dafür im Gegenzug Stiefel, Filzstiefel, feste Schuhe und ähnliches dagelassen hatten.

Aber die eigentliche Zweckbestimmung der Birkenrinde lag in der Fertigung von Geschirr. Zu erfinden brauchten die Lykows hierbei nichts. Überall in den Wäldern hatten schon ihre Vorfahren die berühmten Tujesoks hergestellt, ein Geschirr, das sich hervorragend für alles mögliche eignet: für streubare Substanzen, Salz, Beeren, Wasser, Quark und Milch. Und alles behält seine Temperatur, nichts verdirbt oder »wird durch die Maus vergeudet«. Das Geschirr ist leicht, schön und handlich. Bei den Lykows zählte ich vier Dutzend Erzeugnisse aus Birkenrinde: Tujesoks von der Größe eines Fäßchens oder eines Mayonnaiseglases, Körbe, so riesig wie längliche Reisekoffer oder – für die Aufbewahrung von allerlei Kleinzeug – so klein wie Agafjas Faust.

Aus Birkenrinde ist bei den Lykows auch das kleine Handwaschbecken. Man hatte ihnen eines aus Blech geschenkt, als man sah, wie oft sie ihre rituellen Waschungen vornahmen, aber die Lykows hatten diese Fabrikware unter dem Dach verstaut und benutzten nach wie vor ihr Birkenrindenwaschbecken. Im Haushalt der Lykows lagen überall große vorbehandelte Stücke Birkenrinde herum. Man brauchte sie bloß über Dampf zu halten, und schon konnte man dieses Material für seine Zwecke nutzen. Als der einzige Eimer unbrauchbar geworden war und es bereits nichts mehr half, das Loch mit einem Lappen zu stopfen, fertigte Dmitri aus dem Blech des Eimers ein recht passables Sieb für Nüsse, und den Eisenhenkel befestigte er an einem Birkenrindeneimer. Dieser leistet bis heute gute Dienste. Mit ebendiesem Eimer holten Agafja und ihr Vater Wasser, um den Waldbrand zu löschen.

Das Birkenrindengeschirr hat nur einen Nachteil: Es darf nicht aufs Feuer gestellt werden. Man kann zwar Wasser darin erhitzen (und zwar sehr gut!), wenn man glühende Steine hineintaucht, aber auf den Ofen kann man einen Tujesok nicht stellen. Und das war ein großer Engpaß im Geschirrhaushalt. Aus der *Lykowskaja Saimka* hatte man einige gußeiserne Töpfe mitgenommen. Aber so ein Topf ist sehr zerbrechlich, und als die Geologen kamen, waren von dem »ewigen Geschirr« nur noch zwei geblieben, deren Unversehrtheit mit Gebeten geschützt wurde. Jetzt klappert Agafja überall mit Bechern, Kesseln und Schüsseln aus »dem wunderbaren Eisen«: aus Aluminium. Aber ein alter, erprobter gußeiserner Topf hat wie ein verdienter Veteran

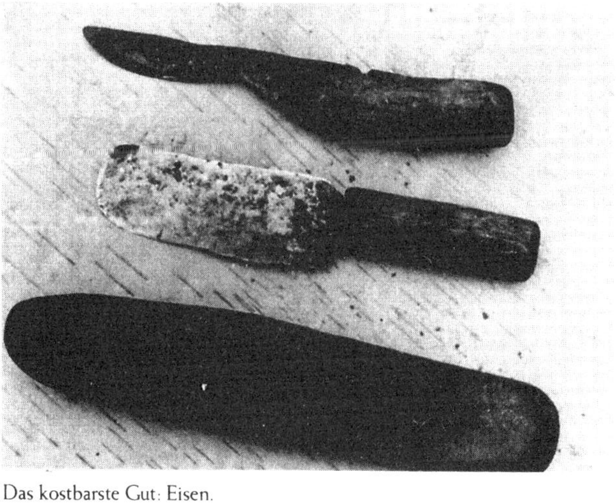

Das kostbarste Gut: Eisen.

einen Ehrenplatz in ihrem armseligen Haushalt. Darin kocht Agafja Roggenbrei.

Im Haushalt gibt es viel Geschirr, das aus Holz geschnitzt ist. An großen und kleinen Trögen konnte ich mehr als ein Dutzend zählen. Interessant ist, daß die Lykows, bevor sie Schüsseln und Schälchen aus Aluminium besaßen, ihre Kartoffelsuppe aus einem gemeinsamen, kleinen Trog mit selbstgemachten, langstieligen Löffeln aßen.

Das Wort »Mangelware« war den Lykows völlig unbekannt. Aber mit genau diesem Wort hätten sie die fehlenden Eisengeräte bezeichnen können. Alles, was aus der früheren Siedlung mitgebracht worden war – ein alter Pflug, Spaten, Messer, Äxte, eine Raspel, eine Säge, ein langschäftiger Jagdspieß zur Bärenjagd, ein Stück dickes Blech, Scheren, eine Ahle, Nadeln, Hacken, ein Brecheisen, eine Sichel, ein Meißel, ein Stemmeisen –, hatte sich in den vielen Jahren abgeschliffen und abgenutzt und war verrostet. Aber kein Stück Eisen wurde weggeworfen. Wie man aus Armut gezwungen ist, abgetragene Kleider zu wenden, wurde bei den Lykows das Eisen »gewendet«.

Wir haben Fotos von den Hacken gemacht, die bei den Lykows lange Jahre in Gebrauch waren. Eine solche Hacke besteht aus einem starken Birkenast mit einem »eisenüberzogenen« Haken. Ich habe einen Spaten gesehen, der ganz aus Holz war und nur an der unteren Kante einen Streifen aus Eisen hatte. Einer der Lykows hatte einen Bohrer erfunden, einen im Hause unentbehrlichen Gegenstand. Aber wie stellt man ihn her, ohne Schmiede?! Sie haben es trotzdem geschafft! Der Bohrer war primitiv und unförmig, aber Löcher drehen konnte er.

Der Haushalt besaß eine Dechsel zum Bootezimmern und selbstgemachte Instrumente zum Löffelschnitzen. Da sie nicht sehr häufig benutzt wurden, sind sie gut erhalten. Alles andere hat der Zahn der Zeit abgenagt oder der Schleifstein abgewetzt. Hätte Dmitri bei den neuen Häusern der Geologen Goldklumpen oder andere von unserer heutigen Zeit geschätzte Dinge gesehen, er wäre nicht erstaunt gewesen, hätte nicht so fassungslos und verblüfft dagestanden. Aber er fand an den Häusern jede Menge Eisen (man kann es sich leicht vorstellen!): Draht, einen Spaten ohne Griff, ein verbogenes Brecheisen, ein Zahnrad, einen verbeulten Trog aus verzinktem Eisenblech, einen Eimer ohne Boden, und neben einer Werkstatt einen ganzen Schrottberg... Eisen! Dmitri stand da und war überwältigt über soviel Reichtum. Er schaute sich an, was man wofür gebrauchen könnte, wagte aber nicht, etwas zu nehmen, es einfach in den Sack oder die Tasche zu stecken, obwohl er später lächelnd gestand: »Die sündige Versuchung war da.«

DIE LYKOWS

Ein paar Worte über jedes Mitglied der Familie... Die Einsamkeit, der aufreibende Daseinskampf, die Monotonie im Alltagsleben, in der Kleidung, beim Essen, die Strenge religiöser Verbote, die immer gleichen Gebete, die extreme Absonderung von der Welt und schließlich ihre Verwandtschaft hätten die Menschen einander eigentlich extrem ähnlich machen müssen, wie das bei Küken aus der Hühnerzucht der Fall ist. In der Tat ähnelten die Lykows einander sehr. Dennoch hatte jeder seinen eigenen Charakter, eigene Gewohnheiten und eine eigene Selbsteinschätzung in der kleinen, sechsstufigen Hierarchie. Jeder hatte seine Vorlieben und Abneigungen bei der Arbeit, und die Fähigkeit, ein und dasselbe Phänomen zu begreifen, war unterschiedlich ausgeprägt. So könnte man noch vieles anführen, was die Soziologen und Psychologen für gewöhnlich interessiert.

Über jedes Familienmitglied etwas zu erzählen, ist nicht leicht, denn vier von ihnen leben bereits nicht mehr – geblieben sind nur Erinnerungen...

Karp Ossipowitsch

In der »Welt« hätte er zweifellos viel erreicht. Auf dem Lande wäre er nichts Geringeres als ein Kolchosvorsitzender geworden, und auch in der Stadt hätte er seinen Weg gemacht. Er ist die geborene Führerpersönlichkeit. Noch

Gespräch über das Fotografieren. Nach der Vorstellung von Karp Ossipowitsch handelt es sich um etwas absolut Sündhaftes.

heute spürt man, trotz der mäßigenden Wirkung seines hohen Alters, wie er geradezu von Natur aus danach strebt, der »Leiter« (nicht im Sinne eines Postens, sondern im Sinne von »Führerschaft«) zu sein. Er war das Gemeindeoberhaupt der *Lykowskaja Saimka* gewesen. Er war es auch, der seine Leute noch weiter weg an den Kair führte. In den dramatisch schweren dreißiger Jahren faßte er den Entschluß, sich vor der »Welt« immer weiter in die Taiga zurückzuziehen. Ergeben folgte ihm seine Frau Akulina Karpowna, die beiden kleinen Kinder auf dem Arm.

Seiner Familie war Karp Ossipowitsch Vater und strenger Leiter zugleich. Ihm, und nur ihm, folgte man bei der Arbeit, den Gebeten, dem Essen, den Beziehungen untereinander. Agafja nennt ihn »Papachen«. Und so hatten ihn auch die drei inzwischen verstorbenen Kinder genannt, obwohl Sawin auf die Sechzig zuging. Seine »Führerschaft« hielt der Alte mit allen möglichen Mitteln aufrecht. »Kartoffeln hat Papachen nicht geerntet«, sagte Agafja, nicht, um über ihn zu urteilen, sondern weil sie sich seiner Position in Angelegenheiten der Familiengemeinschaft bewußt war. Seine Söhne trugen eine Art Mönchskappe aus Sackleinen, der Vater selbst aber hatte eine hohe Kappe aus Moschustierfell. Das war eine Art »Zarenkrone«, die seine Macht in dem selbstgebildeten winzigen Zarenreich festigte.

Mit seinen über achtzig Jahren ist Karp Ossipowitsch sehr rüstig und hat keinerlei gesundheitliche Beschwerden, außer daß er schwerhörig geworden ist, wie er sagt.

Aber meiner Beobachtung nach »reguliert« der Alte seine Schwerhörigkeit. Wenn ihm eine Frage unverständlich oder vielleicht unangenehm ist, tut er so, als höre er nichts. Alles aber, was ihn interessiert, »kapiert« er, wie Jerofej es ausdrückte, ganz genau. Im Gespräch ist der Alte immer auf der Hut. Selbst stellt er keine Fragen, er hört zu oder »spricht ein Urteil aus«. Eine Frage hatte er dann doch. »Wie ist es dort in der ›Welt‹?« fragte er mich, nicht ohne zuvor seinen Bannfluch über Nikon und Zar Alexei Michailowitsch zu erneuern. Ich sagte, es sei unruhig in der großen Welt, und ich fühlte: Meine Antwort war Balsam für seine Seele. Die Unruhe in der »Welt« erhielt dem Alten sein inneres Gleichgewicht. Zweifellos kommt diesem nicht dummen, wohl aber rückständigen Menschen manchmal der nüchterne und alarmierende Gedanke, ob er sein Leben richtig gelebt hat.

Der Alte hat seine Neugier nicht verloren. Wenn er die Geologen besucht, »labt er seine Seele mit einem Gespräch« und schaut überall herein. Karp Ossipowitsch scheute sich auch nicht, in einen Hubschrauber zu steigen, verzichtete jedoch darauf zu fliegen, weil dies »nicht Christensache« sei. Unter allem, was ihn in Erstaunen versetzte, ist nicht die Elektrizität an erster Stelle zu nennen, nicht das Flugzeug, das eines Tages vor seinen Augen von der schmalen Landzunge aufstieg, nicht der Radioempfänger, aus dem die »sündige Weibsstimme« der Pugatschowa[1] erklang; am meisten beeindruckte ihn eine durchsichtige Tüte aus Polyäthylen: »Herr, was haben sie da erdacht: Glas, das sich knittern läßt!«

Akulina Karpowna

Das achtendige Altgläubigenkreuz auf ihrem Grab ist schwarz geworden. Antoniuskraut wiegt sich daneben im Wind, die Kartoffelsaat reicht direkt bis an die helle Erde des Hügelchens heran. Gestorben ist Akulina Karpowna vor einundzwanzig Jahren an »Verhebung« und vor Hunger, der dem schwachen Körper den Rest gegeben hatte. Ihre letzten Worte galten nicht dem Himmelreich, für das sie ihr schweres Kreuz auf Erden getragen hatte, sondern den Kindern: »Wie wird es euch ohne mich ergehen?« Außer Agafja und Karp Ossipowitsch erinnert sich heute niemand mehr daran, wie diese Frau ausgesehen hat. Sie war ihrem Mann zweifellos eine selbstlose Mitstreiterin, entschlossen, »alle Qualen um des Glaubens willen« mit ihm zu teilen. Und es waren wirkliche Qualen. Sie hackte Holz, fing Fische, treidelte das Boot, half beim Bau des Blockhauses, rodete den Wald, grub den Keller, setzte und erntete Kartoffeln. Um die Kleidung kümmerte sie sich allein. Für den Ofen und die Essenszubereitung war ebenfalls sie zuständig. Noch dazu gab es vier Kinder, denen man mit viel Geduld alles beibringen mußte.

Gebürtig war sie wohl aus dem Altai-Dorf Bija. Akulina Karpowna erlernte noch als Mädchen von Pilgern das altkirchenslawische Alphabet. Sie konnte schreiben und las

1 Alla Pugatschowa: populäre sowjetische Schlagersängerin (A. d. Ü.).

die kirchlichen Bücher. Diese »große Weisheit« gab sie auch an ihre Kinder weiter. Nun werden Sie fragen, woher sie in der Taiga die Hefte und Bleistifte nahm, um die Kinder zu unterrichten. Natürlich besaß Akulina Karpowna weder Hefte noch Bleistifte, nicht einmal einen Bleistiftstummel. Aber es gab ja die Birkenrinde. Und es gab den Geißblattsaft. Wenn man ein gespitztes Stöckchen in diesen Saft taucht, kann man auf der gelben Seite der Birkenrinde blaßblaue Buchstaben malen. Allen vier Kindern brachte sie so Lesen und Schreiben bei!

Als wir hierüber sprachen, bat ich Agafja, mir zur Erinnerung etwas ins Notizbuch zu schreiben. Agafja holte einen »Bleistift mit Röhrchen«, den ihr die Geologen geschenkt hatten, und schrieb in altkirchenslawischer Schrift: »Gute Menschen kamen zu uns, halfen uns. 4.(17.) Juli des Jahres 7490 seit Adam. Es schrieb Agafja.«

»Ein Andenken an meine Mutter«, sagte Agafja und betrachtete stolz ihr Gekrakel.

Sawin

»Sawin war sehr strenggläubig, aber er war ein grausamer Mensch«, sagte Karp Ossipowitsch über seinen ältesten Sohn. Was sich hinter dem Wort »grausam« verbarg, wagte ich nicht zu fragen, aber irgend etwas steckte dahinter. Mit klangloser Stimme sagte Agafja dazu: »Gott ist unser aller Richter.«

Zwei Dinge beherrschte Sawin perfekt: das Ledergerben und das Bibellesen. Beides galt in der Familiengemeinschaft als überaus wichtig. Das Gerben von Elch- und Maralleder hatte sich Sawin selbst angeeignet, geduldig hatte er viele Methoden ausprobiert und schließlich die passende Technik gefunden. Auch schustern konnte Sawin gut. Der Wechsel von den Birkenrindengaloschen auf die bequemeren und leichteren Stiefel hatte den Alltag der Lykows offensichtlich revolutioniert, und Sawin war hochmütig geworden. Er vernachlässigte die kleinen, aber lebensnotwendigen täglichen Pflichten und redete sich oft heraus: »Der Bauch schmerzt...« Tatsächlich war mit Sawins Leib etwas nicht in Ordnung. Aber zu entscheiden, wann es sich um eine Krankheit und wann nur um Stimmungen handelt, ist in solchen Fällen schwer. Und hier sehen wir bereits einen Spannungsherd.

Das Hauptproblem lag aber woanders. In Angelegenheiten des Glaubens war er noch »rechter« als der Alte, er duldete nicht den kleinsten Verstoß gegen die Riten, das Fastengebot und die Feiertage, und nachts weckte er alle zum Gebet. Dabei mäkelte er ständig herum: »Ihr betet nicht richtig!«; »Ihr müßt euch bis zur Erde verbeugen.« Die liturgischen Bücher las Sawin gut. Er kannte die Bibel. Wenn Natalja vom Lesen bei Kienspanlicht müde wurde, aus dem Konzept kam oder etwas ausließ, verbesserte Sawin aus der Ecke: »Das ist anders!« Und tatsächlich zeigte sich, daß es anders lautete.

Allmählich begann Sawin, den schwächer werdenden Karp Ossipowitsch zu verbessern und zu belehren, und das nicht nur in »ideologischen« Dingen, sondern auch im Alltagsbereich. Und hier gerieten zwei Dickschädel aneinander. Nicht nur aus Eigenliebe konnte der Vater es nicht dulden, daß der widerspenstige Sohn nach der Führerschaft trachtete. Er hatte auch begriffen, was für ein Leben Sawin, wäre er erst der Leiter, der Familie bereiten würde.

Die mit den Lykows bekannten Geologen erzählen, Sawin sei von kleiner Statur gewesen. Sein Bart, sein Gang und sein selbstsicheres Auftreten haben ihn wie einen Kaufmann aus dem alten Rußland wirken lassen. Er war allen gegenüber zurückhaltend, sogar arrogant und gab damit zu verstehen, wen welcher Platz »dort«, vor Gottes Gericht, erwartete. In der Geologensiedlung ließ Sawin die »Seinen« nicht aus den Augen. Er war es, der am häufigsten sagte: »Das ist uns nicht möglich!« Und er machte Dmitri große Vorwürfe wegen seines sündigen Verkehrs mit der »Welt«. Zuletzt kamen die Lykows nur noch zu viert in die Geologensiedlung. »Und wo ist Dmitri?« Der Alte wich der Frage immer aus: »Mein Sohn hat zu tun, viel zu tun ...«

Im Oktober vergangenen Jahres starb Dmitri plötzlich. Sawin traf das hart. Sein »Leib« wurde schlimmer. Er hätte im Bett bleiben und Rhabarberwurzel trinken müssen. Aber es war Schnee gefallen, und die Kartoffeln waren noch nicht geerntet. Der Vater und die Schwestern sagten: »Bleib liegen!« – »Aber er war ein Dickkopf, er machte alles, um zu widersprechen«, erinnert sich der Vater mit Trauer. Mit den anderen grub Sawin unter dem Schnee nach Kartoffeln. So wurde er bettlägerig.

Natalja wachte bei ihm, Tag und Nacht. Man stelle sich die Lage dieser Krankenwärterin vor, den Kranken in dieser Behausung, mit Kienspan beleuchtet, voller Lumpen und dem Dreck vieler Jahre. Als ihr Bruder starb, sagte sie: »Vor Kummer werde auch ich sterben.«

Natalja

Mit Vater und Schwester legte sie den Bruder »bis zum Frühling« in den gefrorenen Schnee. Dann brach sie zusammen, ohne die Hoffnung, wieder aufzustehen. Sie starb zehn Tage nach Sawin, am 30. Dezember 1981, im Alter von sechsundvierzig Jahren.

Die Geologen sagen, Natalja und Agafja seien einander sehr ähnlich gewesen. Diese Ähnlichkeit wird sich noch dadurch verstärkt haben, daß sie die gleiche Kleidung trugen und auf dieselbe Weise, in gedehnten Silben, durch die Nase sprachen. Aber Natalja war größer gewesen als ihre Schwester. Agafja nannte sie ihre »Patin« (Natalja war ihre

Taufmutter und Sawin ihr Taufvater). Nach dem Tod der Mutter bemühte sich die älteste Tochter nach Kräften, sie zu ersetzen. »Nach Mütterchens Heimgang hatten wir nichts mehr anzuziehen, aber die Patin lernte weben und nähte uns allen Kleidung.«

Natalja mußte nähen, kochen, heilen, versöhnen, bedauern und beruhigen. Es gelang ihr alles nicht so wie der Mutter. Natalja litt darunter. »Sie hörten nicht auf die Patin. Und alles ging zugrunde«, sagte Agafja.

Natalja starb in den Armen der Schwester. »Du tust mir leid. Du bleibst allein...« Dies waren ihre letzten Worte.

Agafja

Der erste Eindruck: ein glückseliger, geistig zurückgebliebener Mensch mit einer seltsamen Sprache, barfuß, Gesicht und Hände verrußt, kratzt sich die ganze Zeit. Aber wenn man sich an die Aussprache gewöhnt hat und sie genauer beobachtet, wird man verstehen, daß mit ihrem Kopf alles stimmt. Die Rückständigkeit dieser Frau unbestimmten Alters ist, wie die Kenner des menschlichen Wesens es sagen würden, sozial bedingt. Die Welt, in der Agafja aufwuchs, war durch die kleine Hütte, den Gemüsegarten und ein kleines Stück Taiga begrenzt. Von der Außenwelt wußte sie nur durch Erzählungen ihrer Eltern. Aber was konnten die, selbst am Rande des Lebens aufgewachsen, rückständig, abergläubisch und fanatisch, schon erzählen?

Bei Agafja war der Fanatismus nicht sehr ausgeprägt. »Uns ist das nicht möglich«, sagte sie am Lagerfeuer und schaute zu, wie wir Tee mit Kondensmilch tranken. Aus den Augenwinkeln schaute sie den Vater an – »nein, nicht möglich«. Wäre das Verbot aufgehoben worden, hätte sie, glaube ich, mit Vergnügen von dem Tee probiert und sogar ein

Stückchen von der Tafel mit der seltsamen Bezeichnung »Schokolade« abgebrochen.

Nach zwei Tagen war mir bereits klar, daß Agafja nicht nur intelligent ist, sondern auch Sinn für Humor und Ironie hat und sich über sich selbst lustig machen kann.

Agafja kann nähen, kochen und mit der Axt umgehen. Sie hatte im Sommer eine Art Winterhütte im zweiten Gemüsegarten gezimmert, und auch der Tisch in der kleinen Hütte war ihr Werk. »Und warum nicht die Brüder? – Die mußte ich bitten und bitten, leichter machte ich es selbst.«

Müßte Agafja mit ihrem »Bleistift mit Röhrchen« irgendeinen Fragebogen ausfüllen, fände sie bestimmt Gelegenheit zu erwähnen, daß sie »kein Hüttenmensch« ist. Der Gemüsegarten und die Taiga sind ihr Element.

Auch Agafja hält die Fotografie für Sünde, die Nuancen der Strenge sind bei ihr jedoch andere.

Gemeinsam mit Dmitri hatte Agafja die Gruben zum Fangen der Marale ausgehoben, sie konnte die Tiere ausweiden, bereitete das Fleisch zu oder trocknete es über dem Lagerfeuer. Agafja kennt die Gewohnheiten der Tiere und weiß, »welches Taigakraut man essen kann und von welchem man stirbt«. Vor zwei Jahren löste sie eine Aufgabe, die selbst für Dmitri zu schwierig war, obwohl dieser doch »alles, was in der Taiga herumläuft, kannte wie die Finger seiner Hand«. Es war ein Tier in die Grube geraten. Im allgemeinen Durcheinander und in der Dunkelheit entschied die Familie, daß es sich um einen kleinen Elch handelte. Als sie aber die Leiter in die Grube hinabließen, um das Tier abzustechen, erhob der »kleine Elch« ein ziemliches Gebrüll. Verwirrt betrachteten Sawin und Dmitri dieses wunderliche Geschöpf – so etwas hatten sie noch nie gesehen. Plötzlich sagte Agafja: »Das ist ein wildes Schwein! Erinnert euch, Mamachen sprach davon, daß es solche Tiere gibt.« Und es war tatsächlich, wie die Geologen bestätigten, ein Wildschwein. Vor kurzem erst sind die Wildschweine in dieses Gebiet gekommen.

Da Agafja ein hervorragendes Gedächtnis hat, war sie gemeinsam mit Sawin für eine sehr wichtige Angelegenheit zuständig: die Zeitrechnung.

Inzwischen ist ihr Aufgabenbereich sehr gewachsen. Sie muß sich um den Ofen, den Gemüsegarten, die Lagerung der Lebensmittel für den Winter und allerlei kleinere Dinge kümmern. Sie verliert auch nicht die Hoffnung, einen Maral zu fangen: »Ein bißchen Fleisch bräuchten wir schon für den Winter.«

In die Geologensiedlung kommt Agafja gern. »Das ist direkt wie ein heiliger Feiertag. Man kann so schön mit allen spre-hechen, spre-chen.« Und es gibt natürlich immer jemanden, der bei diesen Gesprächen sagt: »Agafja, du solltest heiraten. Schau dir mal an, was für einen tollen Burschen wir da haben!« Und für gewöhnlich deutet man dann auf den gutaussehenden, stattlichen Bohrmeister Waska. Agafja versteht, daß es sich um einen Scherz handelt. Und sie gibt immer dasselbe zur Antwort: »Nein, das geht nicht. Ich bin die Braut Christi.«

Nikolai Ustinowitsch und ich versuchten vorsichtig, Aufschluß über die familiären Beziehungen zu bekommen, und fragten Agafja, welchen ihrer Brüder sie mehr gemocht habe. »Mi-tja« (Dmitri), strahlte Agafja über das ganze Gesicht, und dann wischte sie sich plötzlich mit den Enden des Kopftuchs, das wir ihr geschenkt hatten, die Augen: »Mi-hitja!«

So also ist dieses einzige grüne Ästchen an dem austrocknenden Baum der Lykows.

Dmitri

Diesen Namen habe ich jetzt mit innerer Bewegung zu Papier gebracht. Mir ist, als hätte ich diesen Menschen gekannt und gemocht. In der Familie Lykow war er etwas Besonderes. Wie alle, so hat auch er gebetet, aber er war kein Fanatiker. Sein Zuhause war die Taiga. In ihr war er aufgewachsen, sie war ihm vertraut. Er kannte die Pfade aller Tiere, »konnte ein jedes Geschöpf lange beobachten und verstand, daß es, genau wie der Mensch, leben will«. Er war es, der als Erwachsener damit begann, Tiere zu fangen. Bis dahin hatten die Lykows kein Fleisch gekannt und keine Felle gehabt. Er wußte, wo es Sinn hatte, eine Fallgrube zu graben, und wo nicht. Mit einem selbstgemachten Fangeisen hat er sogar einen Wolf gefangen. Da er die Gewohnheiten der Tiere sehr gut kannte, sagte er: »Das Moschustier ist ein faules Tier, sein ganzer Weg durch die Taiga ist so lang wie unser Pfad vom Fluß bis nach Hause.« Er wußte, wie gut zu Fuß ein Elch im hohen Schnee war, und einen Maral konnte er einen ganzen Tag verfolgen, bis er ihn eingeholt hatte und mit einer Lanze erstach.

Dmitri hatte eine erstaunliche Widerstandsfähigkeit. Es konnte vorkommen, daß er barfuß im Schnee lief. Im Winter konnte er in der Taiga übernachten (und das im leinenen »Mantel« bei Temperaturen unter minus vierzig Grad!). »Fische fing er«, erzählen die Geologen, »indem er mitten im Fluß barfuß auf einem Stein stand. Mit dem einen Fuß auf dem anderen stand er die ganze Zeit da wie eine Gans.«

Alle ihre Informationen über die Taiga bekamen die Lykows über Dmitri. Er wußte, wo welchem Tier was passiert war. Agafja zeigte er Haselhuhnjunge und Eichhörnchen in ihrem Nest. »Schau, es sind vier! Es ist kalt, darum haben sie sich gesammelt...« Mit dem ersten, »gutmütigen« Bären hatte sich Dmitri beim Nüssesammeln gut angefreundet. »Vor uns nahm er sich in acht, aber an Mitja ist er so nah herangekommen«, sagte Agafja und langte mit dem Stock an meinen Rucksack.

Der junge Lykow war ruhig und ausgeglichen. Er mochte sich nicht streiten. Zu Sawin sagte er nur: »Schon gut...« Jede Arbeit machte er gern. Fast alle Tujesoks waren sein Werk. Er präparierte auch die Birkenrinde und wußte, zu welcher Zeit man sie am besten gewinnen konnte. Dmitri hatte auch den Ofen im Haus gesetzt. Den Mörser hatte er so gemacht, daß der Stößel an einer elastischen horizontalen Stange befestigt war: Wenn man ihn stieß, schnellte er wie auf einer Feder hoch. Dmitri hatte das Gerät zur Drehung der Spindel gebastelt, und seine aus Reisig geflochtenen Mordas für den Fischfang waren die reinsten Ausstellungsstücke!

Im Geologenstützpunkt hielt sich Dmitri immer gerne auf, obwohl er seine Freude nicht zeigte. Alles schaute er sich an, betastete es und sagte leise: »Ja...« Als er das Bild auf dem Einband eines Abreißkalenders sah, fragte er: »Moskau?« Und er war zufrieden, daß er die Stadt, von der er schon so oft gehört hatte, von sich aus erkannt hatte.

In dem Häuschen, wo der Dieselgenerator schnaufte,

fühlte sich Dmitri nicht wohl, er hielt sich die Ohren zu und schüttelte den Kopf, weil er die Verbindung zwischen diesem Krach und dem in den Häusern brennenden Licht nicht verstand. Aber was für einen Eindruck die Sägemaschine auf ihn machte! »Er war ganz baff, als er diese Maschine beobachtete«, sagte Jerofej. »Der Sägearbeiter Goscha Sytschew wurde ihm dann auch gleich der liebste von allen in der Siedlung.« Und das ist nur zu verständlich! Ein Baumstamm, für den Dmitri ein oder zwei Tage brauchte, bis er ihn verarbeitet hatte, verwandelte sich direkt vor seinen Augen in schöne, gerade Bretter. Dmitri strich mit der Handfläche über die Bretter und sagte: »Gut…«

Im Oktober vergangenen Jahres kamen die Lykows zu viert zu ihrer gewohnten Visite. Sie baten um Hilfe bei der Kartoffelernte. Und sagten, daß Dmitri schwer erkrankt sei. Eine Woche zuvor sei er im Regen vom Berg gekommen und habe, ohne sich aufzuwärmen, sogleich dem Bruder geholfen, Fallen für die Fische aufzustellen. Nun liege er im Fieber und bekomme keine Luft. Die Ärztin Wladimirowna Ostroumowa ließ sich Einzelheiten der Krankheit schildern und begriff sofort: Das war eine Lungenentzündung! »Wir boten Medikamente an, schlugen vor, den Kranken mit dem Boot in die Siedlung zu holen, sagten, daß wir einen Hubschrauber rufen könnten.« Sie lehnten ab: »Uns ist das nicht möglich. Soviel Gott gibt, so lange wird er auch leben.«

Als die Lykows an jenem Abend (am 6. Oktober 1981) nach Hause kamen, lag Dmitri in der kleinen Hütte am Fluß tot auf dem Boden.

Sie beerdigten ihn in einem Trog aus massivem Zirbelholz etwas abseits von seiner kleinen Hütte unter einer Zirbelkiefer.

Als wir von den Lykows weggingen, verweilten wir an seinem Grab, und ich bat Jerofej, mich einen Blick in die Hütte werfen zu lassen. Sie war zugenagelt. Als gehöre er zur Familie, nahm sich Jerofej das Recht, die Nägel herauszuziehen, und schon standen wir in der niedrigen, rauchgeschwärzten Blockbude, in der es kalt war wie in einem Keller. Und wieder die gleichen Körbe mit getrockneten Kartoffeln, Nüssen und Erbsen. Kleidung aus Sackleinen hing an einem in die Wand geschlagenen Nagel. Braune, abgetragene Stiefel aus Maralleder standen an der Tür. Am Fensterchen lagen ein Kerzenstummel, vier industriell gefertigte Angelhaken, das aus einer Zigarettenschachtel ausgeschnittene Bildchen von einem Flugzeug...

»Wo hat er hier bloß geschlafen?«

»Hier, wo wir stehen, auf dem Boden.«

Wie oben in der Hütte, federte auch hier der Boden wegen der Nuß- und Kartoffelschalen und der Fischgräten.

Jerofej und ich sind nicht mehr jung und haben schon vieles gesehen, aber bei der Vorstellung, wie auf diesem Boden, zwischen moderigen Körben eingeengt, ein Mensch gestorben ist, zuckten wir beide zusammen.

Jerofej nagelte die Tür wieder zu, stützte sie zur Sicherheit mit einem Pfahl ab, und wir gingen weiter in Richtung Abakan. Hier, neben dem durch die Gebirgsschlucht führenden Pfad, lag ein mit Birkenrinde zugedecktes Boot, das noch nicht fertiggezimmert war.

»Dmitri sagte mir«, erinnerte sich Jerofej, »wenn das Boot fertig ist, werden wir uns öfter sehen. Man kann doch den Abakan nicht immer zu Fuß durchwaten...«

Jerofej rief sich ein Gespräch ins Gedächtnis, das er im vergangenen Jahr neben genau diesem unfertigen Boot mit Dmitri geführt hatte. »Ich sagte: Du bist ein ausgezeichneter Zimmermann! Komm zu uns, wir brauchen Leute. Und wir alle mögen dich. Dmitri schaute mich mit Augen voller Dankbarkeit an, antwortete aber nicht. Ich denke, wenn sich dieser Tod nicht ereignet hätte, hätte es ihn irgendwann zu uns verschlagen.«

DAS ALLTAGSLEBEN

Um es gleich zu sagen: Irgendwann in der Mitte der am Abakan verbrachten Jahre entschied das Familienoberhaupt, Sawin und Dmitri von der Familie zu trennen und ihnen sechs Kilometer von der »Residenz« entfernt eine eigene Hütte am Fluß zu bauen. Über die Ursachen der Trennung haben wir nicht gesprochen. Man kann aber vermuten, worin die Gründe lagen. Erstens war es in der einen Hütte für sechs Personen zu eng; zweitens konnte man einen Vorposten und Fischfangstützpunkt am Fluß gut gebrauchen; drittens wurden die Beziehungen zu Sawin immer schwieriger; und schließlich das vielleicht Wichtigste: Man mußte die Gefahr der Blutschande abwenden, die bei den Altgläubigensekten in der Taiga nicht selten vorkam.

Man baute eine Hütte am Fluß. Den Sommer über lebten Sawin und Dmitri dort. Sie gingen auf die Jagd und Fische fangen, machten Ausbesserungen, arbeiteten im Gemüsegarten. Fast täglich gab es Verbindung zwischen den beiden Niederlassungen. Man besuchte sich gegenseitig, was das Leben abwechslungsreicher machte. Im Herbst aber zogen die Brüder ganz in das elterliche Heim. Und den langen Winter verbrachte man wieder zu sechst. Doch es gab keinerlei Müßiggang. Der Daseinskampf forderte jedem seinen Teil der Arbeit ab. Und selbst wenn keine dringende Arbeit erkennbar war, fand Karp Ossipowitsch dennoch für jeden etwas, er wußte, daß Untätigkeit hier ins

Verderben führen würde. »Papachen erlaubte nicht, mit verschränkten Armen zu sitzen«, erinnert sich Agafja.

Doch es gab auch Feiertage. An diesen Tagen wurde nur getan, was unbedingt notwendig war: den Ofen anheizen, Wasser holen, den Schnee vor der Tür räumen. Die Mutter, und nach ihrem Tode Natalja, bereitete außer dem ewigen Kartoffelgericht noch etwas anderes zu: ein Stück Fleisch oder etwas Roggen aus den Kornspeichervorräten. Die freie Zeit der Feiertage wurde mit Gebeten aus den schon so oft gelesenen Büchern sowie dem Gedenken an Ereignisse ausgefüllt, die in ihrem Leben so spärlich waren wie Kiefern im Sumpf. Die Zerstreuung der Lykows bestand darin, sich gegenseitig zu erzählen, was man geträumt hatte.

»Was war denn dein interessantester Traum?« fragte ich Agafja und erwartete, daß sie der Frage mit einem Lächeln ausweichen würde. Sie aber dachte ernsthaft nach und sagte dann:

»Einmal, im Winter, sah ich im Traum ein Wunder! Einen Zirbelkieferzapfen von der Größe unserer Hütte...« Agafja machte eine Pause, weil meine Verwunderung auf sich warten ließ. »Und Mitja kratzte die Nüsse mit einer Axt aus diesem Zapfen. Und jede Nuß war so groß wie der gußeiserne Topf hier.«

Offenbar war das ein Traumklassiker, denn auch Karp sagte in einem anderen Gespräch: »Agafja träumte einmal von einem Zirbelkieferzapfen, der, stellt euch vor, so groß war wie unsere Hütte!«

Die Welt der Lykows war sehr klein. Sie bestand aus der Hütte und ihrer unmittelbaren, in einem Tagesmarsch zu bewältigenden Umgebung. Nur Dmitri ist einmal zwei Tage und Nächte hinter einem Maral hergelaufen: »Er ging sehr weit. Der Maral wurde müde und fiel hin, Dmitri aber hielt sich.«

Wegen des Maralfleischs nahm die ganze Familie eine Reise mit zwei Übernachtungen am Lagerfeuer auf sich.

Und dieser Ausflug ging dann in die Reihe der Ereignisse ein, an die man sich erinnerte, wenn man in guter Stimmung den Lebensfaden zurückverfolgte.

Andere solche Höhepunkte waren: die Affäre mit dem Bären; ein Sturz Karp Ossipowitschs von der Zirbelkiefer (ohne ernsthafte Folgen); das Hungerjahr 1961; der Tod der Mutter; der Bau der Hütte am Fluß; das Jahr, als sie zum erstenmal Lederstiefel trugen; und die Panik an dem Tag, als sie plötzlich die Zeitrechnung verloren hatten... Das ist schon alles, dessen Vater und Tochter gemeinsam gedachten.

Ein großes Ereignis war natürlich das Auftauchen von Menschen. Für die jüngeren Lykows war es ungefähr so, wie es für uns wäre, wenn die berüchtigten »fliegenden Untertassen« irgendwo bei Sagorsk oder hier in Planernaja, wo ich diese Zeilen schreibe, gelandet wären. Agafja sagte: »Ich erinnere mich an diesen Tag. Das war der 2. Juni 7486.« (15. Juni 1978)

Die Ereignisse, die die Welt bewegten, waren hier unbekannt. Die Lykows kennen keine berühmten Namen. Sie haben kaum vom letzten Krieg gehört. Als die Geologen einmal mit Karp Ossipowitsch, der sich an den Ersten Weltkrieg erinnert, darauf zu sprechen kamen, schüttelte er den Kopf: »Wie das – zum zweiten Mal, und wieder die Deutschen. Verflucht sei Peter. Er hat mit ihnen Techtelmechtel gehabt. *Jedak*...«

Kaum waren die ersten Sputniks gestartet worden, haben die Lykows sie sofort bemerkt: »Die Sterne fingen an, schnell am Himmel entlangzuziehen.« Die Ehre, dies entdeckt zu haben, wird in der Familienchronik Agafja zugeschrieben. Da die Anzahl der »schnellen« Sterne immer größer wurde, sprach Karp Ossipowitsch eine Hypothese aus, deren Gewagtheit Sawin sofort bespöttelte: »Du hast den Verstand verloren. Ist denn überhaupt denkbar, was du sagst?« Die Erklärung des damals sechzigjährigen Karp Ossipowitsch bestand darin, daß da »die Menschen irgend etwas erdacht haben und Feuer steigen lassen, die den Sternen sehr ähnlich sind«.

Daß die Menschen diese »Feuer« nicht einfach so in den Himmel schicken, sondern sogar selbst darin am Himmel kreisen, erfuhren die Lykows von den Geologen. Doch sie lächelten nachsichtig: »Das stimmt nicht...« Allerdings hatten sie Flugzeuge gesehen, die die Taiga hoch oder sogar vergleichsweise niedrig überflogen. Aber hierfür gaben die »alten Bücher« eine Erklärung. »Es werden am Himmel eiserne Vögel fliegen«, las Sawin.

Die Zeit verging hier langsam. Ich zeigte Agafja und Karp Ossipowitsch meine Uhr und fragte sie, wie sie die Zeit messen. »Was ist denn zu messen?« fragte Karp. »Sommer, Herbst, Winter, Frühling – da hast du ein Jahr. Und den Monat erkennt man am Mond. Da, sieh, er hat schon abgenommen. Der Tag ist ganz einfach: Morgen, Mittag und Abend. Wenn im Sommer der Schatten der Zirbelkiefer auf den Kornspeicher fällt, ist Mittag.«

Die Berechnung der Zeit nach Tagen, Wochen, Monaten und Jahren jedoch war für die Lykows von allergrößter Bedeutung! Sich in der Zeit zu verlieren, darüber waren sie sich im klaren, würde ihr geordnetes Leben mit seinen Gebeten, den Feier-, Fleisch- und Fastentagen und den Geburtstagen der Heiligen, schließlich die Zählung der hier verlebten Jahre zerstören. Auf die Zeitrechnung achteten sie sehr. Jeder Tag begann mit der Bestimmung des Wochentags, des Datums, des Monats und des Jahres (nach der vor Peter dem Ersten geltenden Zeitzählung). Der für die Zeit zuständige »Diener« war Sawin. Er machte seine Sache tadellos und irrte sich nie. Dazu brauchte er keinerlei Kerben, wie dies bei Robinson der Fall war. Sein phänomenales Gedächtnis, irgendein altes Buch, eine Kontrolle der Berechnung zu jedem Neumond und das allmorgendliche kollektive Besprechen, »an welchem Tag wir leben«, waren

Bestandteile dieses Lebenskalenders. Und nicht um einen Tag ist diese Lebenschronik der Lykows vor- oder nachgegangen! Dies hatte die Geologen schon bei der ersten Begegnung verblüfft, als sie die Lykows fragten: »Der wievielte ist denn heute?« Und das verblüfft sie auch heute noch, wenn sie mit den Lykows zusammenkommen.

»Lediglich einmal«, erzählte Agafja, »hatte Sawin Angst, daß er durcheinander war.« Das war ein Tag großer Panik. Sie begannen gemeinsam zu zählen, zu vergleichen, zu erinnern und zu überprüfen. Agafja hatte dann mit ihrem jungen Gedächtnis die beinahe entwischte Zeit noch am Zipfel zu fassen bekommen.

Mit unverhohlenem Vergnügen erklärte uns Agafja das ganze System, aus dem die Berechnung der laufenden Tage bestand. Aber wir, die wir Auskunftsdienst, Uhr, Abreiß- und sonstige Kalender gewohnt sind, haben natürlich überhaupt nichts verstanden, womit wir unserer lieben Agafja einen wohlverdienten Spaß bereiteten.

Von den Menschen wußten die jüngeren Lykows aus den Erzählungen und Erinnerungen der älteren. Das ganze Leben, an dem sie nicht teilnahmen, wurde »die Welt« genannt. »Diese Welt ist voller Verführungen, Sünden und Gotteslästerungen. Vor den Menschen muß man sich verstecken und fürchten.« So hatte man es ihnen beigebracht. Man kann die Erschütterung der jüngeren Mitglieder dieser rückständigen, aber keineswegs verdummten Familie verstehen, als sie sahen: Da gab es Menschen, die nicht beteten, aber dennoch gut waren.

Tatsächlich waren die Geologen den Lykows gegenüber nicht nur aufmerksam, sondern auch überaus behutsam. Sie haben ihre religiösen Gefühle nie verletzt, ihre menschliche Würde immer respektiert, ihnen jede nur mögliche Hilfe erwiesen. Ich werde nicht im einzelnen aufzählen, was sie den Lykows für ihren spärlichen Haushalt alles geschenkt haben. Sogar Katzen und ein Spinnrad haben sie mit dem Hubschrauber aus Abasa hierhergebracht.

Die Lykows hatten aufrichtige Freunde gewonnen. Ich bat Agafja und den Alten, sie mir zu nennen. Und sie fingen an: »Jedinzew Jewgeni Semjonowitsch, eine Seele von einem Menschen... Lomow Alexander Iwanowitsch, Gott helfe ihm, er hat auch ein gutes Herz.« Ein herzlicher Freund der Lykows war unser Bergführer Jerofej Sasontjewitsch Sedow. Bei ihm holten sich der Alte und Agafja Rat, ihn baten sie um irgend etwas, ihn überredeten sie, Nüsse anzunehmen. Zu ihren Freunden gehörten auch die Köchin der Geologen, Nadeshda Jegorowna Martasowa, der Agafja seit dem Tod der Schwester in allem beichtete, und der Geologe Grigori Wolkow.

»Erinnert ihr euch auch an die vier, die als erste zu euch kamen?«

»Aber ja: Galja, Viktor, Valeri, Grigori!« sagten Vater und Tochter wie aus einem Munde. »Grüßt sie, wenn ihr sie seht!«

Das Auftauchen von Menschen war für die Lykows zunächst eine traurige, aber unvermeidliche Angelegenheit. Sehr bald aber kam einer der jüngeren zu der zaghaften Annahme, sie seien »von Gott gesandt«. Eine solche Deutung konnte Sawin und Karp Ossipowitsch nicht gefallen. Auf die Einladung, den Geologenstützpunkt zu besichtigen, sagten sie weder ja noch nein. Sie kamen jedoch bald. Zunächst allerdings nur zu zweit: der Vater und Sawin als Kundschafter. Später dann erschienen alle. Und von da an waren sie oft bei den Geologen.

Mit jeder Begegnung wurden die Beziehungen herzlicher. Beide Seiten brannten vor Neugier. Die Geologen zeigten den »gefundenen Menschen« alles, was sie interessieren konnte. Sawin klopfte mit den Fingernägeln lange auf das Sperrholz, schaute es von der Stirnseite an und roch sogar daran: »Was ist das, ein Brett und doch kein Brett, so leicht und fest.« Die Motorkettensäge versetzte natürlich alle in Erstaunen. Das Motorboot betrachteten und befühlten sie von allen Seiten, konnten sich zwar nicht entschließen, damit zu fahren, schauten sich aber mit Interesse an, wie das Boot gegen die Strömung des Abakan raste. Nachdem der wirtschaftlich denkende Karp Ossipowitsch alles beschaut und bewertet hatte, hielt er es für notwendig, dem Chef der Expedition einen heimlichen Rat zu geben: »Den Koch jage weg. Er ist nachlässig. Er schält die Kartoffeln nicht sparsam genug. Und er füttert die Hunde zuviel.«

Mit den Hunden konnten die Lykows keine Freundschaft schließen. Die gutmütigen Promenadenmischungen Wetka, Tuman, Njurka und Ochlamon, die sonst jeden freundlich begrüßen, bellten fürchterlich, sobald die Lykows auftauchten. Dieses Gebell sagte den Geologen schon bald: die Gäste aus den Bergen. Und von der Brücke aus sahen sie: Da kamen im Gänsemarsch, barfuß, in ihren komischen Kleidern und mit langen Stecken die Lykows. Ihr ungewöhnliches Äußeres und ihr Geruch machten die sonst so friedlichen Hunde wild.

In der Siedlung gibt es eine gute Banja. Sie wird fast täglich angeheizt. Man schlug den Lykows vor, ein Dampfbad zu nehmen. Doch alle lehnten entschieden ab: »Uns ist das nicht möglich.«

Die Gespräche, die gewöhnlich sehr lebhaft und sogar fröhlich verliefen, mündeten eines Tages fast zwangsläufig in einen ganz natürlichen Vorschlag: »Gebt doch euer Loch auf und zieht zu uns!« sagte die mitleidsvolle Köchin, die es als ihre Pflicht betrachtete, sich besonders um die Lykow-Schwestern zu kümmern. Alle verstummten und schauten auf Sawin. Sogar der Alte zog die Augenbrauen hoch. »Sie haben zu spinnen und Gott anzubeten«, sagte Sawin.

Auf dieses Thema kam man nicht wieder zurück. Die

gegenseitigen Besuche aber hörten nicht auf. Die Beziehungen wurden zunehmend enger und freundschaftlicher. In der Nähe der unteren Hütte am Fluß zeigte Jerofej mir einen Briefkasten: eine Birkenrindenhütte unter einer Zirbelkiefer. Irgendwann hatten die Geologen hier einen Salzklumpen zurückgelassen, in der Hoffnung, die Lykows würden ihn nehmen. Seither benutzte man diesen Briefkasten für alle möglichen gelegentlichen Gaben. Wenn irgend jemand flußaufwärts ging, hinterlegte er hier ein Geschenk. Und andererseits konnte er hier immer in Birkenrinde verpackte Nüsse oder Kartoffeln finden.

Als Karp Ossipowitsch und Agafja nur noch zu zweit waren, »wurden sie ganz zu Familienmitgliedern«,um es in Jerofejs Worten zu sagen. Sie sagten nun ganz offen: »Ohne euch langweilen wir uns.« Und als sie hörten, daß der Geologenstützpunkt möglicherweise geschlossen werde, wurden sie traurig:

»Und was ist mit uns?«

»Ihr müßt zu den Menschen, zu den Menschen müßt ihr zurück!« sagte Jerofej.

»Nein, uns ist das nicht möglich. Das ist Sünde. Und wir haben uns zu sehr zurückgezogen, als daß wir umkehren könnten. Hier werden wir sterben.«

Meine Gespräche mit Agafja und Karp Ossipowitsch waren sehr ausführlich und für beide Seiten interessant.

An einem Tag, als wir an der neuen Hütte bauten, fragte der Alte:

»Und wie ist es dort in der Welt? Große Häuser, hörte ich, baut man da...«

Ich zeichnete ihm ein Moskauer Hochhaus in mein Notizbuch.

»O Herr, was ist das für ein Leben – wie Bienen in ihren Waben!« wunderte sich der Alte. »Und wo sind die Gemüsegärten? Wie ernährt man sich denn, wenn man so lebt?«

Beim Umgang gab es auch kleine Probleme... Über die

Beziehung der Lykows zu Banja, Seife und warmem Wasser habe ich bereits gesprochen. In der Hütte, neben der Tür, und an dem Baum, neben dem wir unser Lagerfeuer machten, hingen Handwaschbecken aus Birkenrinde. Während sie sich mit uns unterhielten, eilten der Alte und Agafja von Zeit zu Zeit zu diesem mit Wasser gefüllten Behälter und wuschen sich die Hände. Nicht wegen des Schmutzes, sondern weil sie einen Menschen aus der »Welt« zufällig berührt hatten. Dabei bemerkte ich: Es war kein richtiges Händewaschen, sondern nur eine symbolhafte Waschung, nach der sich Karp Ossipowitsch die Hände an seiner Hose, etwas oberhalb der Knie, abtrocknete, Agafja ihrerseits an ihrem nach dem Brand schwarz gewordenen Kleid.

Mit dem Fotografieren hatten Nikolai Ustinowitsch und ich gewisse Schwierigkeiten. Jerofej hatte uns vorgewarnt: »Sie mögen es nicht, fotografiert zu werden. Für sie ist das Sünde. Noch dazu sind unsere Leute damit über sie hergefallen.« Die ganzen Tage hatten wir uns zusammengenommen und die Fotoapparate in den Rucksäcken gelassen. Am letzten Tag aber entschlossen wir uns dennoch, Aufnahmen von der Hütte, den Gebrauchsgegenständen und den Tieren zu machen, die sich bei der Behausung eingenistet hatten. Der Alte und Agafja beobachteten durch das Hüttenfensterchen unsere hektische Betriebsamkeit und sagten zu Jerofej, der bei ihnen saß: »So ein Übermut...« Etwa viermal passierte es, daß wir in dem Moment »knipsten«, als der Alte und Agafja ins Objektivfeld gerieten. Wir hatten gleich das Gefühl, daß das dem Alten nicht gefiel. Und tatsächlich sagte er zu Jerofej: »Gute, herzliche Menschen sind das, warum haben sie sich nur mit diesen Maschinchen behängt...«

Als wir mit dem Packen unserer Rucksäcke begannen, erschienen Karp Ossipowitsch und Agafja wieder mit Nüssen: »Nehmt, wenigstens für unterwegs.« Agafja hielt meine Jackentasche auf und schüttete den Proviant mit den

Worten hinein: »Die Taiga gibt ja wieder, gibt ja wieder...«

Vor dem Aufbruch setzten wir uns, wie es Sitte ist, noch für eine kurze Zeit hin. Karp Ossipowitsch gab jedem von uns einen Stecken: »In den Bergen kommt man ohne Stütze nicht aus.« Gemeinsam mit Agafja begleitete er uns bis zu der Stelle, wo sie den Brand gelöscht hatten.

Wir verabschiedeten uns und gingen den Pfad entlang. Plötzlich sahen wir den Alten und Agafja hinter uns her trippeln. »Wir begleiten euch noch ein wenig.« Sie begleiteten uns noch ein gehöriges Stück bergan, dann nahmen wir wieder Abschied. Und wieder sahen wir sie hinter uns her trippeln. Das wiederholte sich viermal. Und erst, als wir schon am Bergkamm waren, blieben unsere beiden Begleiter stehen. Agafja nestelte an den Enden des Kopftuchs, das wir ihr geschenkt hatten, und wollte noch etwas sagen, winkte aber mit einem betrübten Lächeln ab.

Wir blieben noch eine Weile auf dem Kamm und warteten darauf, daß die beiden Figürchen, nachdem sie den Taigaabschnitt des Weges hinter sich hätten, auf der Lichtung erscheinen würden. Da waren sie. Und auf ihre Stecken gelehnt, standen sie und schauten in unsere Richtung. Sehen konnten sie uns schon nicht mehr. Aber natürlich galt ihre Unterhaltung uns.

»Jetzt haben sie Gesprächsstoff bis zum Winter«, sagte Jerofej und überschlug schon, wann ungefähr er diesen nicht allzu bewohnten Ort wieder aufsuchen könnte. »Das sind doch Menschen, Menschen – sie tun mir leid!«

Der Pfad führte uns recht steil hinunter zum Abakan.

Ich habe einen Punkt gemacht in meiner Erzählung. Ich räume den Papierstoß weg und sehe durchs Fenster, wie der Briefträger kommt. Ein Brief für mich. Von wem er wohl ist? Er kommt von dort, von Jerofej!

Jerofej schreibt, daß bei ihnen in Abasa und in der fernen

Taigasiedlung alles in Ordnung ist. Die Bohrarbeiten verlaufen nach Plan. Die Angelhaken, die ich für all die Angelbrüder geschickt habe, sind angekommen. Der Wald in der Niederung des Abakan färbt sich schon golden. Alle sind gesund und munter, lassen grüßen und denken gerne an die gemeinsame Zeit zurück. Zwei Neuigkeiten gibt es: »In der Siedlung steht jetzt ein Fernseher, und zu Besuch waren Väterchen Karp und Agafja.«

Wie Jerofej schreibt, »empfängt der Fernseher seine Signale direkt über Satellit, die Bildqualität ist Spitze!« Diese Neuanschaffung wurde aber erst nach dem Besuch von Agafja und dem Alten aufgestellt. Sonst hätten sie wohl geseufzt: »Was haben sie da erdacht!« Drei Tage haben sie sich in der Siedlung aufgehalten. Sie baten darum, ihnen bei der Kartoffelernte zu helfen. »Wir helfen ihnen! Und beim Hüttenbau helfen wir auch. Wir nennen sie hier unsere Patenkinder. *Jedak*!« so beendete Jerofej seinen Bericht mit dem lykowschen Wörtchen.

Die gute Nachricht inspirierte mich, einen kleinen Brief für die Lykows zu verfassen. Zwei Seiten malte ich eifrig mit großen Buchstaben voll. In dem Brief bat ich Agafja, daß auch sie mich mit etwas Schriftlichem erfreuen möge. Ich klebte den Umschlag zu und mußte wirklich lachen: Die Anschrift »ins Dorf für Großvater« war in diesem Falle noch zu genau. Den Großvater gibt es, aber das Dorf? Ich schickte den Brief an Jerofej mit der Bitte, ihn dem Empfänger zu übergeben.

Ich stelle mir vor, wie lange der Brief unterwegs sein wird. Mit dem Flugzeug bis Abakan, dann bringt ihn die Post nach Abasa. Dort steckt Jerofej den Brief in die Seitentasche seines nun schon winterlichen Overalls und fliegt mit der Antonow, die die Ablösung für die Bohrmeister bringt, zu dem fernen Taigaort am Abakan.

Jerofej wird sich nicht sogleich auf den Weg zu den Lykows machen, er hat zu tun, und sie wohnen ja nicht nebenan. Und dann wird er auch nicht alleine gehen, sondern mit einem Kameraden durch den Schnee stapfen und den zugefrorenen Abakan zu Fuß überqueren.

Ich stelle mir vor, wie sie den Berg hinaufsteigen. Dazu muß man zwar kein Bergsteiger sein, aber eine einfache Angelegenheit ist es nicht auf dem zugeschneiten Pfad...

Im Winter ist die kleine Hütte besonders einsam. Rauch wird aus dem seitlich durch die Wand führenden Ofenrohr strömen. Und die Gäste werden an die Tür klopfen: Ob sie noch leben? Karp Ossipowitsch, der in seinen Filzstiefeln auf dem Ofen liegt, wird sofort aufspringen: »Jerofej!« Agafja wird losgackern und mit ihrem Stimmchen singen: »Und wir wa-harten, wa-harten!« Dieses und jenes. Die obligatorischen Nüsse werden angeboten. Und plötzlich sagt Jerofej:

»Da ist ein Brief aus Moskau für euch!«

»Was, was?« sagt Karp Ossipowitsch. »Den Kienspan her, Agafja!«

Nein, zu Ehren der Gäste wird man eine Kerze anzünden, und Agafja macht sich daran, mit ihrem rußgeschwärzten Finger jede einzelne Zeile meines Briefes nachzufahren, und ihre Stimme wird dabei genau so klingen, wie wenn sie das Vaterunser liest.

Jerofej wird sagen, daß man den Brief vielleicht beantworten sollte. Der Alte wird nachdenken und ihm dann wohl zustimmen: »*Jedak, jedak*, man sollte eine Antwort schreiben!« Und wenn man erst so entschieden hat, wird Agafja zu ihrem »Bleistift mit Röhrchen« greifen. Und mich erwartet ein Brief in altkirchenslawischen Druckbuchstaben. Ein Brief wie aus dem 17. Jahrhundert.

EIN JAHR SPÄTER

August 1983

Da ist der Abakan also wieder. Ich fliege, getrieben von der eigenen Neugier und der der Leser, denen alles, was im vergangenen Jahr über die Lykows erzählt wurde, sehr zu Herzen ging, und die verlangen: »Sie müssen unbedingt wieder dorthin, wir warten!«

Begleitet werde ich wieder von Jerofej und dazu von einem Landsmann aus Woronesch, Nikolai Nikolajewitsch Sawuschkin, dem Leiter des Chakassischen Forstamts, der teils aus eigenem Antrieb, teils auf meine Bitte hin mitfliegt, um sich das Alltagsleben der »Robinsons« anzuschauen. Das Wetter ist nicht besonders gut. Der Hubschrauber gleitet über die Gebirgsschlucht und folgt dabei den Krümmungen des launenhaften Flusses. Je mehr wir uns der Quelle nähern, desto enger wird der Abakan, und desto häufiger werden die Baumstammsperren im Flußbett. Und da sind auch schon die »Backen«, zwei riesengroße Steinwände, zwischen denen das Wasser geschmeidig strömt. Wir verlassen den Fluß und drehen zum Berg ab, und schon sind wir über dem bekannten kleinen Sumpf. Wie im vergangenen Jahr werfen wir erst unsere Säcke aus dem in der Luft stehenden Hubschrauber und springen dann selbst ab. Wir geben dem Piloten ein Handzeichen, und mit dem abnehmenden Geknatter entschwindet die gewohnte Lebenswelt.

Wir finden den Pfad aus dem kleinen Sumpf und gehen ungefähr vierzig Minuten. Wie der Zufall so spielt, ist es derselbe Julitag wie bei unserer vorigen Ankunft. Aber dieser Sommer war anfänglich kalt gewesen, deshalb sehen wir, wo damals Beeren standen, diesmal nur Blüten. Verspätet duftet die Vogelkirsche. Die Kartoffeln im Gemüsegarten der Lykows haben kaum zu grünen angefangen. Bläulich schimmert ein Streifen Roggen. Erbsen, Karotten, Bohnen – all das ist um fast einen Monat zurück.

Als wir zur Hütte kommen, verlangsamen wir unsere Schritte... Hat sich etwas verändert? Überhaupt nichts! Als hätten wir erst gestern unter dieser Zirbelkiefer gestanden. Derselbe vorsichtige Kater sitzt als Vorposten auf dem Dach. Dieselbe Schnepfe fliegt über den schäumenden Bach. Unter der Tanne liegen meine vergessenen Turnschuhe mit der roten Gummisohle.

Diesmal mußten wir die Gastgeber nicht erst rufen, sie hatten uns durch das Fensterchen kommen sehen. Wie große graue Mäuse kamen uns die beiden aus dem dunklen Loch entgegengetrippelt.

»Jerofej, Wassili Michailowitsch!...« Ihre Freude war aufrichtig, und man hätte meinen können, daß nun Umarmungen folgen würden. Aber nein, die Begrüßung fiel wie üblich aus: die Hände vor der Brust gefaltet und eine Verbeugung.

Und sogleich wollten beide vor ihren Gästen festtäglich erscheinen. Karp Ossipowitsch zog auf der Stelle seine Filzstiefel aus und statt dessen Gummistiefel an, dann verschwand er durch die Tür und kehrte in einem zerknitterten, aber sauberen blauen Hemd zurück, zog einen der drei aufeinandergestapelten Filzhüte, die er von einem der großzügigen Spender geschenkt bekommen hatte, unter dem Dach hervor und setzte ihn auf. Dann zupfte er sich ein paar Strohhalme aus dem Bart und gab ihm mit den flachen Händen ein der Gelegenheit gebührendes Aussehen.

Währenddessen hüllte sich Agafja hinter der Tür in ein

fersenlanges Gewand in dunklem Bordeauxrot, wechselte das Kopftuch und zog ebenfalls Gummistiefel an.

Mit Roggenstroh aus dem Vorjahr legte man uns in der Hütte den roten Teppich der Gastfreundschaft aus. Das machte den engen, verräucherten Raum merklich heller. Und sogar die Luft wurde besser. Unsere Gastgeber freuten sich über unseren Besuch und taten alles, um es uns wohnlich zu machen. Agafja strahlte und wartete sichtlich auf Lob. Und sie nahm es dankbar entgegen, lächelte kindlich und nestelte an den Enden des Kopftuchs, das wir ihr im vergangenen Jahr geschenkt hatten.

Diesmal brachte ich ihnen hauptsächlich das, was unsere mitfühlenden Leser »zur Übergabe an die Vergessenen der Taiga« eingesandt hatten. Wollsocken, Stoff, Strümpfe, Strumpfhosen, ein Regenmantel, eine Bettdecke, ein Schal, Fäustlinge, Sportschuhe – all dies nahm man mit Dankbarkeit und der Bitte entgegen, »allen guten Menschen für ihre Güte Dank zu schreiben«. Jerofej hatte mir geraten, außer Grütze keine Lebensmittel mitzubringen. Die Grütze nahmen die Lykows. »Das ist Reis«, sagte Agafja, als sie in ein Säckchen schaute. »Und was ist das hier?«

»Das«, sagte ich, »ist auch Reis, aber eine andere Sorte: vietnamesischer.«

»Papachen, schau mal, welch sonderbarer Reis: ›Stäbchen‹ ...«

Der Alte freute sich am meisten über ein Päckchen mit fünf Dutzend guten Kerzen und über eine Taschenlampe. Inzwischen war man hier an Kerzen gewöhnt und hatte bereits einen Bedarf daran. Die Taschenlampe war ihnen anfangs durch ihr ungewöhnliches Leuchten etwas suspekt.

»Ein Maschinchen«, sagte Agafja, weil sie in der Blechschachtel einen Fotoapparat vermutete.

Der Alte aber scheute sich nicht, den Schalter zu berühren, und leuchtete damit in den Ofen, unter die Bank, in den neben dem Bett stehenden Filzstiefel, und zu unserer

Verwunderung sagte er nicht das gewohnte: »Das ist nicht möglich« sondern: »Gott gab die Vernunft, so etwas zu erdenken. Nachts ist das fein: einmal antippen – und schon leuchtet es.«

Nicht angenommen wurde das letzte unserer Geschenke. Ein naiver oder möglicherweise gedankenloser Leser unserer Zeitung hatte einen Briefumschlag mit einem Zehnrubelschein geschickt: »Für die Lykows«.

»Was ist das – ein Papierchen...«, und Agafja flüchtete erschrocken in die Ecke.

Alle gemeinsam versuchten wir zu erklären, was dieses Papierchen bedeutete.

»Etwas Weltliches...« Der Alte leuchtete mit der Taschenlampe auf den Zehnrubelschein. »Tut uns die Güte und steckt es weg, für uns ist das etwas Sündiges.«

So verlief unsere Begrüßung.

Das Abendessen... Wir aßen am Lagerfeuer, umringt von den Katzen, die wegen des Fleischgeruchs vor sich hin schmachteten. Agafja und ihr Vater ließen sich bei feierlichem Kerzenlicht den vietnamesischen Reis schmecken. Den Rat, etwas von dem Honig, den wir als Geschenk mitgebracht hatten, in den Brei zu geben, hatten sie befolgt.

»Ein paradiesisches Essen«, sagte der Alte und sammelte ein paar Reiskörner von den Knien ab. »Auch für den Bauch, fühle ich, ist das ein wahrer Feiertag.«

Als sie hörten, daß er sich über Leibschmerzen beklagte, sangen Nikolai Nikolajewitsch und Jerofej ein Loblied auf Honig und zugleich auch auf Milch.

»Wohl, wohl...«, stimmte der Alte mit ein wenig Trauer zu. Aber plötzlich fuhr er auf: »Ob man vielleicht mit dem Hubschrauber eine *Imanucha* (Ziege) herbringen kann?« Doch dann unterband er diese plötzliche Phantasie von sich aus: »Eine *Imanucha*... Dann braucht man doch auch einen Bock, ohne Bock gibt es keine Milch...«

Am Abend unterhielten wir uns hauptsächlich darüber, wie es ihnen seit dem letzten Jahr ergangen war, wie sie überwintert hatten. Dabei drehte sich alles um Essen, Kleidung und Wärme.

Im vergangenen Jahr waren die Kartoffeln gut gediehen. Aber in den ersten Septembertagen war Schnee gefallen. So waren sie zu den Geologen gegangen, um Hilfe zu erbitten. Diese waren unverzüglich gekommen. Sie hatten alle Kartoffeln geerntet: zweihundertfünfzig Eimer. Sie hatten auch dreißig Eimer Rüben und Rettich, fünf Eimer Roggen, einen Sack Erbsenschoten und Karotten geerntet. Im Herbst war der Alte, eine mögliche Erkältung in Kauf nehmend, fischen gegangen und hatte eine Ausbeute von zwei Eimern Äschen. Aber zum erstenmal waren sie ganz ohne Fleisch gewesen. Der noch von Dmitri angelegte Trockenvorrat war ausgegangen, und einen neuen hatten sie nicht anlegen können. Agafja hatte drei Fallgruben vorbereitet, »aber nichts ist hineingeraten«.

Der Winter war nach Bekunden des Alten schlecht, naß und lang gewesen. Sie hatten nur Nüsse, Kartoffeln, Roggensuppe, Rüben und Rettich gegessen (der Fisch war ihnen im Januar ausgegangen) und »großen Schaden genommen«. Im März war der Alte, obwohl er wußte, daß man in dieser Jahreszeit keine Fische fangen konnte, hinunter zum Fluß gegangen und hatte eine Woche mit der Angel am Fluß verbracht. Dabei hatte er ein einziges, zufälliges »Fischchen, kaum größer als ein Handteller« gefangen.

In der Geologensiedlung hatten sich die Einsiedler trotz allem streng an ihre Verbote gehalten: kein Brot, kein Fleisch, kein Fisch, kein Brei, kein Zucker. »Nicht möglich« – und damit Schluß.

Und dennoch war der erste kleine Schritt zu Verbotenem getan. Jerofej und die Köchin hatten sie dazu überredet, außer Salz noch ein Säckchen Grütze zu nehmen. Die Beziehungen zu Gott hatten wegen des Buchweizens offenbar nicht gelitten. Beim nächsten Besuch in der Siedlung hatten die Lykows mit sich reden lassen und Hirse und Perlgraupen mitgenommen. Später dann hatte Jerofej sie mit Reis bekannt gemacht.

Agafja sah nun gesünder aus als im vorigen Jahr, obwohl sie ständig über Schmerzen im Arm klagte. Ihr Gesicht war nicht mehr mehlig-weiß, es hatte eine bräunliche Färbung angenommen.

»Magst du Karotten?« fragte ich, um meine Annahme bezüglich des Karotins zu überprüfen.

Sie lächelte. Sie verstand es als Anspielung und lief mit einem Birkenrindengefäß in den Keller.

Karp Ossipowitsch hatte in dem einen Jahr merklich nachgelassen. Sein Rücken war gekrümmt, er sprach nun leiser. Verstehen konnte man ihn nur aus zwei bis drei Schritt Entfernung. Er war besorgt über die Ernteaussichten in der Taiga und im Gemüsegarten. Kartoffeln würde es wohl wenig geben. Dafür versprachen in diesem Jahr die Zirbelkiefern eine gute Ernte. Aber auch hier gab es die Sorge, wie man die Nüsse würde sammeln können. »Ich kann nicht mehr hinaufklettern. Und Agafja hat Angst – was, wenn der Arm taub wird?« Mit einer Stange abschlagen? Früher hatten sie das nicht getan, um die Zirbelkiefern zu schonen, und nun fehlte ihnen sogar dafür die Kraft. Jerofej machte ihnen Mut: »Wir helfen euch!« Hilfe anzunehmen kam für den Alten, der ein autonomes Leben gewohnt war, nur in Extremsituationen in Frage. Doch er konnte förmlich mit ansehen, wie dieses Extrem immer größer und unabwendbarer wurde. Aber was konnte man da machen? Beim Abendgebet sprach er eine Fürbitte für Jerofej, »seine Kinderchen« und viele andere Menschen der »Welt«, vor der er sich verborgen hatte und ohne die, das war bereits jetzt klar, er nicht mehr lange leben konnte.

Nach seinem Gespräch mit Gott tauschte der Alte sein Festtagshemd wieder gegen das Alltagshemd, zog die Stie-

Karp Ossipowitsch Lykow und seine Tochter.

fel aus und ließ sich ächzend auf seinem Grasbett am Ofen nieder. Auch Agafja verstummte in ihrer Ecke.

Die Stearinkerze brannte, bis wir einschliefen. Der hellste Platz in der kleinen Hütte war der strohbedeckte Boden. Dort richteten wir zu dritt unser Nachtlager her, wobei uns ein Sack mit den ungedroschenen Vorjahreserbsen als Kopfkissen diente...

Ich schlief nicht fest. Agafja stöhnte wegen der Schmerzen im Arm. Der Alte erprobte die neben seinem Kopf liegende Taschenlampe. Er beleuchtete seinen Weg zwischen den Schlafenden und knarrte mit der Tür... Als er zurückkam, knipste er das Geschenk mehrmals an und aus, um die Zuverlässigkeit des ungewohnten Lichts zu überprüfen.

Am Morgen weckte uns das Hämmern des Feuersteins: Agafja machte Feuer für den Ofen.

Natürlich konnte ich es nicht erwarten zu erfahren, wie die »weltliche« Welle von Neugier und Mitleid mit diesem anomalen, versteckten Leben hier angekommen ist. Und wie hatte man sie aufgenommen? Einiges hatte mir Jerofej bereits in seinen Briefen und auf dem Weg hierher erzählt. Der »Paradeempfang«, den man uns bereitet hatte, sprach auch schon für sich. Aber dennoch?

»Karp Ossipowitsch, haben Sie die Zeitungen, in denen über Ihr Leben erzählt wird, gesehen?«

»Selbstverständlich, natürlich, Jerofej hat mir alles ordentlich übergeben.«

Der Alte führte mich zu dem Brennholz, das unter dem Vordach aufgestapelt war, und nahm eine zwischen den Holzscheiten liegende, verschnürte Papierrolle heraus: Es waren inzwischen vergilbte Ausgaben der *Komsomolskaja Prawda* vom letzten Jahr.

»Haben Sie das lesen können?«

Der Alte sagte offenherzig, daß er es nicht lesen konnte. »Die Schrift ist sehr zierlich. Vor Anstrengung tränen die Augen.« Aus demselben Grund und wegen der »unverständlichen Wörter« konnte auch Agafja die Publikation, die in der »Welt« so viel Staub aufgewirbelt hatte, nicht bewältigen. Der Aufbewahrungsort für die Zeitungen sowie zwei, drei unbewußte Wörter gaben Grund zu der Annahme, daß sie zu lesen Sünde sei. Aber der Inhalt ihrer »Heiligenbiographie« war ihnen offensichtlich in allen Einzelheiten wiedergegeben worden. »Mamachen ist aber nicht auf die Zirbelkiefer geklettert. Sie hatte Angst davor«, überführte mich Agafja lächelnd der Ungenauigkeit.

»Die Menschen wissen nun, wie ihr lebt...«

Dieser Umstand war hier offenbar diskutiert worden, und man hatte wohl befunden, daß nichts Schlechtes dabei sei.

»Es haben sich Verwandte von uns gefunden...« Nun holte Agafja, ebenfalls aus dem Brennholzstapel, eine vergilbte, ganz zerknitterte Fotografie hervor. Auf dem Foto waren zwei Frauen und zwei riesengroße bärtige Männer. Es waren Agafjas Cousins mütterlicherseits.

»Sieh mal einer an! Und sie möchten, daß ihr zu ihnen nach Schoria zieht?«

»*Jedak, jedak*, sie möchten es. Aber das ist uns nicht möglich. Sie führen dort ein weltliches Leben.«

»Warum habt ihr denn die Fotografie zwischen dem Brennholz liegen? In der Hütte wäre sie doch besser aufgehoben.«

»Nicht möglich!« sagte der Alte. »Das kann man nicht unter einem Dach mit dem Antlitz Gottes haben.«

So verhielt es sich also mit dem gedruckten »zierlichen« Wort und mit allen Abbildern. Um später nicht noch einmal auf dieses Thema zurückkommen zu müssen, griff ich in den Rucksack und nahm ein Geschenk heraus, mit dessen Übergabe ich am Vortag keine Eile gehabt hatte. Es war ein Karton mit Fotos und einer Ausgabe der Zeitschrift *Sowetskoje Foto*, die einen Artikel darüber abdruckte, wie schwierig es hier mit dem Fotoapparat gewesen war. Ich dachte mir, wenn sie die Fotos sähen, würden sie verstehen, daß das nichts Schlimmes ist. Und dann würde man sie richtig fotografieren können. Von den Negativen der Geologen hatte ich mit großer Sorgfalt Einzelporträts von Natalja, Dmitri und Sawin abgezogen, die nun nicht mehr lebten. Ich zeigte Agafja und dem Alten ein Foto nach dem anderen. Sie waren sehr verwirrt und wußten sich nicht zu verhalten. Einerseits handelte es sich um die Gesichter derer, die ihnen lieb und teuer waren, andererseits aber war ein Antlitz auf Papier eine Gotteslästerung. Ich fühlte, daß mir dieses Geschenk nicht den Weg zu Fotoaufnahmen ebnete. Ich packte alles wieder sorgfältig in den Karton: »Sie gehören euch. Macht damit, was ihr wollt.« Am nächsten Morgen sah ich, daß der Karton in Birkenrinde eingewickelt war. Und wo lag er wohl? An derselben Stelle, auf dem Brennholzstapel unter dem Vordach.

Das abgenutzte *Psalterium* aber, das mir eine alte Frau mit der Bitte geschickt hatte, es »den Lykows persönlich aus-

1. Grenze zur Autonomen Republik Tuwa.
2. Die »alte Hütte« liegt auf einer Höhe von ca. 700 m. Sie wurde bis 1945 bewohnt, dort kam Agafja 1944 zur Welt. 1987 wurde die Hütte erneut bezogen.
3. Jerinat.

4. Die »hochgelegene Hütte«, 1945 erbaut, 1978 entdeckt. Höhe 2000m.
5. Die »tiefer gelegene Hütte«, als Sommerresidenz für die beiden Söhne konstruiert. Seit 1984/85 leben auch Agafja und ihr Vater vorübergehend hier.
6. Abakan.

zuhändigen«, trugen der Alte und Agafja unverzüglich in die Hütte. Bei Kerzenlicht lasen sie eine geschlagene Stunde darin, verglichen es mit ihrem »wahrhaft christlichen *Psalterium*« und befanden, das Buch sei »durch Nikonianertum besudelt«.

»Ich sehe, die Nikonianer haben sich sehr vermehrt«, bemerkte Karp Ossipowitsch während eines ruhigen Gesprächs philosophisch. »Sehr vermehrt...«

Man spürte, daß für ihn auch Jerofej und ich, Nikolai Nikolajewitsch, der ihm als »Chef der Wälder« vorgestellt worden war, die Geologen, die Hubschrauberpiloten und alle, die er kannte, Nikonianer waren...

»Ideologisch gefestigt«, scherzte Jerofej am Lagerfeuer, als er an dieses Gespräch zurückdachte. »Karp scheint zu denken: Ihr schreibt und sprecht, Agafjas und meine Sache aber ist es, Kartoffeln zu setzen und uns mit zwei Fingern zu bekreuzigen...«

»Karp Ossipowitsch, Sie sagen: Nikonianer... Aber dies sind doch keine schlechten Menschen, sie helfen, haben euch allerlei Gutes zukommen lassen...«

»*Jedak, jedak*«, stimmte der Alte aufrichtig zu. »Ihr Herz ist nicht verhärtet. Sie haben Mitleid mit uns Sündern und uns so viel geschickt, so unmäßig viel.«

Die Hütte der Lykows hatte in diesem Sommer Ähnlichkeit mit einer Art Taiga-Umschlagplatz gehabt. Es hatte ausgesehen, als würde jeden Augenblick eine Arbeitergenossenschaft anrücken, zu Hämmern, Äxten, Spaten, Nägeln, Hobeln, Jacken, Regenmänteln und Stiefeln greifen und sich an die Arbeit machen. Das Vordach der Hütte war buchstäblich vollgestopft mit Geschenken, die unter der Adresse »Abasa, an Jerofej, für die Lykows« eingetroffen waren. Jerofej hatte alles gewissenhaft herbefördert, sogar eine Petroleumlampe, sogar eine Halskette aus Bernstein (die man ebenfalls beim Brennholz aufbewahrte).

»Und was ist das hier? Eine Spielerei oder etwas Nötiges?« fragte Agafja und nahm aus dem Birkenrindenkram einen kirschroten Regenschirm heraus.

Ich zeigte, wie sich dieses Gerät öffnen läßt, und erzählte, wozu man es gebrauchen kann. Agafja nahm den Schirm in die Hand und kicherte fröhlich, denn ihr war vollkommen klar, daß sie mit diesem Ding aus der »Welt« sehr komisch aussah...

Ein Kapitel für sich ist das Fernsehen. Die Geologen hatten es im vergangenen Jahr angeschafft, und man kann sich vorstellen, mit welcher Ungeduld sie seither auf den nächsten Besuch des Alten und seiner Tochter gewartet hatten. »Es war ein doppeltes Schauspiel«, erinnerte sich Jerofej. »Für die Lykows war es der Fernsehapparat, für alle anderen: die Lykows vor dem Fernseher.«

Alles interessierte sie: ein fahrender Zug, Mähdrescher auf den Feldern, Passanten in der Stadt (»O Herr, sind das viele, wie die Mücken!«), Hochhäuser, ein Dampfer. Ganz aufgeregt war Agafja, als sie ein Pferd sah. »Ein Roß, Papachen, ein Roß.« Sie hatte noch nie ein Pferd gesehen, es sich aber nach dem, was man ihr erzählt hatte, vorgestellt. Und hier fand sie nun die Bestätigung. Der Alte aber wurde ganz unruhig, als ein Tragflügelboot über einen Fluß raste. »*Basko, basko* (gut). Das nenne ich ein Boot.« Als er eine Laientanzgruppe älterer Kosakinnen aus Kuban auf dem Bildschirm sah, staunte Karp: »O ho, Sünderinnen. Anstatt zu beten, tanzen sie.« In Schrecken versetzte Agafja ein Boxkampf. Sie sprang auf und rannte weg. Und das ist nur zu verständlich: Halbnackte Männer prügeln mit riesigen Fäusten aufeinander ein, und rundherum schauen Leute zu.

»Das ist Sünde«, sagten Vater und Tochter über das Fernsehen. Jedoch zeigte sich, daß diese Sünde eine unwiderstehliche Anziehungskraft auf sie ausübte. Wenn sie hin und wieder in der Siedlung erscheinen, setzen sie sich unverzüglich vor den Fernseher und schauen zu. Karp Ossipowitsch setzt sich dabei direkt vor den Bildschirm. Agafja schaut, indem sie den Kopf hinter der Tür hervorstreckt. Für Versündigungen ist sie bemüht, sofort durch Gebete Vergebung zu erflehen: sie flüstert, bekreuzigt sich… und streckt erneut den Kopf heraus. Der Alte hingegen betet nach dem Fernsehen, voller Inbrunst und für alles auf einmal.

Ich hatte Aufträge von zwei Moskauer Freunden. Ein Historiker bat mich, genauer in Erfahrung zu bringen, wie Agafja »die Zeit am Zipfel zu fassen bekommt«.

»Es macht nichts, wenn du nicht alles verstehst, du kannst dich an folgendem orientieren: Benutzt sie den Terminus ›*Wruzileto*‹? Und den Begriff ›Sonnenzyklus‹? Als Hilfsmittel dienen ihr vielleicht die Bücher *Ustaw* und *Psalterium*.«

Alldem ging ich sorgfältig nach. Und Agafja legte einen wahren Erfindungsreichtum an den Tag, um es mir zu ermöglichen, ihre besondere Chronologen-Kunst zu verstehen. Trotzdem habe ich nichts begriffen. Meinem Freund aber kann ich hiermit öffentlich mitteilen: Bücher und Termini werden benutzt, außerdem werden die Neumondphasen berücksichtigt. Alles in allem ist es, wie wir beide seinerzeit vermuteten, die vor Peter dem Ersten geltende Zeitrechnung.

Aus dem Institut für russische Sprache hatte ich eine dreiseitige Instruktion erhalten, wie man mundartliche Eigenheiten erfaßt, und man hatte mich gebeten, ungewöhnliche und unverständliche Wörter zu notieren. Meine Ausbeute ist, wie ich bekennen muß, sehr gering – sie läßt sich in zwei bis drei Zeilen aufschreiben: *imanucha* (Ziege), *lopatinka* (Kleidung), *basko* (gut, fein), *chramina* (Haus), *lanis* (vergangenen Sommer), *putiki* (Täublinge) …

Manches habe ich für mich geklärt. Die Lykows düngten ihre Gemüsegärten; sie sammelten saftige Taigagräser und kompostierten sie, ohne sie zu trocknen. Haustiere hielten sie nicht, weil »es keinen Zuchtstamm gab«. Die Kartoffelsamen hatten sie seit über vierzig Jahren kein einziges Mal erneuert, trotzdem wuchsen die Kartoffeln immer noch hervorragend, ließen sich gut lagern und hatten einen unübertrefflichen Geschmack.

»Wie haben die Lykows ihre Zahnschmerzen behandelt?« hatte mich einer unserer Leser in Erfahrung zu bringen gebeten. Agafja sagte: »Mit Beten. Wenn das Beten nicht half, hielten wir den offenen Mund über eine heiße Kartoffel.« Ich fragte nach dem Zähneziehen. Diese Frage verstanden sie nicht: »Wozu Zähne ziehen?« Ich wollte wissen, ob es hier in der Taiga Wassernymphen, Waldgeister und Hexen gebe. Nach ernsthafter Beratung sagten der Alte und Agafja: »Haben wir noch nie gesehen.« Und auf die Frage, ob sie es bedauerten oder froh darüber waren, daß sie Menschen getroffen hatten, entgegneten sie: »Anfangs hatten wir solche Angst. Aber jetzt nicht mehr. Ohne die Menschen gehen wir zugrunde.« Warum sie dann nicht etwas mehr in ihre Nähe zögen? Die Geologen schlügen doch schließlich vor, ihnen unweit der Siedlung eine Blockhütte zu bauen, sie würden ihnen auch mit dem Gemüsegarten helfen. »Das ist uns nicht möglich ...«

Nach diesem Gespräch ging Agafja in die Hütte und kam mit einem Gewehr zurück: einer veralteten, mit Isolierband umwickelten, achtundzwanzigkalibrigen *Tulka*. Jerofejs Vater hatte das Gewehr geschickt: »Nehmt, es kommt von Herzen.« Agafja hatte das Geschenk bereits ausprobiert. »Sie kam mit zwei Haselhühnern nach Hause«, sagte der Alte voller Stolz.

»Wie wär's, wenn du selbst einmal schießt«, sagte Jerofej.

Karp Ossipowitsch war sofort Feuer und Flamme. Wir suchten nach etwas Geeignetem, auf das man schießen konnte. Ich befestigte meinen alten Turnschuh so auf einem Baumstumpf, daß die Gummisohle in Richtung des Schützen zeigte.

Der Alte zielte so sorgfältig und lange, als hinge sein Leben davon ab... Dann krachte der Schuß los. Der Alte drückte Jerofej das Gewehr in die Hand und rannte zur Zielscheibe, als hätte er etwas erbeutet. (Es schmerzt, mitansehen zu müssen, wie alte Leute rennen: den Rumpf vorgestreckt, und die Beine kommen nicht nach.) Karp Ossipowitsch hob den Turnschuh auf und steckte seinen Finger durch das Loch: Treffer! Das bärtige Gesicht strahlte wie bei einem Kind. Eine nur zu verständliche Freude, wenn jemand im neunten Lebensjahrzehnt ist.

Eine blaue, stark riechende Rauchwolke sank auf den Gemüsegarten herab. Agafja wollte auch schießen. Sie war einen Moment unschlüssig und ließ es dann sein: »Wir müssen Schießpulver sparen.«

»Alles lastet auf ihr – der Ofen, der Gemüsegarten, die Jagd und die Zimmerei. Ich bin nur noch zum Fischefangen nütze«, seufzte der Alte hinter Agafja her, die das Gewehr wieder forttrug.

Den meisten Kummer bereitete dem alten Lykow die neue Hütte. Den Bau begonnen hatten, auf sein Drängen hin, bereits die Söhne. (Agafja: »Mitja hat sich dabei überhoben.«) Nun waren, mit der Unterstützung derer, die hin und wieder herkamen, die vier Wände der Blockhütte fertig. Aber es ging nur langsam voran. Den Lykows war klar geworden, daß sie aus eigener Kraft schon nichts mehr bewirken konnten. Kaum war die Diele mühsam errichtet, hatte sie sich verzogen und war nun schief; und dann brauchte man noch ein Dach, einen Boden, einen Ofen (woher sollte man hier Ziegelsteine nehmen?), und neben der Hütte mußte man noch Taiga für einen Gemüsegarten roden. All das war Arbeit für starke und junge Leute.

»Wozu braucht ihr dieses Bauwerk?« fragten wir den Alten geradeheraus. »Ihr steckt eure letzten Kräfte hinein, und für wen das alles?«

Der Alte antwortete sinngemäß, daß bereits viel Arbeit investiert worden sei und es schade wäre, das einfach aufzugeben. Aber wie sich herausstellte, gab es noch einen anderen Grund, sich um eine neue Hütte zu kümmern. Agafjas Schicksal ließ dem Alten keine Ruhe. Und in seinem Trübsinn nährte er die Hoffnung, man könne jemanden zum Bleiben verlocken, wenn man darauf verweisen könnte, daß die Hütte schon bereitstünde.

Und im Frühjahr war schließlich ein unbekannter Hochstapler aus der Taiga hier aufgetaucht. »Er bekreuzigte sich, nannte sich einen Christen«, sagte der Alte angeekelt, »er sägte Brennholz und strömte süße Wörterchen aus.« Aber dann wurde klar, daß der »Christ« in Erfahrung bringen wollte, ob es hier nicht etwa Gold oder Zobelfelle gab. Als er sich davon überzeugt hatte, daß die Lykows außer Ruß in der Hütte und Kartoffelvorräten nichts besaßen, verschwand der Bewerber um Agafjas Hand, freilich ohne seinen Gastgebern irgendeinen Schaden angerichtet zu haben. »Er war kein guter Mensch. Als er wegging, haben wir dem Herrgott auf Knien gedankt...«

»Sollte man nicht besser diesen kräftezehrenden Bau einstellen und, wo die alte Hütte schon baufällig ist, in die neuere kleine Hütte am Fluß übersiedeln? Der Ofen dort ist bereit. Der Fluß ist nah. Für den Gemüsegarten ist es auch wärmer. Und, was die Hauptsache ist, die Menschen sind nicht so weit entfernt. Ob Freud, ob Leid – sie sind da!« überlegte ich laut.

Nikolai Nikolajewitsch, Jerofej und unerwarteterweise auch Agafja unterstützten meine Idee leidenschaftlich. Der Hausherr jedoch schüttelte den Kopf:

»Vernünftig und gerecht sprecht ihr. Aber wie kann ich das aufgeben, so viel Kraft steckt doch darin, so viel Kraft...«

Den ganzen Mittag saßen wir bei diesem Hüttenneubau und beleuchteten das Problem von allen Seiten. Es stand nach wie vor vier zu eins. Alle vernünftigen Argumente waren auf Seiten der Mehrheit. Der Alte aber blieb dabei: »Aufgeben ist nicht möglich...«

Am Abend unterhielten wir uns über die verschiedensten Themen. Aber wir spürten, daß dem Alten das Hüttenproblem nicht aus dem Kopf ging. Die ganze Nacht wälzte er sich herum. Etwa dreimal betete er und seufzte dabei so tief, daß es wie Schluchzen klang. Am Morgen sagte er dann, daß er und Agafja uns bis an den Fluß begleiten würden. »Wir schauen uns die kleine Hütte an und werden alles dort entscheiden.«

Mit Stecken in der Hand machten wir uns an den Abstieg, und es war so unterhaltsam, daß uns der Weg diesesmal gar nicht so lang vorkam.

Unten standen wir alle mit entblößten Häuptern eine Weile an dem Hügelchen, unter dem Dmitri ruhte. Das Grab war schon mit Antoniuskraut zugewachsen. Sehr dicht an diese Stelle reichte der Kartoffelgarten heran. Als Karp Ossipowitsch die grüne Pracht des Krauts sah, heiterte er sich schlagartig auf. Geschickt langte er mit der Hand in die Furche und zog einen üppigen Fruchtknoten heraus.

»Ja, hier am Fluß ist es merklich wärmer...«

Die ärmliche Hütte neben diesem Gemüsegarten unterschied sich nur wenig von der oberen, aber sie war nicht so alt. Wir nahmen sie gründlich in Augenschein. Gemeinsam mit dem Hausherrn klopfte Nikolai Nikolajewitsch die Balken ab, um festzustellen, wo man das Dach reparieren müßte:

»Ich verspreche euch, Zimmerleute hierher zu schicken. Sie bauen euch eine gute Diele an die Hütte an. Da könnt ihr eure Körbe unterbringen und bequem in der Hütte leben.«

Außerdem nahm Nikolai Nikolajewitsch für den Türrahmen und eine neue Tür Maß und versprach, mit dem Hubschrauber Balken aus Kiefernholz auf die Lichtung neben der Hütte zu schaffen.

Agafja konnte ihre Freude nicht verbergen. Auch der Alte fand sichtlich wieder zu seinem seelischen Gleichgewicht:

»Womit nur können wir Ihnen für Ihre Güte danken...?«

Nikolai Nikolajewitsch lächelte:

»Bete, daß es weniger Brände in der Taiga gibt.«

»*Jedak, jedak,* wir werden Gott darum bitten«, erwiderte der Alte bereitwillig und ernst.

Mich ließ er auf einem Baumstamm neben sich Platz nehmen:

»Wassili Michailowitsch, wie müssen wir es aber mit den Fischen halten...?« (Der Alte war sichtlich beunruhigt über die zu ihm vorgedrungenen Gerüchte über eine Fischfangregelung am Abakan.) »Wir können doch ohne Fisch gar nicht leben...«

Ich sagte: »Karp Ossipowitsch, fischen Sie nur, soviel Sie können.« Mit den »Chefs in Abasa« versprach ich auf jeden Fall zu reden. Und ich überzeugte den Alten, daß man seine Bitte verstehen und respektieren würde.

Der Moment des Abschiednehmens war gekommen. Unter dem Gewicht seiner Passagiere sank der Boden des Bootes bis auf den Kiesel. Unsere beiden Gastgeber stiegen ins Wasser und schoben. Und schon war das Boot befreit. Wir hatten keine Eile, den Motor anzulassen. Es gab noch eine etwa fünfminütige, anscheinend unbedeutende, für einen Abschied aber wichtige Unterhaltung.

Und dann waren wir auch schon in der Flußmitte. Man konnte bereits kein Wort mehr verstehen. Wir verständigten uns noch mit Handzeichen... Dann machte der Fluß eine Kurve, wir schauten uns ein letztes Mal um und sahen zwei Figürchen im Wasser, die uns, auf ihre Stecken gestützt, nachschauten...

All das war im Juli. Anschließend reiste ich noch durch Sibirien. Als ich mich an meinen Bericht über die Reise zum

Abakan machte, telefonierte ich nach Krasnojarsk, mit Leuten, die nach mir die Lykows besucht hatten.

»Wie geht es dort so...?«

»Alles geht seinen Gang. Wir waren mit einem Mediziner dort. Aber Sie wissen ja selbst, wie es ist: Wir mußten die Ärmel aufkrempeln. Wir haben ordentlich Brennholz zersägt. Den unteren Kornspeicher für die Lagerung der Nüsse haben wir repariert. Sie werden es nicht glauben, diesmal haben sie dem Arzt erlaubt, sie zu untersuchen! Puls, Blutdruck, Herztätigkeit: alles, wie es sein muß. Ihr Allgemeinbefinden ist dem Alter entsprechend. Agafja war mit einer Behandlung ihres Arms einverstanden. Wir haben dabei Kerzenstearin angewendet und erklärt, wie sie damit umgehen müssen...«

»Haben sie mit der Hütte einen Rückzieher gemacht?«

»Nein. Sie sind fest entschlossen, zum Fluß zu ziehen. Für die Balken wurden drei Zirbelkiefern gefällt. Mit dem Hubschrauber hat man ihnen die zugeschnittenen Balken und Bretter abgeworfen. Die Zimmerleute sind noch nicht dagewesen. Aber der Alte hat Hoffnung: Er trocknet Moos zum Fugendichten und hat sich daran gemacht, den Gemüsegarten zu erweitern. Agafja ist sehr froh über den Umzug. Am Fluß ist es wärmer, zum Fischfang hat man es nicht so weit. Und man ist näher an den Menschen! Wie wichtig das ist, wissen die Lykows inzwischen nur zu gut...«

So sieht es aus bei den Vergessenen am Abakan.

UND NOCH EIN SOMMER . . .

Juli 1984

Über den Gang der Ereignisse und die kleinen und großen Alltagsdinge haben unsere Leser trotz allem die Lykows nicht vergessen.

»Wie es ihnen wohl geht?« fragen mich Bekannte und Unbekannte bei jeder sich bietenden Gelegenheit.

In Briefen an die Redaktion wurde dieselbe Frage gestellt. Wir bekommen Pakete. Alla Lukinitschna Korotschanskaja aus Charkow schickte Geld: »Kaufen Sie Ziegen, dann können die Lykows einmal Milch trinken.« Am häufigsten aber wird die Bitte geäußert zu berichten, wie es ihnen jetzt dort ergeht. Mich selbst interessierte das ebenfalls brennend. Ich ließ Jerofej keine Ruhe und bat ihn, in Erfahrung zu bringen, was die Lykows davon hielten, wenn man ihnen Ziegen brächte. Er antwortete: »Der Alte hat sich gefreut, war aber natürlich verlegen: ›Das sind zu große Umstände für die Menschen.‹ Und er ist sich nicht sicher, ob sie mit dem Vieh zurechtkommen. Im Gespräch ist er jedoch mindestens dreimal auf das Thema Milch zurückgekommen.«

Und nun sitze ich also im Hubschrauber, der über dem Abakan fliegt. Mit mir fliegen vierhundert Kilogramm Eisen – Schlösser für die Bohranlagen – und als Passagiere: ich, der Ziegenbock Stepka und die von der Reisekrankheit befallene junge Ziege Muska.

Die Ziegen habe ich gestern in einem Waldgehege, dreißig Kilometer von Abasa entfernt, gekauft. Die Besitzerin sagte: »Für die Lykows?... Wählen Sie aus.« Ich wählte den prächtigen Stepka mit seinem langen Haarbüschel auf der Stirn und die rundliche, trächtige Muska. Muska warf noch am selben Tag ein Junges. Dieses schickten wir, nachdem wir es mit Milch versorgt hatten, zurück ins Gehege. Muska ließen wir jegliche Pflege angedeihen und gönnten ihr einen Tag Ruhepause. Und nun sind wir also auf der Reise. Stepka schaut mit dummer Neugier durchs Fenster auf die vorbeifliegenden schneebedeckten Bergkuppen. Muska steht der Sinn nicht nach Schönheit. Das Vibrieren und die Höhe machen ihr zu schaffen – sie liegt unbeweglich und platt ausgestreckt da. Der Flug kommt mir lang vor. Doch dann landen wir auch schon bei der Geologensiedlung. Unter denen, die mich begrüßen, ist auch Jerofej: »Du bringst ja wirklich Ziegen!«

Wir laden das Eisen ab, nehmen Jerofej an Bord und starten. Von den Geologen bis zu dem kleinen, flachen Sumpf auf dem Berg sind es vier Minuten Flug. Dann steht der Hubschrauber über dem Boden. Wir werfen die Rucksäcke ins Gras, die Ziegen reichen wir uns zu.

Der Pfad zur Hütte ist kürzlich von einem Bären benutzt worden, wir finden Fußspuren und Kot. Die Ziegen reißen an den Stricken. Wir können sie nicht führen, sondern müssen an ihnen zerren. Besonders schwierig scheint das Überqueren des Baches auf den Baumstämmen. Doch Jerofej findet eine Lösung: Er klemmt sich je eine Ziege unter die Arme und geht wie ein Zirkusbär über den Bach.

Wir wollen das ungewöhnliche Geschenk nicht sofort überreichen. So binden wir die Ziegen an einen Baum am Rande des Gemüsegartens und tauchen in dem Moment bei der Hütte auf, als Agafja gerade mit dem Wetzstahl ein Lagerfeuer anzündet.

»Papachen, Jerofej und Wassili Michailowitsch!« schreit

sie durch die geöffnete Hüttentür. Und dann stehen die beiden auch schon erfreut und ein bißchen durcheinander auf der Schwelle. Als sie den Hubschrauber hörten, wußten sie, daß Gäste kommen würden. Genau wie im vergangenen Jahr sind sie wieder im Paradeaufzug: beide in Gummistiefeln, der Alte in einem blauen Hemd und Agafja in einem sackartigen Kleid.

An einer Stange vor der Hütte hängt ein rotes Tuch, das sie von irgend jemandem geschenkt bekommen haben.

»Agafja, du bist ja eine richtige Modedame geworden ...«

Wie sich herausstellte, sollte das Tuch einen Bären verscheuchen.

»Ständig schleicht er hier umher. Gestern erschien er dort drüben auf der Lichtung. Da habe ich schnell mit Eisen gelärmt, und er verschwand.«

Karp Ossipowitsch machte vor, wie man mit Eisen lärmt. Dann setzten wir uns für eine Weile, um die ersten Neuigkeiten auszutauschen.

Das Wichtigste war die Übersiedlung an den Fluß. Mein Begleiter vom Vorjahr, der Leiter des Chakassischen Forstamts, Nikolai Nikolajewitsch Sawuschkin, hatte sein Versprechen gehalten und einen Anbau für die untere kleine Hütte fertigen lassen. Fünf Freiwillige vom Brandschutz des Forstamts hatten etwa eine Woche lang mit ihren Äxten unten am Fluß gehämmert.

»Den Menschen sei Dank, wunderschön ist der Anbau geworden! Alles tadellos, dicht und fest, eine gute Tür, ein Fensterchen. Ein Haus für ein ganzes Leben ...«

Die Übersiedlung an den Fluß war für das vorige Jahr vorgesehen gewesen. Die Lykows hatten schon einiges Werkzeug, liturgische Bücher, Erbsen und einen Teil der Nußvorräte hinuntergetragen. Aber im vorigen Jahr hatten sie ihre Kartoffeln erst im Schnee ernten können, so daß sie den Umzug nicht mehr geschafft und wie gewohnt auf dem

Berg überwintert hatten. Für dieses Jahr aber stand fest: Zum Winter würde man nach unten ziehen. Das Wetter beschleunigte den Umzug. Wegen des spät einsetzenden Sommers hier oben war der Gemüsegarten noch ohne Grün. Der wilde Rosmarin trieb gerade die ersten Blüten, und die späte Schneeschmelze in der Bergtundra ergoß sich in einem Sturzbach, dessen Wasser bis zu der kleinen Hütte drang...

Agafja war zum Kartoffelnwaschen gegangen und kehrte mit einem geheimnisvollen Lächeln zurück:

»Dort sind *Imanuchas*...«

Die Ziegen hatten sich durch ihr Meckern verraten, und Agafja hatte sie sich schon anschauen können. Ihr Gesicht zeigte Angst, Freude und Neugier zugleich – neues Vieh bei ihrem Haus war ein sehr großes Ereignis. Auch Karp Ossipowitsch fuhr ordentlich zusammen, als er sah, wie Jerofej die widerstrebenden Ziegen aus dem Gebüsch zerrte.

Insgeheim hatten die Lykows dieses Geschenk erwartet, aber dennoch brachte es sie in Verlegenheit. Sie wußten nicht, wie sie mit ihm umgehen und was sie zuerst mit ihm machen sollten. Die Ziegen hatten offensichtlich vollkommen klar erkannt, welchen Platz das Schicksal für sie ausersehen hatte. Stepka stürzte plötzlich los und stürmte, den Strick um den Hals, den Gemüsegarten hinauf Richtung Taiga. Er kam jedoch rechtzeitig zur Vernunft: Wohin sollte er fliehen? Muskas Meckern brachte ihn endgültig zum Stehen. Jerofej fing Stepka ein und band ihn auf der Lichtung an eine dünne Espe. Und dorthin brachten wir auch Muska.

Nie hätte ich mir träumen lassen, daß ich irgendwann einmal Unterricht im Ziegenmelken erteilen müßte. Aber es war keine Zeit zu verlieren. Muska schrie, weil ihr kleines Euter vor Milch zu platzen drohte. Nachdem sich Agafja den theoretischen Teil des Melkens angehört hatte, holte sie etwas verwirrt eine Schüssel aus der Hütte.

Als Kind, im Krieg, hatte ich, wenn meine Mutter nicht da war, vielleicht zweimal eine Ziege gemolken. Wäre unsere Muska älter gewesen, hätte sich der Melkunterricht einfacher gestaltet. So aber war allen Beteiligten alles neu. Karp Ossipowitsch, den ich gebeten hatte, die Ziege bei den Hörnern zu halten, setzte sich vor Aufregung hin. Ich postierte mich mit der Schüssel neben dem Euter. Muska, die nicht wußte, was man mit ihr vorhatte, schlug aus, stieß mit den Hörnern und brachte es sogar fertig, Agafja mit der Flanke zu rempeln. Dennoch spritzten die ersten Milchstrahlen in die Schüssel. Als sie verstanden hatte, daß diese Operation ihr Erleichterung verschaffte, beruhigte sich Muska ein wenig.

»Nun mach du 's«, sagte ich und gab Agafja die Schüssel.

Sie machte sich gewissenhaft an die Arbeit, erwischte aber mit den Zitzen vor Aufregung auch ein Büschel Fell. Wieder protestierte Muska mit Hufen und Hörnern. Der praktische Jerofej kam mit einer Schere. Wir stutzten das Fell in der Eutergegend, und allmählich kam die Sache in Schwung.

Etwa drei Glas Milch hatten wir zusammengebracht. Ich erklärte Agafja, daß die Ziege zweimal täglich gemolken werden muß, und zeigte ihr, wie man die Milch durchseiht. (Wobei sie sich überzeugen konnte, wie notwendig es ist, dies zu tun.) Dann machten wir eine Verschnaufpause. Wir saßen auf den Baumstümpfen bei der Hütte und berieten alle gemeinsam eine Viehzuchtstrategie: wie man die Ziegen füttert, wo sie nachts bleiben können, wie man den Gemüsegarten vor ihnen schützt, wieviel Futter man für den Winter braucht.

»Und dann noch die Bären ...«, seufzte Karp Ossipowitsch. Da begriffen Jerofej und ich, daß wir den Lykows neue, ungekannte Sorgen bereitet hatten. Jetzt wäre es gut gewesen, wenn wir ihnen sofort hätten zeigen können, daß es die ganze Mühe lohnt und Milch ein köstliches Nahrungsmittel ist, das Gesundheit und Kraft gibt. Aber vorerst durfte man sie nicht trinken, denn es war ja noch die Vormilch.

»In drei bis vier Tagen ist sie genießbar, und einstweilen geben wir sie den Katzen...«

Sie hätten sehen sollen, mit welcher Gier sich die von der Kartoffeldiät abgemagerten Katzen auf die Milch stürzten. Sie schleckten den Aluminiumnapf aus, bis er völlig trocken war, und fielen sodann über den auf dem Brennholz liegenden Gazelappen her, durch den die Milch geseiht worden war.

Bevor es dunkel wurde, räumten Jerofej und ich den Raum unter dem Vordach der kleinen Hütte frei und legten ihn mit Gras aus. Nun schon unter dem Vordach, wurde Muska dann noch einmal gemolken. Zu Karp Ossipowitsch sagte ich: »Wenn es euch zu mühsam wird, dann schlachtet sie, und ihr habt Fleisch für den Winter.« Der Alte nickte dankbar: »*Jedak, jedak.*«

Den Abend widmeten wir den Erzählungen, wie es den Lykows im letzten Jahr ergangen war. Jerofej und ich füllten den Kerzenvorrat auf. Karp Ossipowitsch zündete sogleich zwei davon an, eine auf dem Kienspanhalter, die andere auf dem Ofen an seinem Kopfende. Seit unserem ersten Besuch hier hatte sich in der kleinen Hütte nichts verändert: Rechts oben in der Ecke die liturgischen Bücher und schwarzen Ikonenbretter auf dem Regal; links unten, neben dem Ofen, sauer riechendes Geschirr; auf den Stangen und Regalen entlang der Wände die Säckchen und Bündel mit Samen und getrockneten Taigakräutern. In der schwarzen Behausung konnte man sich nur tastend orientieren. Nur das Aluminiumwaschbecken an der Tür schimmerte weiß – Karp Ossipowitsch hatte befunden, daß es doch angenehmer war als das Handwaschbecken aus Birkenrinde.

Für ihre Gäste hatten sie, wie bereits im vergangenen Jahr, den Boden mit Roggenstroh ausgelegt – Jerofej und ich legten uns darauf schlafen und benutzten unsere Rucksäcke als Kopfkissen. Karp Ossipowitsch saß mit krummem Rücken auf der Bank, Agafja klapperte am Ofen mit dem Geschirr, wobei sie nicht die Gelegenheit versäumte, das eine oder andere Wort darüber einzuflechten, wie es ihnen seit dem letzten Sommer ergangen war.

Im Herbst hatten sie sich hauptsächlich um die Nußvorräte kümmern müssen. Es war eine reiche Ernte gewesen, wie sie nur einmal in vier Jahren vorkommt. Vorsorglich hatte man beizeiten mit dem Sammeln begonnen. »Papachen ist kränklich geworden, und ich habe es im Arm...«, sagte Agafja. Immerhin hatten sie dreißig Sack Zirbelkieferzapfen zusammenbekommen. Agafja war in die Bäume geklettert und hatte die Zapfen abgeschlagen, der Alte hatte sie aufgelesen. Dann hatten sie ihre Ausbeute zu den Kornspeichern geschafft, sie ausgehülst und getrocknet. »Wenn es Nacht wird, spürst du deine Arme und Beine nicht mehr.«

Die Kartoffeln hatten sie eingebracht, als bereits Schnee lag. Die Ernte war gut. »Ob Sie es glauben oder nicht, wir haben dreihundert Eimer geerntet.« Für zwei Personen ist das zuviel. Jetzt hatten sie hundert Eimer übrig. Sie hätten sie gerne den Geologen gegeben. Aber wie? Der Alte und Agafja hatten nicht erst auf Jerofej warten wollen und schon angefangen, den Wald beim Gemüsegarten auszuroden und auszubrennen, weil sie meinten, daß der Hubschrauber dann landen könnte. »Das geht nicht«, sagte Jerofej mit Bedauern, »das Gefälle ist zu groß, und die Bäume sind zu nah.« Diese Mitteilung stimmte die Lykows in höchstem Grad verdrießlich. »Kann es sein, daß sich Jerofej irrt?« fragte mich Karp Ossipowitsch verstohlen. Während des Gesprächs kamen sie einige Male auf den Kartoffelüberschuß zurück. »Eine Sünde – Gutes kommt um. Und dann wäre es den Menschen auch ein Dank für ihre Fürsorge.«

Sie bewirteten uns mit gekochten Kartoffeln. Man hatte sein Essen hier immer unterteilt in »Fastenspeisen« und in »Speisen, die während der Fastenzeit verboten sind«. Letztere hatte es im vergangenen Jahr fast nicht gegeben. Die Fanggruben waren verwaist. »Ich bin kein guter Jäger, kann mich kaum auf den Beinen halten.« Aus demselben Grund hatten sie im Herbst nicht einmal einen Eimer Fische gefangen. Sie hatten sich von Nüssen, Kartoffeln, Rüben, Karotten und Erbsen ernährt. Zu Beginn des Winters hatte Jerofej, der in Abasa ein Ferkel geschlachtet hatte, das Fleisch mit seinen »Patenkindern« geteilt. Die Flasche mit Schmalz entdeckten wir in einem unter dem Vordach aufgehängten, abgetragenen Stiefel – damit fetten sie ihre Schuhe ein. Den Honig, den wir diesmal nicht in einem kleinen Holzkübel, sondern in einem Glasbehälter gebracht hatten, wiesen sie leider als untauglich zurück, da es »weltliches Geschirr« sei. Bei dem starren Tabu für »weltliches« Essen machten sie für Grütze eine Ausnahme. Wieder nahmen sie mit Dankbarkeit den Reis an und füllten ihren Vorrat an Hafergrütze auf.

»Die Ziegen werden euch helfen!« sagte Jerofej.

»Gebe es Gott«, erwiderte der Alte, indem er die Kerze zurechtrückte.

Jerofej war hier nach wie vor der große Ratgeber und Schutzpatron. Aus Dankbarkeit zu ihm hatte Agafja aus dem Leder eines Marals, den Dmitri seinerzeit erlegt hatte, weit geschnittene, weiche Stiefel genäht, die *Itschigi* oder *Brodni* heißen und das beste Schuhwerk für Fußmärsche durch die Taiga sind. Jerofej probierte diese Neuerwerbung mit ausgesuchter Bedächtigkeit an, ging darin draußen hin und her, stampfte mit dem Fuß auf – ganz zu Agafjas Freude. »Im Winter sind die Abende la-hang, la-hang, und so bin ich damit fertig geworden«, sang sie und zeigte dabei ihr kindliches Lächeln.

Alle Haushaltsangelegenheiten und die ganze schwierige Existenzsicherung lasteten nun auf Agafja. Ob Koch, Zimmermann, Schneider, Lastenträger, Gemüsegärtner, Holzspalter oder Bäumekletterer – sie, das Seelchen, war alles in einem, arbeitete von morgens bis abends, denn sie wußte, daß es keinen anderen Ausweg gab.

Die Lykows gingen den Menschen nicht aus dem Weg, der Umgang mit ihnen war schon zur Gewohnheit geworden, und es war ihnen bereits ein Bedürfnis, ein- bis zweimal im Monat die Geologen zu besuchen. Agafja mochte es, mit den Köchinnen zu plaudern. Und sie und ihr Vater hatten nichts dagegen, in aller Stille fernzusehen. Karp Ossipowitsch, dessen allererster Feind nach wie vor Nikon ist, verblüffte mich plötzlich mit der Frage: »Stimmt es, daß Amerika Krieg will?« Wo Amerika ist, wußte er nicht. Er verstand auch nicht, warum in der »Heiligen Schrift« von Israel die Rede ist, aber kein Wort von Amerika. »Die Welt ist sündhaft...«, sagte der Alte. Man spürte, daß er diese Sündhaftigkeit brauchte, um sein Eremitenleben zu rechtfertigen.

»Karp Ossipowitsch, bereuen Sie nichts, sind Sie der Ansicht, daß Sie Ihr Leben richtig gelebt haben?«

»Gott urteilt über alle«, antwortete mein mitternächtlicher Gesprächspartner ausweichend.

Im Laufe des Jahres waren mehrere Besucher von weither zu den Lykows gereist. Philologiestudenten aus Kasan hatten ihre Mundart aufgezeichnet und in ihrer Sprache Wörter ausfindig gemacht, die zu belegen scheinen, daß die Vorfahren der Lykows über den nördlichen »mangasejsker Weg« nach Sibirien gekommen sind.

Ein Internist aus Krasnojarsk hatte im vergangenen Sommer die Lykows dazu überreden können, über ihr Befinden zu berichten. »Wir haben uns untersuchen lassen«, sagte der Alte stolz, »Puls, Blutdruck und Herztätigkeit sind bei uns beiden dem Alter entsprechend!« Agafja teilte Jerofej und mir voller Freude mit, daß ihr die Stearinbehandlung gutgetan habe. Und in der Tat stöhnte sie dieses Jahr schon nicht mehr vor Schmerzen.

Am nachhaltigsten war den Lykows der Besuch einer gewissen Marina im Gedächtnis geblieben, die im Februar hierher gekommen war. Diese Frau mittleren Alters aus Alma-Ata, die sich den Geologen als entfernte Verwandte der Lykows vorgestellt hatte, war »auf der Suche nach dem Glauben« gewesen. Wie nicht anders zu erwarten, hatte man sich an eine Klärung der jeweiligen Standpunkte gemacht. Solange es um Nikon und den »Antichristen« Peter den Ersten ging, war das Gespräch noch harmonisch verlaufen. Im weiteren aber war kein Einvernehmen mehr zu erzielen. Jede Seite hatte den Nachweis geführt, daß ihre Glaubensauslegung die einzig wahre ist. Auf die anfängliche Verstimmung waren gegenseitige Beschimpfungen und schließlich sogar Feindschaft gefolgt. Die Besucherin hatte geschrien:

»Ihr habt euch verirrt, in euren Bergen hier!«

»Und du hast dich in der Tür geirrt, springst von einem Glauben zum anderen!«

Es kam so weit, daß Karp Ossipowitsch vom Ofen sprang und mit dem Filzstiefel aufstampfte: »Raus hier, Gottlose!« Mit einem Türenknallen rannte sie aus der Hütte, in der sie nicht einmal einen halben Tag zugebracht hatte. Seit dem Februar lebten die Lykows mit dem Gefühl, einen großen Sieg errungen zu haben. Immer wieder kamen sie, wenn sie in ihren Gesprächen »den Lebensfaden abspulten«, auf diesen gravierenden Meinungsstreit zurück. »Sie hat ein Brett vor dem Kopf, diese Pilgerin!« schloß Karp Ossipowitsch seine Erzählung über dieses Ereignis ab. »Sie ist nicht ganz bei Verstand!« sagte Agafja.

Am nächsten Tag kam Karp Ossipowitsch noch einmal auf den »Ideenstreit« zurück.

»Was sie nicht alles prophezeit hat, was für einen Unsinn sie nicht zusammengeredet hat! Der Weltuntergang und die Wiederkunft des Herrn zum Jüngsten Gericht würden zu Peter und Paul sein. Dabei kann doch die Wiederkunft nur zu Ostern sein. Ich sage ihr: ›Das hieße ja, man bräuchte keine Kartoffeln mehr zu setzen, und wenn das so ist, auch keinen Roggen mehr zu säen?‹ Sie antwortet: ›Braucht man auch nicht!‹ – ›Nein‹, sage ich, ›Kartoffeln werden wir setzen, und Roggen werden wir säen.‹«

»Ein sehr ernster Meinungsstreit«, lächelten Jerofej und ich. »Aber warum streitet ihr eigentlich nicht mit uns? Wir glauben doch schließlich gar nicht sehr an Gott.«

»Ihr seid gute Menschen und würdet einen alten Mann doch nicht zu einem Meinungsstreit verleiten ...«

Ein silbernes kleines Flugzeug flog hoch über der Taiga und hinterließ einen weißen Streifen am blauen Himmel. Karp Ossipowitsch saß in der Sonne und wärmte sich. Dieser Mensch stand in seinem neunten Lebensjahrzehnt. Hatte es einen Sinn, mit ihm über seinen rückständigen und erstarrten Glauben, den er aus nebelhaft fernen Zeiten über die Taigapfade hierher gebracht hatte, zu streiten? Man mußte ihn und Agafja so nehmen, wie sie waren, und ihnen helfen, das restliche Stück des selbstgewählten Wegs zu gehen.

Es war Karp Ossipowitschs Namenstag. Zum Abendessen backte Agafja einen Karottenkuchen und kochte die eingelegte Äsche, die man noch im Herbst für diesen Tag zurückgelegt hatte.

Und beim abendlichen Kerzenlicht, als Jerofej und ich es uns schon auf dem Stroh bequem gemacht hatten, begann Agafja, uns aus einem riesigen, »nicht durch Nikonianertum verdorbenen« Buch vorzulesen. Jerofej und ich nahmen nur einzelne Sätze dieser melodischen Lektüre wahr. Aber Karp Ossipowitsch, der am Ofen saß, lauschte dem Ganzen mit Fleiß und nickte beifällig: »*Jedak, jedak.*«

«…Und er besudelt nicht das eheliche Bett…«, sang Agafja.

»Was ist denn eine Besudelung des Bettes?« fragte Jerofej vom Boden aus, als würde er nicht verstehen.

»Wenn der Ehemann in seiner Begierde die Sünde des Ehebruchs begeht. Oder wenn die Ehefrau das macht…«, klärte ihn Agafja gewissenhaft auf.

»Es ist schon spät, lösch lieber die Kerze aus«, sagte Jerofej.

Die klare Nacht schickte einen bläulichen Flecken des Mondlichts durch das Hüttenfensterchen. Jerofej begann zu schnarchen. Und ich hörte noch, wie die Katzen mit der Aluminiumschüssel klapperten und die Ziege neben der Hütte traurig meckerte.

Am Morgen begleiteten uns die Lykows. Wie immer kamen sie, die Stecken in der Hand, bis zum Paß des Berges mit. Wir standen noch ein wenig beisammen und unterhielten uns.

»Ihr seid uns wie Verwandte«, sagte der Alte.

»Alle Menschen sind Verwandte, Karp Ossipowitsch«, lächelte ihn Jerofej an. Neben dem Alten nahm er sich wie ein wunderlicher Riese aus.

Wir nahmen Abschied und trennten uns. Agafja und ihr Vater gingen zu der alten Hütte hinunter, und wir gingen auf der anderen Seite hinunter zum Fluß.

Unten warfen wir einen Blick in die renovierte Hütte. Die Eingangstür war mit einem Riemen verriegelt. Frische Späne waren akkurat zusammengehäuft. Der Geruch der alten Hütte war mit dem Harzgeruch des neuen Anbaus vermischt.

»Na also, dort neben dem Ofen kann man wohnen, hier in der Diele ist Platz für Vorräte und auch für die Ziegen…«, überlegte Jerofej laut.

Vom Fluß erklang ein Schuß. Das war das Zeichen: Das Boot ist bereit, man erwartet uns.

EIN JAHR IM ZEICHEN DER ZIEGE

Oktober 1985

Am zwanzigsten September gegen Abend wirbelte das gelbe Birkenlaub durch die Luft, und der Hubschrauber landete auf der Landzunge. Wir sprangen auf die vom Wasser rundgeschliffenen weißen Steine und luden unser Gepäck ab. Mit einem leichten Luftwirbel schüttelte der Hubschrauber noch einmal die Wipfel der Birken und verschwand hinter dem Bergrücken. Wir waren eingetaucht in die rotgolden flammende Herbstwelt, die zwei Stunden lang unter uns vorbeigeflogen war, und machten uns an den Aufstieg. Der gelbe Herbstteppich war durchwirkt mit undurchlässig-dunklen Zirbelkiefern- und Fichtenflecken und den himbeerfarbenen Strichen der Ebereschen. Nach dem kalten und regnerischen Sommer in der abakanischen Taiga hatte der klare Herbst nun ein schönes Kleid. Es war warm und still. Der blaue Himmel spiegelte sich im ungewöhnlich ruhigen Wasser. Irgendwo schrie ein Tannenhäher. Und dies war der einzige Laut, der daran erinnerte, daß sich unter dem Schleier des Waldes Leben verbarg.

Nachdem wir eine Weile auf einem warmen Uferstein gesessen hatten, gingen wir den Fluß entlang. Die Hälfte des Gepäcks ließen wir »bis morgen« auf der Landzunge zurück. Wir gingen auf einem weichen, teils moosbedeckten Pfad. Früher haben sich die Lykows bemüht, keine Spuren zu hinterlassen, wenn sie vom Fluß zu ihren Hütten gingen. Inzwischen aber führte ein deutlich erkennbarer Pfad vom Ufer hinauf. Im vergangenen Jahr hatte ihn Karp Ossipowitsch mit Kerben gekennzeichnet. Und dieses Mal sahen wir sogar Schutzplanken. »Der Alte hat Sorge, daß hier jemand auf dem steilen Abhang abrutschen könnte«, sagte Jerofej und besah sich die neue Ausstattung.

Der Weg vom Ufer bis zu der kleinen Hütte ist recht steil, aber nicht weit. Die obere Hütte hatten die Lykows im vorigen Jahr aufgegeben und waren zum Fluß übergesiedelt. Nach einer Stunde langsamen Gehens hörten wir plötzlich das Meckern der Ziegen und sahen den blauen Rauch eines Lagerfeuers. Es verging noch eine Minute, dann kamen uns zwei Personen entgegen. Agafja zeigte ihre Freude wie ein Kind.

»Wir haben den Hubschrauber gesehen... Ich habe auch die Kartoffeln schon fertiggekocht...«

Wir saßen auf Baumstämmen am Lagerfeuer, und es gab die zunächst üblichen Fragen: Wie geht's? Wie war die Fahrt? Währenddessen trippelte Agafja, nachdem sie jedem eine heiße Kartoffel in die Hand gegeben hatte, in den Gemüsegarten. Dann legte sie alles, womit sie uns bewirten wollte, neben dem Feuer ins Gras: Karotten, Rüben und Erbsen. Karp Ossipowitsch erschien mit einer Plastiktüte voll Zirbelnüssen. Agafja stellte einen Tujesok mit am Tag zuvor gesammelten Preiselbeeren dazu. Dann fielen ihr die eingelegten Pilze ein...

Während des »Festmahls« sprachen wir darüber, wie es ihnen inzwischen ergangen war, über den außergewöhnlich kalten, regnerischen Sommer und die Ernte. Weder Wald noch Gemüsegarten waren in diesem Herbst spendabel gewesen. An Zirbelkieferzapfen hatte Agafja, die in die Bäume geklettert war, insgesamt drei Säcke voll abgeschlagen. Beeren und Pilze waren nicht gediehen. Die Erbsen waren schlecht gereift. Die Kartoffeln hatten sie nicht im Stich gelassen, waren aber mehlig. In früheren Zeiten hätte eine schlechte Ernte sowie das Fehlen von Fleisch und Fisch (Agafja hatte nur fünf Äschen gefischt, die kaum größer als ein Handteller waren) die Lykows stark beunruhigt. Dieses Mal aber waren sie guten Mutes. Der Alte und Agafja hatten die Geologen in der Siedlung aufgesucht, wo man ihnen sagte: »Macht euch keine Sorgen. Wir lassen euch nicht im Stich.«

Es gab noch eine weitere Garantie für ein gewisses Wohlergehen: die Ziegen. Schon während wir am Lagerfeuer saßen, konnte es Agafja kaum erwarten, uns ihre »Farm« zu zeigen. Der Ziegenbock Stepka, dem Jerofej die Hörner gestutzt hatte, lief in einem Verschlag aus dünnen Baumstämmen herum. Mißtrauisch beäugte er die Gäste. Die Ziege Muska wurde zum Melken geführt.

Agafja hatte ihre Zaghaftigkeit vom Vorjahr überwunden. Geschickt fesselte sie Muskas Hinterbeine und trat auf den Strick, als wäre er ein Pedal; dann schob sie der Ziege einen Birkenrindenkorb mit getrockneten Kartoffeln unters Maul... Zehn Minuten später tranken wir bereits die durchgeseihte und im Bach gekühlte Milch. Sie war ausgezeichnet: dick, gesund und ohne jeglichen Geruch. Und im stillen dankte ich der Leserin unserer Zeitung für ihre Idee.

Im vorigen Jahr hatte ich den Lykows gesagt, sie sollten die Ziegen schlachten, wenn es ihnen zu schwer würde. Ich hatte erwartet, daß dies auch geschehen werde. Im Januar aber hatte ich von Agafja einen Brief erhalten, in dem sie sich auf rührende Weise bedankte. Die Ziegen waren genau das richtige gewesen. Agafja schrieb, daß sie saure Sahne und Quark herzustellen gelernt habe und daß man für das Frühjahr Zuwachs bei der »Geiß« erwarte.

Das Vieh hatte ihnen aber auch viel zu schaffen gemacht. Agafja hatte sich das Melken angeeignet, für den Winter Heu und Birkenruten vorbereitet und den Gemüsegarten vor den Ziegen geschützt. Karp Ossipowitsch hatte, vor Anstrengung ächzend, eine Viehhürde und einen kleinen Stall errichtet. Solange sie beide Hütten bewohnt hatten, waren die Ziegen immer mit ihnen unterwegs gewesen. Leinen waren überflüssig – die Tiere drängten sich anhänglich an die Menschen heran. Die Bären, von denen es hier viele gab, bekundeten ein fortwährendes Interesse an den Ziegen, und diese witterten die Bären, bevor die Menschen sie bemerkten. Zu schaffen hatten den Lykows auch Marale gemacht, die zwei für die Ziegen vorbereitete Heuschober gefressen hatten. So hatte Agafja im Winter Fichtenzweige hacken müssen. Als wir am Feuer ihrer ungekünstelten Erzählung über ihr Alltagsleben des vergangenen Jahres zuhörten, spürten wir, daß die Ziegen hier »gleichberechtigte Mitglieder der Gesellschaft« waren. Ganz abgesehen von der Milch (sie hatte Karp Ossipowitschs Gesundheitszustand zusehends verbessert, er klagte nicht mehr über Leibschmerzen oder sein Ohrenleiden) gab es ein wichtiges Moment, das ihre Anwesenheit hier mit sich brachte. Die Ziege und Agafja waren einander so verbunden, daß eine Trennung, selbst wenn sie nur einen Tag dauerte, für beide schwer zu ertragen war. Während des dreiwöchigen Bemühens, Fische zu fangen, lebte Agafja mit der Ziege unter einem Schutzdach am Ufer, ernährte sich von ihrer Milch, »und geschlafen haben wir zusammen, wir drückten uns aneinander – so war es warm ...«

Das Hauptereignis des Jahres war die Übersiedlung an den Fluß gewesen. Sie hatten die obere Hütte in den Bergen für immer verlassen. Nichts hatten sie im daneben gelegenen Gemüsegarten angepflanzt. Sie suchten diese Behausung nur auf, um irgendwelche Gegenstände, Bücher oder Kleidung zu holen. Den Beweggrund für die Übersiedlung erklärte Karp Ossipowitsch mit den kurzen Worten: »Ohne menschliche Hilfe kommen wir nicht aus. Und der Weg dorthin ist weit.«

Die neue Behausung war gemütlicher als die obere Hütte. Die Diele entlastete den Wohnbereich von den vielen

Körben und Säcken. Und das Zimmer war geräumiger und heller, wozu die beiden in die Stirnwand gehauenen Fenster beitrugen.

Sauberkeit und Ordnung hatten nicht gerade Einzug gehalten, aber so etwas Ähnliches wie ein System. Die neuen Wände waren nicht verräuchert, und an der Zimmerdecke glänzte braunes Holz, um den Ofen war Platz, und der Boden federte nicht mehr wegen des Hanfabfalls unter den Füßen, sondern war gekehrt. Der Platz um den Eisenofen, den ihnen die Geologen geschenkt hatten, war unverstellt und damit brandsicher.

In dieser Nacht geizte Karp Ossipowitsch nicht mit dem Holz und heizte den Ofen ordentlich an. Vor dem Schlafengehen gingen wir noch einmal frische Luft schnappen. Der Rauch aus der Hütte stieg hoch hinauf, und die Milchstraße schien die Verlängerung dieses Rauchs zu sein. Ich zeigte auf den Großen Bären und fragte Agafja, ob sie wisse, wie dieses Sternbild heißt. Agafja sagte: »Der Elch …« Und die Schöpfkelle am Himmel hatte tatsächlich mehr Ähnlichkeit mit einem Elch als mit einem Bären.

Zum Schlafen legten wir uns wie gewohnt auf den Boden. Agafja hatte uns für den Fall, daß wir nachts raus wollten, eine Taschenlampe ans Kopfende gelegt, als ihr plötzlich einfiel: »Leuchtet sie denn?« Die Taschenlampe leuchtete schwach. »Die Batterie ist aufgebraucht.« Mit diesen Worten nahm Agafja eine frische Rundbatterie aus einem Birkenrindenkorb und wechselte sie gegen die alte aus. Nachdem sie sich überzeugt hatte, daß die Taschenlampe nun in Ordnung war, fing sie zu beten an.

»Wie soll man das denn verstehen: Streichhölzer erkennt ihr nicht an und sagt, daß das Sünde ist. Eine Batterie aber ist für euch keine Sünde?« fragte Jerofej mit einem Seitenblick auf Nikolai Nikolajewitsch und mich. Agafja blieb ihm die Antwort schuldig und unterstrich lediglich, Streichhölzer (»Schwefelchen«) seien in der Tat sündhafte Dinge.

Wir lauschten Agafjas Gebet, das sie hier und da unterbrach, mal um die Katzen anzuzischen, dann wieder um auf Jerofejs unerwartete Fragen zu antworten, und schliefen dabei ein.

Am Morgen hüpften Jerofej und ich uns am Lagerfeuer warm und liefen dann zum Fluß hinunter, um das zurückgelassene Gepäck zu holen. Eine Stunde später überreichten wir bei der Hütte die Moskauer Geschenke. Agafja kam uns um eine Minute zuvor – sie hielt ein blaues Hemd in Händen. Jerofej hatte mir geschrieben, daß Agafja ein Geschenk vorbereitete. Nun übergab mir die Meisterin mit einem Lächeln ihr Erzeugnis und wünschte, daß ich das Hemd auf der Stelle anprobierte. Ich mußte gehorchen. Alle befanden wie aus einem Mund: »Diese Neuerwerbung wird ewig halten, es fehlt nur ein Gürtel!« Agafja huschte in die Hütte, und schon hatte ich einen Gürtel umgebunden... Wie sich herausstellte, hatte Agafja auch einigen Geologen, darunter Jerofej, aus Dankbarkeit für ihre Hilfe solche Hemden genäht.

Anschließend öffneten wir den Karton, den ich aus Moskau mitgebracht hatte. Der Alte und Agafja schauten mit abwartender Vorsicht zu, und ich befürchtete schon zu hören: »Uns ist das nicht möglich.« Doch diesmal wurde alles dankbar angenommen. Als erstes ein Fläschchen Teer. In ihrem Brief hatte Agafja gebeten, dieses Produkt aufzutreiben, das sie zum Einreiben von Wunden und Kratzern benötigten. Diese Bitte war schwer zu erfüllen. In dem den Lykows unbekannten Leben war man längst von Teer auf andere Heilmittel übergegangen.

Geholfen hatte mir Alexander Iwanowitsch Burlow, ein Moskauer Taxifahrer, dem ich zufällig von meinem Kummer erzählt hatte. Als er begriffen hatte, worum es ging, sagte er: »Das beschaffe ich Ihnen, und wenn ich es aus der Erde buddeln muß!« Und tatsächlich hat er es aufgetrieben.

Nach dem Teer und einem Bündel Kerzen kamen die Geschenke an die Reihe, die ich auf dem Moskauer Butyrski-Kolchosmarkt besorgt hatte. Äpfel kannten die Lykows von ihren Besuchen bei den Geologen. Die Paprikaschoten befingerten sie mißtrauisch, aber offensichtlich fanden sie, daß sie mit ihrer Annahme Gott keinen allzu großen Kummer bereiteten. Als er die Melonen sah, fragte Karp Ossipowitsch: »Kürbisse?« Die Wassermelone machte beide stutzig. Wir mußten ihnen erst erklären, was das war.

Jerofej Sedow. Der Bohrmeister half den Lykows uneigennützig und gern.

Karp Ossipowitsch ordnete an, alles, was sie angenommen hatten, hinunter an den Bach zu bringen. Und beim Mittagessen wurde ich zu den Lykows an den Tisch gerufen, um sie zu beraten. Ich zeigte ihnen, wie man die Wassermelone schneidet, und sagte: »Eßt das, was rot ist.« Als Nikolai Nikolajewitsch und ich zehn Minuten später einen Blick in die Hütte warfen, sahen wir, daß sowohl das Rote als auch das Weiße verschwunden und nur das Grüne geblieben war.

Auf unser Angebot, mit der Kartoffelernte anzufangen,

antwortete Agafja: »Das wird nichts Gescheites, am Sonntag darf man nicht arbeiten.« Daraufhin gingen Nikolai Nikolajewitsch und Jerofej mit einem Gewehr in die Taiga, mich aber lud Karp Ossipowitsch in die Hütte ein, wo er eine Papierrolle aus einem Hängeregal nahm. Es handelte sich um eine Reproduktion von Surikows Gemälde *Abschied der Bojarin Morosowa*, die ihnen von irgendwem über Jerofej zugeschickt worden war. Den Fingerabdrücken nach hatten Agafja und ihr Vater dieses Bild nicht nur einmal fleißig angeschaut. »Zu den Qualen bringen sie sie...«, sagte der Alte und strich mit den knotigen Fingern über das Bild. Ich erzählte, wann das gewesen war, und erklärte, wer hier Mitleid mit der Bojarin hat, und wer über sie lacht. »Man sieht doch gleich, wer ein wahrer Christ ist... Man fährt doch heute in Moskau nicht mehr mit dem Schlitten, oder?« fragte der Alte, als er das Bild zusammenrollte.

Das war eine günstige Gelegenheit, ein offenes Gespräch zu führen, und vorsichtig fragte ich, ob Karp Ossipowitsch es nicht bedauerte, daß sich sein Leben so gestaltet hatte, wie es war. »Was gibt es da zu bedauern, wir haben wie Christen gelebt...« Ob er es vielleicht bedauerte, mit der »Welt« in Kontakt gekommen zu sein und daß das Leben, vor dem sie sich versteckt gehalten hatten, ihnen nun so nahe gekommen war? »O nein, Wassili Michailowitsch, in den ganzen sieben Jahren ist uns nichts Schlimmes durch die Menschen widerfahren. Gott sei es gedankt – wir erfahren nur Gutes.«

Aus dem Gespräch wurde klar, daß die Lykows anfänglich Angst vor »Christenverfolgung« gehabt hatten. Die Gestalt der Bojarin Morosowa vermittelte ihnen nun ein reales Bild von einer solchen Verfolgung. Ihnen selbst aber war nichts dergleichen geschehen. Hatte sie die Freundlichkeit, mit der die »Welt« auf sie zuging, zunächst verlegen gemacht, so nahmen die Lykows diese nun als etwas Selbstverständliches. Obwohl sie weiterhin viel arbeiteten, waren sie in vielem auf die Hilfe der Geologen angewiesen. In diesem Jahr zum Beispiel hatten sie, trotz möglicher baldiger Schneefälle, keine Eile, die Kartoffeln zu ernten, und ließen sie in den Furchen gut reifen. Sie wußten, wenn die Geologen Hilfe versprochen hatten, dann würden sie auch kommen. Die Geologen versorgten die Lykows mit Salz und Grütze (dieses Jahr hatten sie sie überzeugen können, ihr Kartoffelbrot zu vergessen und einen Sack Mehl anzunehmen), sie hatten sie mit Kleidung und Alltagsinventar versorgt. Man hielt sich streng an das Motto, »zu helfen, wo es nötig ist, aber keinen Zwang auszuüben«. In diesen sieben Jahren hatte es bei den Arbeitern auf der Bohranlage einige personelle Wechsel gegeben, die Beziehungen zu den Lykows aber hatten sich erhalten.

Über das besondere Verhältnis von Jerofej Sasontjewitsch Sedow zu seinen »Patenkindern« habe ich bereits einiges gesagt. Er besuchte die Lykows regelmäßig im Winter und im Sommer. Dieses Jahr war ihm eine berufliche Verbesserung vorgeschlagen worden, bei der er jedoch an einem anderen Bohrabschnitt eingesetzt worden wäre. Er hatte darauf verzichtet: »Ich kann die Lykows nicht im Stich lassen.«

Dabei ging es nicht nur um materielle Hilfe. Die Lykows hatten offensichtlich auch ein Bedürfnis nach Kontakten. Da sie sich mit den seltenen Visiten der Menschen nicht zufriedengaben, gingen der Alte und seine Tochter selbst in die Siedlung. Und wenn für Agafja der steinige, fünfzehn Kilometer lange Weg mit den tiefen Furten durch den Fluß mit Leichtigkeit zurückzulegen war, so war er für den über Achtzigjährigen doch eine große Herausforderung. Dennoch ging Karp Ossipowitsch diesen Weg und trug dabei sogar noch einen Sack mit Gastgeschenken für die Geologen: Kartoffeln und Zirbelnüsse ...

In einigen Briefen an mich klang die Befürchtung an, daß die Lykows, die nun einen »unionsweiten Bekanntheitsgrad« erlangt hatten, von Neugierigen überrannt würden. Diese Sorge ist zwar berechtigt, entbehrt aber jeder Grundlage. In der Tat wäre es ein Unglück, wenn Neugierige scharenweise hierher pilgern würden. Aber es gibt sehr verläßliche Hindernisse: die weite Entfernung und die Unwegsamkeit der Taiga. Nur selten gelangt ein Boot von Abasa bis zum Oberlauf des Abakan. Es ist zu gefährlich und mit zu hohen Kosten verbunden, ein Boot und einen Bergführer zu mieten, die einen hierher bringen könnten, als daß man der bloßen Neugier folgen würde. Es gibt noch die Möglichkeit, mit dem Flugzeug bis zur Geologensiedlung zu fliegen. Aber das sind keine Linienflüge der »Aeroflot«. Man darf sich nur mit Erlaubnis des Leiters der geologischen Arbeiten ins Flugzeug setzen, mit diesem aber hatten wir uns bereits ganz am Anfang über einen strengen »Filter« verständigt. Diese Situation hatten wir auch vor drei Jahren in Taschtyp mit dem Parteisekretär des Rayonkomitees, Afanassi Iwanowitsch Kyshinajew, eingehend besprochen und vereinbart, daß Flugzeuge nur mit seiner Genehmigung andere Passagiere als die Geologen in die Siedlung bringen dürfen.

Seit den ersten Veröffentlichungen in unserer Zeitung waren nur wenige Besucher zu den Lykows gekommen: ein Arzt und ein Künstler aus Krasnojarsk, Sprachwissenschaftler aus Kasan und die Brandschutzleute, die ihnen den Hüttenanbau gemacht hatten. Alle Besucher hatten den »Aborigines« nicht nur keinerlei Aufregung gebracht, sondern ihnen vielfach geholfen, so daß man sie in guter Erinnerung hat.

Die Atmosphäre unseres letzten Gesprächs erlaubte es, ein schwerwiegendes und wichtiges Problem anzusprechen, und so fragte ich, was geschehen solle, wenn einer der beiden Hüttenbewohner sterben würde. Der Alte antwortete, daß er hier zu sterben gedenke. Agafjas Schicksal aber macht ihm große Sorgen. Er ist sich darüber im klaren, daß sie unmöglich allein in der Taiga leben kann. Auch eine Übersiedlung in die »Welt« ist für ihn undenkbar – »nach unserem Glauben ist das nicht möglich«. Als Ausweg erträumt sich der Alte, irgendeinen Glaubensbruder herzulocken, aber seine Lebenserfahrung spricht dagegen: Da ist niemand, der in das Taigaloch hineinkriechen möchte.

Auf unsere Veröffentlichungen hin meldeten sich altgläubige Verwandte der Lykows aus dem bergigen Schoria. Einer von ihnen kam Agafja und den Alten besuchen und lud sie ein, bei ihm zu leben. Diese Möglichkeit, Agafja unterzubringen, läßt der Alte nicht aus den Augen. Er gab mir die Adresse und bat mich, dem Verwandten zu schreiben: »Erkundigen Sie sich in kluger Weise nach dem Leben dort, ob es für Agafja nicht zu bedrückend ist.« Damit ging unser Gespräch zu Ende...

Als Jerofej und Nikolai Nikolajewitsch aus der Taiga zurückkehrten, war es Agafja, die die Papierrolle mit der *Bojarin Morosowa* auseinanderrollte. Wieder gab ich Erläuterungen, wobei ich mir Einzelheiten des Bildes durch die Brille ansah. Karp Ossipowitsch zeigte Interesse für die Brille, setzte sie selbst auf und entdeckte verwundert, daß er damit »*basko*« sieht. »Na, dann werde ich Ihnen eine Brille schicken!« Der Alte sagte verlegen: »So etwas ist doch teuer.«

Als ich mich erkundigte, ob ich Agafja aus Moskau etwas schicken solle, schüttelte sie den Kopf – sie habe alles. Verstohlen gab sie mir dann aber sogleich zwei schwarze Knöpfe und ein Knäuel rotes Garn:

»So etwas bräuchte ich...«

»Wozu brauchst du rotes Garn?«

Statt einer Antwort nahm Agafja aus einem Tujesok einen kunstvoll geflochtenen, schwarz-rot gemusterten Gürtel heraus. Mit solchen Gürteln beschenkte sie die Köchinnen, die sie in der Siedlung willkommen hießen...

Mein herzliches Verhältnis zu den Lykows stellte mich

vor ein Problem. Bei unserer ersten Begegnung hatte ich heimlich Fotos gemacht und mich damit über ihre Unduldsamkeit gegenüber fotografischen »Maschinchen« hinweggesetzt. Wenn ich jetzt, wo unsere Beziehungen enger geworden waren, den Fotoapparat auf sie gerichtet hätte, wäre das ein Vertrauensbruch gewesen. So hielt ich der Versuchung stand und machte lediglich Aufnahmen von der Hütte, den Ziegen, der Taiga, dem Gemüsegarten...

Als wir uns von den Lykows verabschiedet hatten, beschlossen wir, der nun verlassenen oberen Hütte einen Besuch abzustatten. Auf den kleinen Lichtungen neben dem Pfad wurden Heu und Birkenruten für die Ziegen getrocknet. Weiter oben trafen wir ständig auf Tierspuren.

Das aufgegebene »Gut« empfing uns mit Stille. Die Eingangstür war mit einem Pfahl abgestützt. Wir gingen durch die niedrige Tür und standen in der von unseren früheren Besuchen noch vertrauten Finsternis. Einige Haushaltsgegenstände waren noch hiergeblieben. Und alles verströmte den unausrottbaren »lykowschen Geruch« – eine Mischung aus Rauch, ungelüftetem Raum, saurer dicker Suppe, weißgegerbtem Leder und alter Kleidung...

Wir stützten die Tür wieder ab und gingen auf den bereits verwilderten Wegen durch den verwaisten Gemüsegarten. In der Stille hörte man das Wasser eilig über die Steine laufen. Bevor wir aufbrachen, verweilten wir etwa zehn Minuten am Bach.

Im Wasser schwammen gelbe Blätter, eine Schnepfe tänzelte lebensfroh auf den Steinen. Jerofej konnte an den Fußspuren und dem Kot feststellen, daß das »Gut« bereits von Bären und Moschustieren aufgesucht wurde – die Taiga hatte begonnen, alles wieder zu verschlingen, was ihr durch unermüdliche Arbeit, durch ein zufälliges Leben, das hier vierzig Jahre mit kleiner Flamme gebrannt hatte, abgetrotzt worden war.

AGAFJAS ODYSSEE

März 1986

Nach meiner Rückkehr aus der abakanischen Taiga schrieb ich sofort an Anissim Nikonowitsch Tropin, den Verwandten der Lykows aus dem Schoriagebirge. Ich schrieb folgendes: »Wenn Sie, Anissim Nikonowitsch, die Lykows von Herzen und nicht aus reiner Höflichkeit eingeladen haben, bei sich zu leben, dann bestätigen Sie bitte Ihre Einladung. So wird man wissen, was zu unternehmen ist, wenn dort in der Taigahütte einer der beiden mit dem Alleinsein konfrontiert ist.«

Ich wartete noch auf die Antwort, als plötzlich ein Anruf aus Abakan kam: »Agafja ist zu ihrer Verwandtschaft geflogen. Der Alte ist allein zurückgeblieben!« Einzelheiten wurden nicht mitgeteilt, aber ich konnte mir denken, daß sie einen Besuch machte. Nach einer Woche bestätigte ein ganzer Stapel Briefe diese Vermutung. Über das außergewöhnliche Ereignis schrieben mir Anissim Nikonowitsch Tropin, Jerofej, der Pilot aus der Siedlung Taschtyp, Wladimir Iwanowitsch Abramow, und Nikolai Petrowitsch Prolezki, Fotograf aus Abasa. Daraus ergab sich folgendes Bild:

Als Anissim Nikonowitsch meinen Brief erhalten hatte, rief er die Verwandtschaft zusammen, und man beschloß, unverzüglich zu den Lykows zu fahren, um sie zu überreden, zu ihren Glaubensbrüdern überzusiedeln. Zu dritt machten sie sich auf die Reise, unter ihnen auch Anissim selbst.

Die Delegation brauchte vierundzwanzig Stunden, bis sie bei den Lykows war. Nachdem er seine Verwandten angehört hatte, sagte Karp Ossipowitsch, wie schon bei ihrem ersten Besuch, entschieden: »Nein, in der Welt ist es uns nicht möglich.« Dieses Mal aber bekam die Einigkeit von Vater und Tochter einen Riß: Agafja bekundete Interesse an der Einladung. Nach Anissim Nikonowitschs Brief zu urteilen, kamen in der Taigahütte Debatten auf, die die ganze Nacht nicht verstummten. »Es kam zu einem großen...« Was hier nicht ausgesprochen ist, kann man nur erraten. Ob die Verwandtschaft dem Alten Vorwürfe machte? Ob sie triftige Argumente anführte, die für Agafja überzeugend, für den Alten aber unannehmbar waren?

»Der Onkel«, schreibt Anissim, »heulte plötzlich auf wie ein Wolf. Wir schauten uns an: Was hat er bloß?«

»Das kommt jetzt häufiger bei ihm vor«, sagte Agafja.

Den Verstand hatte Karp Ossipowitsch jedoch nicht verloren. Gegen den vorgeschlagenen Kompromiß: »Dann soll doch Agafja für eine Weile zu uns zu Besuch kommen«, legte er sein Veto ein: »Und wie soll sie dahin kommen? Mit dem Flugzeug? Für das Flugzeug gebe ich meinen Segen nicht!« Der elterliche Segen war für Agafja eine ernsthafte Angelegenheit, und sie begann ihren Vater sanft zu bitten, sie wenigstens für ein bis zwei Wochen gehen zu lassen. Der Vater beharrte auf seinem Standpunkt. Aber Agafja fand die Kraft, ihm den Gehorsam zu verweigern: »Papachen, ich möchte sehen, wie die Menschen leben...«

Für Karp Ossipowitsch schlachteten sie den Ziegenbock und stellten ihm einen Brennholz- und Wasservorrat bereit. Jerofej übernahm die Verpflichtung, den Alten öfter zu besuchen, solange er allein war...

»Ich wunderte mich, als ich auf dem Flugplatz der Geologensiedlung eine Ansammlung von Menschen sah. Es war noch nicht Schichtende, so daß niemand fliegen mußte«, schreibt der Pilot Wladimir Abramow. »Als ich Agafja in der Menge entdeckte, wunderte ich mich noch mehr. Eine Woche zuvor hatte ich sie in der Siedlung gesehen, sie hatte die Geologen besucht und uns Piloten mit Rüben und Nüssen beschenkt. Hatte sie innerhalb einer Woche wieder eine solche Sehnsucht nach der Siedlung bekommen? Schließlich war es doch kein Spaziergang von der Hütte hierher. Aber völlig platt war ich, als ich hörte, daß Agafja mitfliegt. Von allen Seiten schrie man auf mich ein, ich sollte bloß vorsichtig sein, jedes Rütteln vermeiden... Agafja ging zu unserer ›Annuschka‹, segnete die Tür und ließ sich von zwei bärtigen Männern beim Einsteigen helfen. Und dann saß sie neben mir im Cockpit, angeschnallt. Ihr war nicht die mindeste Angst, noch nicht einmal Anspannung anzumerken. Sie lächelte vertrauensvoll wie ein Kind ... Den ganzen Flug über beobachtete ich sie von der Seite – eine ganz gewöhnliche Passagierin! Nur gekleidet war sie etwas merkwürdig: zu große Filzstiefel, ein leichtes Mäntelchen, ein riesiges Kopftuch... Als wir zur Landung in Abasa ansetzten, sah ich, daß sie sich unter den Mantel griff. Ich dachte mir, daß sie mit dem Herzen Probleme hat. Aber sie zog eine große Taschenuhr hervor und ließ sie aufspringen. Dann zeigte sie ihren Reisegefährten, wie lange wir geflogen waren.«

Der Fotograf Prolezki teilte mit: »Ich habe Agafja die Uhr geschenkt. Und sie hat sie angenommen. Sie hat ihr so gefallen, daß sie keinen Schritt mehr ohne sie macht. Ständig holt sie sie hervor und schaut sie an.«

Gleich nach der Landung zeigte man Agafja ein Auto, ein Pferd und eine Kuh. Mit einem »Shiguli« brachte man sie und ihre Verwandten zum Bahnhof.

Anissim Nikonowitsch Tropin entschuldigt sich in den ersten Zeilen seines Briefes für seine Schrift. »Als wir von den Lykows zum Fluß hinuntergingen, habe ich mit meinem Hosenboden etwa zwanzig Meter weit die Felsen poliert und mir ein wenig die Hand verletzt.« Dennoch beschreibt Anissim Nikonowitsch ausführlich, wie er Agafja die Eisenbahn zeigte: »Das hier sind Gleise... Das ist eine Hütte auf Rädern, in der wir fahren werden.« Im Waggon hat er ihr gezeigt, wie man das Licht anschaltet und wie man das Bett macht. Die Zugbegleiterin hat er gebeten, den Passagierneuling mit der Bedienung der Toilette vertraut zu machen. »In der Nacht haben wir nur ein kurzes Nickerchen gemacht. Das Abteil war voll mit Menschen, nachdem bekannt geworden war, wer dort mitfuhr. Agafja hielt sich tapfer. Sie scherzte sogar mit den Mitreisenden.«

So erreichten sie Nowokusnetzk. Drei Stunden dauerte es bis zum Anschlußzug. Sie hatten Zeit, die Stadt anzuschauen. »Wir zeigten ihr die Straßen mit den großen Häusern, Straßenbahnen, Oberleitungsbussen. Wir fuhren sie zum Zentrum, um ihr den Neujahrstannenbaum zu zeigen. Agafja schaute sich alles schweigend an, aber ich spürte, daß sie aufgeregt war. Sie seufzte. Und sagte von Zeit zu Zeit: ›Wundervoll!‹«

Nach der Zugfahrt setzten die Verwandten ihren Weg mit dem Auto und dann mit dem Schlitten fort...

Einen Monat lang lebte die Taigabewohnerin bei ihrer Verwandtschaft. Diese war, wie sich herausstellte, sehr zahlreich: eine Tante (eine Schwester ihrer Mutter), Kusinen, Neffen, der Schwager von Karp Ossipowitsch. Alle wollten natürlich Agafja sehen und ihr Gutes tun. Einer nach dem anderen luden sie sie zu sich ein. Agafja machte Bekanntschaft mit der Banja, sauberen Betten und gutem Essen, das sie nicht ablehnen durfte. Es gab Tränen und Scherze. Es wurde viel gelacht, und Agafja war die Anstifterin. Ihre gesundheitlichen Beschwerden behandelten die Verwandten mit Hausmitteln. Sie verwöhnten sie mit allerlei Leckerbissen. Und nähten ihr Kleidung, die richtig paßte.

Einen Monat lang war Agafja in der »Welt« zu Gast: Am 21. Dezember war sie in der Siedlung angekommen, und am 21. Januar fuhr sie wieder ab. »Den ganzen Morgen schaute sie aus dem Zugfenster. Ich sagte ihr, das Fenster sei wie ein Fernsehapparat. Und sie lachte, weil es für sie wirklich ähnlich war.«

In Abasa bot Nikolai Petrowitsch Prolezki dann an, Agafja und ihre Verwandten vor der Fahrt zum Flugplatz in seinem »Shiguli« durch die Stadt zu fahren. »Wir gingen ins Kaufhaus. Ich wollte sehen, wie Agafja diese Fülle an Notwendigem und weniger Notwendigem aufnehmen würde... Sie betrachtete alles mit Neugier, aber nicht fassungslos. Sie staunte über die Auswahl an Stoffen, Kleidung und Schuhen. Am längsten jedoch hielt sie sich bei den Regalen auf, in denen Kochtöpfe, gußeiserne Gefäße und Bratpfannen standen. Sie zeigte auf einen Samowar: ›Und was ist das?‹ Ich schlug ihr vor, sich etwas auszusuchen, das sie im Haushalt gebrauchen könnte. Sie wählte eine verzinkte Wanne. Ich dachte, das sei eine Folge ihrer Bekanntschaft mit der Banja, aber wie sich herausstellte, brauchte

Die nächsten Verwandten der Lykows. Sie haben sich nach der ersten Veröffentlichung gemeldet.

sie sie, um ›die Ikonen zu weihen‹. In dem großen Spiegel des Geschäfts sah Agafja sich selbst mit der Wanne, ihren Verwandten und mir. Dieses Spiegelbild amüsierte Agafja sonderbarerweise sehr. Sie stampfte vor dem Spiegel mit ihrem Filzstiefel auf, zupfte an ihrem Kopftuch, nahm die Schüssel von einer Hand in die andere... Mit der Wanne unter dem Arm stieg sie, nachdem sie sich bekreuzigt hatte, ins Flugzeug.«

»Zufällig flog ich die ungewöhnliche Passagierin auch wieder zurück«, schreibt der Pilot Abramow. »Wieder beobachtete ich sie. Und ich muß gestehen, daß ich verblüfft war: Sie saß im Flugzeug, machte ein fröhliches, ruhiges Gesicht und schaute aus dem Fenster, als wäre sie schon tausendmal geflogen. Am meisten beschäftigte sie die gekaufte Schüssel.«

Die Verwandten begleiteten ihren Gast bis an die Türschwelle des Taigahauses. »Karp Ossipowitsch sah uns und lief uns erfreut entgegen. Wir versuchten noch einmal, ihm zuzureden. Er aber winkte entschieden ab: ›Ich werde hier sterben.‹ Und Agafja wischte sich bei diesen Worten eine Träne aus dem Auge.« Weiter schreibt Anissim Nikonowitsch, daß in den Fallgruben, die fünf Jahre lang nichts gefangen hatten, am Vorabend von Agafjas Rückkehr ein großer Maral saß.

Jerofej, der Karp Ossipowitsch während Agafjas Abwesenheit besuchte, schreibt: »Der einsame Alte hatte eine unbändige Sehnsucht. Als ich kam, fiel er mir um den Hals und weinte: ›Allein, ganz allein...‹.«

Jerofej mußte einen riesigen Sack Geschenke, die die Verwandten für Agafja gesammelt hatten, vom Flugzeug zur Hütte schleppen. Und natürlich fing der neugierige Jerofej sofort an, die Reisende zu, wie er schreibt, »interwiefen«. »Wie eine Erstkläßlerin kann sie nun viele neue Wörter. Sie spricht sie sehr witzig aus und benutzt sie nicht immer an passender Stelle. Was hat sie am meisten beeindruckt? Nicht das Flugzeug. Der Zug und das Pferd! Sie erzählt, wie der Waggon schaukelte, was für Bänke es dort zum Schlafen gibt, wie warm und sauber es war und was sie durchs Fenster gesehen hat. Und voller Begeisterung erzählt sie, wie sie ›auf dem Roß saß‹, wie der Schnee unter den Kufen knirschte, wie kleine Jungs neben der Straße Ski fuhren, wie sie ein einjähriges Mädchen, die Tochter ihrer Nichte, im Arm hielt. In der Stadt verblüfften sie am meisten die vielen Menschen: ›Da sind so viele Menschen, wie die Mücken!‹ Mit der Reise ist sie sehr zufrieden. Zum Vater hat sie ein gespanntes Verhältnis. Der Alte ist ihr böse, weil sie ungehorsam war. Sie dagegen wäre, das kann man spüren, mit Freuden bei ihrer Verwandtschaft geblieben.«

Bei seinem nächsten Besuch fand Jerofej den Alten und Agafja krank vor. »Sie haben sich schwer erkältet.« Jerofejs Brief liegt ein Blatt mit altkirchenslawischen Druckbuchstaben bei: »Ich war sehr krank, bin aber wieder wohlauf. Aber Papa liegt... Gott segne dich für die Batterien, für das rote Garn, für die Grütze und die Brille...« Und dann folgen ein paar Wörter über ihren Besuch bei den Verwandten: »Einen Monat lebte ich ruhig und gut.«

Danach kamen weitere Briefe von Jerofej. Im vergangenen Winter war er oft bei den Lykows gewesen. Die Erkältung der beiden hatte ihn sehr beunruhigt. Er brachte ihnen allerlei Kräuter und zwang sie, heiße Fußbäder zu nehmen. »Es wäre gut, sie mit Essen zu unterstützen. Doch sie nehmen nach wie vor nichts außer Grütze. Aber das Hirschfleisch hat gut geholfen. Die Falle, die einige Jahre geschwiegen hatte, ist zur rechten Zeit zugeschnappt. Das Fleisch ist gut geschnitten und im Kornspeicher versteckt. Nur eine Gefahr droht: Der Bär könnte es wittern.«

Zwei Personen, ein Pflanzenzüchter und ein Gemüsegärtner aus der Gegend von Moskau, bombardierten mich mit Briefen, in denen sie darum baten, Samen der lykowschen Kartoffeln zu bekommen. Jerofej, der darüber informiert war, erzählte Agafja, worum es ging. Und sie suchte sorgfältig eine Kartoffel nach der anderen aus, erklärte ausführlich, wie sie die Kartoffeln setzen, wie sie sie für die Saat aufbewahren, wie sie sie trocknen...

An ihren Besuch bei den Verwandten erinnert man sich in der Siedlung wie an ein großes Ereignis. Anissim Nikonowitsch Tropin schickt mir einen Brief, in dem er Einzelheiten über Agafjas Gespräche mit der Verwandtschaft und über ihre Eindrücke vom »weltlichen« Leben mitteilt, wobei er sich dafür entschuldigt, daß ihn sein Gedächtnis manchmal im Stich läßt. »Ich habe vergessen, Ihnen zu sagen: Sie hat eine Kuh gemolken! Über dieses Tier hatte sie vieles von ihrer Mutter gehört. Und gleich am ersten Tag wollte sie eine Kuh anschauen. Sie ging hin und schaute sie sich an und bekam Lust, sie zu melken. Kühe spüren einen Fremden sofort und nehmen ihn nicht immer an. Hier aber sahen wir, daß alles in Ordnung war: Die Kuh hielt still... Wir tranken frische Milch mit Weißbrot. Agafja lobte sie sehr. Jedoch fügte sie hinzu, daß Ziegenmilch ›stärker‹ sei.«

Weiter schreibt Anissim Nikonowitsch: »Die ganze Verwandtschaft hat Agafja sehr herzlich empfangen und ist jederzeit bereit, sie bei sich aufzunehmen.«

IM WINTER UND IM SOMMER

Oktober 1986

Die Briefe, die ich von Agafja bekomme, enden immer gleich: »Wassili Michailowitsch, seien Sie willkommen bei uns in der Taiga.«

Aus verschiedenen Gründen hatte ich in diesem Herbst keinen Besuch in der Einsiedelei vor. Aber die Briefe und Anrufe unserer Leser drängten mich dazu – trotz aller großen Ereignisse nahmen die Menschen weiterhin am Schicksal der »Vergessenen« Anteil, die in der Taiga festsaßen. »Wie geht es ihnen dort?« Mit dieser Frage schlossen alle Briefe. Mein Entschluß jedoch, die Lykows erneut zu besuchen, wurde durch einen Brief Agafjas ausgelöst. Dieses Mal lud sie nicht ein, sondern sie bat mich zu kommen.

Es war gerade kein Hubschrauber da, der in unsere Richtung geflogen wäre. So reduzierten wir das Gewicht unserer Rucksäcke so weit wie möglich und machten uns von der Geologensiedlung aus zu Fuß auf den Weg längs des Abakan. Der Fluß war zum Herbst seichter geworden, so daß wir ihn an den Furten passieren und auf diese Weise unseren Weg abkürzen konnten. Es war ein wunderbarer Tag. Die Taiga erstrahlte in gelbem Birkenlaub, stellenweise unterbrochen von dunklen Zirbelkiefern und Fichten und den roten Flekken der Ebereschen in der gelbgrünen Bergschlucht. Und über all dem stand ein stechend blauer Himmel.

In den letzten sechs Jahren hatte man von der Geologensiedlung flußaufwärts einen Pfad getreten. Genau auf der Hälfte des Weges hatte Agafja vor zwei Jahren einen Kornspeicher errichtet, der fast so aussah wie das »Hüttlein auf Hühnerfüßchen«[1]. Agafja mußte die schwere Arbeit ganz allein verrichten, und sie war meisterhaft ausgeführt: Der stabile Bau steht auf zwei hohen Zirbelkieferstümpfen und hat eine angebaute Leiter. Dort oben unter dem Dach findet man Zuflucht vor Regen und winterlicher Feuchtigkeit. Man kann sich auf einer mit kleinen Fichtenzweigen gefüllten Matratze ausruhen. Auch eine zusammengerollte alte Decke findet man dort und ein Säckchen mit Grütze. An einer vereinbarten Stelle sind Streichhölzer versteckt. In dieser »Station« ruht sich Agafja aus, wenn sie zu den Geologen geht, und kocht sich Kartoffeln oder einen Johannisbeertee. Aber der Hauptzweck dieses kleinen »Stützpunkts« in der Taiga ist, Schutz vor Unwetter zu gewähren. Und weil Jerofej am häufigsten und bei jedem Wetter hierher kommt, wird dieser Unterschlupf auch hauptsächlich von ihm genutzt.

»Wir werden jetzt Tee trinken«, sagte Jerofej und machte ein kleines Feuer unter dem aufgehängten Kesselchen.

Wir waren zu dritt. Am Feuer saß neben Jerofej der Krasnojarsker Arzt Igor Pawlowitsch Nasarow. Er besuchte die Lykows seit 1980 regelmäßig. Agafjas erste Bitte an den Doktor war, ihren »Arm zu heilen«. Erwärmungen durch Paraffin und das Einreiben mit Salben hatten ihre Schmerzen verringert. Dies verschaffte dem Doktor aus Krasnojarsk sofort Autorität. Diese wuchs noch, als Igor Pawlowitsch davor warnte, zu viele Schneeballbeeren zu essen, weil »es den Blutdruck senkt«. »Wir hörten darauf«, sagte Agafja, »und sofort kamen wir zu Kräften«. Und in diesem

1 In russischen Märchen häufig wiederkehrendes Bild; in etwa vergleichbar mit dem Hexenhäuschen in deutschen Märchen (A. d. Ü.).

Sommer kam Agafja zu den Geologen gelaufen: »Ist es nicht möglich, Igor Pawlowitsch irgendwie zu benachrichtigen? Papachen hat sich das Bein beschädigt. Er läuft nicht mehr.« Igor Pawlowitsch hatte gerade Urlaub, so daß es ihm möglich war, zusammen mit einem Traumatologen innerhalb von vierundzwanzig Stunden zur Stelle zu sein.

Der Alte war von der Ofenbank gefallen und hatte sich das Kniegelenk verletzt. Karp Ossipowitsch konnte sich nicht mehr bewegen und »ließ unter sich«. Die Besucher empfing er hoffnungsvoll und sagte: »Helfen Sie mir, wenn Sie können.«

Die Ärzte legten einen Gips an und wiesen Agafja an: »Wenn wir zum 10. September nicht wieder hier sind, mußt du ihn selbst abnehmen...«

Jerofej wußte auch etwas zu berichten. Im Februar benachrichtigten Piloten die Geologen, daß bei den Lykows irgend etwas passiert sein mußte, da weder eine Rauchfahne noch Spuren zu sehen waren. Jerofej machte sich unverzüglich auf den Weg... Er fand Agafja und den Alten in ihren ganz mit Rauhreif bedeckten Betten. Beide hatten keine Kraft aufzustehen.

Wie sich herausstellte, hatte Karp Ossipowitsch eine Woche zuvor, noch halb im Schlaf, mit dem Fuß die Tür aufgestoßen. In die stark erhitzte Hütte drang die Taigakälte ein, und die Schlafenden lagen im Frost. »Wenn ich einen oder zwei Tage später gekommen wäre, hätte man einen Schlußstrich unter diese Taigageschichte ziehen können.«

Jerofej hatte die Kranken fast gezwungen aufzustehen und sich die Füße in Senfwasser zu wärmen. Er rieb Rettich und kochte einen Sud aus getrockneten Brennesseln, Tannenzweigen und Wacholder... »Langsam kamen wir mit Jerofejs Hilfe aus der Not heraus«, hatte mir Agafja im März geschrieben.

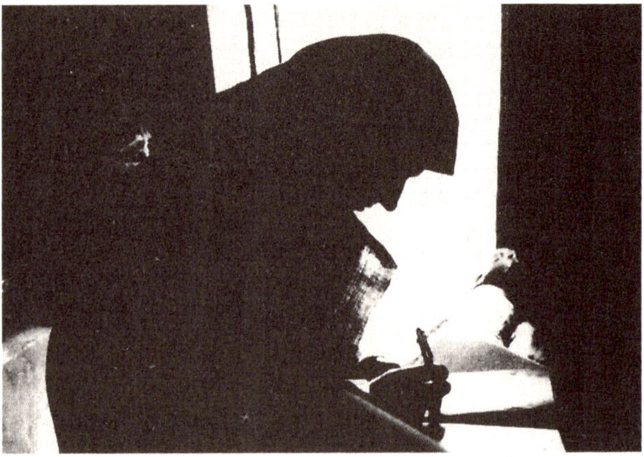

Agafja beim Schreiben.

Wir stiegen erst dann zur Hütte hinauf, als nur noch die Berggipfel in der Sonne glühten... Sommerlich grünte der Gemüsegarten... Eine Katze schoß in das Gebüsch hinter dem Schuppen... Die Ziege meckerte kläglich... Die Hüttentür stand ein wenig auf.

»Hier ist Besuch für euch«, meldete sich Jerofej wie gewohnt.

Bei dem Licht, das durch die beiden Fensterchen sickerte, sahen wir zuerst Agafja und dann den von der Ofenbank gesprungenen Karp Ossipowitsch. Beide wollten sich am Sonntag ausschlafen. Agafja lächelte erfreut und leicht verwirrt. Der schlaftrunkene Alte konnte nicht sofort erkennen, wer da gekommen war.

Natürlich konzentrierte sich die Aufmerksamkeit zunächst auf das kranke Bein. Der Gips war ab. Am verabredeten Tag hatte Agafja ihn, ausgerüstet mit Schere und Messer, entfernt. Zu Igor Pawlowitschs Verwunderung lief der Alte zwar am Stock, aber ziemlich unbehindert in der Hütte herum. Er erzählte mir bildreich, wie das Bein im

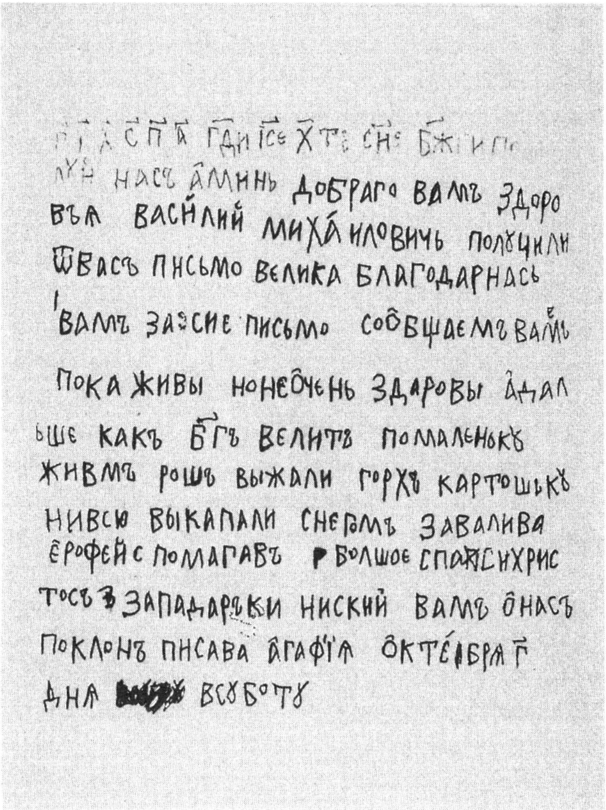
Гдi Iсе Хте Сне Бжiи по
ми нас аминь добраго вамъ здоро
въя Василий Михаилович полуцили
ѿ васъ писмо велика благодарнась
вамъ за сие писмо сообщаемъ вамъ
пока живы но не очень здаровы а дал
ьше как Бгъ велитъ помаленьку
живмъ рошь выжали горхъ картошьку
ни всю выкапали снегомъ завалива
ерофей с помагавъ большое спаси Хрис
тосъ за подарки ниский вамъ о насъ
поклонъ писава Агафiя октебря г
дна [redacted] в субботу

Früher kamen von Agafja relativ häufig Briefe. Nun wird es nur noch wenige Gelegenheiten dafür geben.
Brieftext (im Original ohne Interpunktion):

»Herr Jesus Christus, Sohn Gottes, erbarme Dich unser. Amen. Ihnen eine gute Gesundheit, Wassili Michailowitsch. Wir haben Ihren Brief erhalten. Groß ist unsere Dankbarkeit für Ihren Brief. Wir teilen Ihnen mit: Noch leben wir, sind aber nicht sehr gesund. Wie es weitergeht, liegt bei Gott. Das Leben geht seinen Gang. Der Roggen ist eingebracht. Erbsen und Kartoffeln haben wir nicht ganz geerntet, Schnee hat sie bedeckt. Jerofej hat geholfen. Vielen Dank – Christus rette Ihre Seele – für die Geschenke. Wir grüßen Sie mit einer tiefen Verneigung. Es schrieb Agafja am dritten Tag des Oktober am Samstag.«

»Gips« ausgesehen hatte und wie er fast sechs Wochen lang hatte hüpfen müssen. »Sehr gut, ausgezeichnet. Bei so manchem Sportler dauert es mit dem Heilen länger!« Der Alte legte seine Hand ans Ohr und wollte wissen, was ein Sportler ist. Er verstand zwar die Erklärung nicht, freute sich aber über das Lob. Damit war die Energie des Sechsundachtzigjährigen erschöpft. Er gab Agafja schnell noch ein paar Anweisungen wegen der Zirbelnüsse, der Karotten, des Kwaß und der Rüben, und dann legte er sich ächzend auf die Ofenbank und begann auf der Stelle zu schnarchen.

»Papachen geht es wieder besser«, sagte Agafja. »Er hilft mir, die Psalmen zu lesen. Aber es war schon so weit mit ihm gekommen, daß er sogar anfing, nach Westen zu beten...«

Aus einer Kaffeekanne, die sie geschenkt bekommen hatte, schüttete uns Agafja Kwaß (ein gegorenes Getränk) in Aluminiumbecher. Uns war klar, daß sie das Geschirr von ihren Verwandten mitgebracht hatte. Die »Ausfahrt in die Welt«, über die wir erst noch sprechen sollten, hatte Agafja merklich verändert. Sie hatte schon immer ein natürliches und freies Auftreten. Jetzt aber war sie in ihren Ansichten überzeugter. Ihre Sprache schmückte sie mit Wörtern wie »Shiguli«, »elektrische Schnellbahn«, »Neffen«, »Banja«, »Traktor«, die sie mit dem Anflug eines Lächelns aussprach. Sie war etwas adretter gekleidet. In der Hütte roch es nicht mehr nach Katzenkot, der Boden war gefegt, die Fenster geputzt. Die auffälligste Neuheit hier war ein Wecker. Ich sah, wie Agafja darauf wartete, wann wir die Uhr entdecken würden. Als der ersehnte Moment endlich da war, zeigte sie, wie geschickt sie mit diesem erstaunlichen Mechanismus umgehen konnte...

Am abendlichen Lagerfeuer tauschten wir die Neuigkeiten des vergangenen Jahres aus... Über die Krankheiten sprach Agafja mit einem traurigen Lächeln: »Ich hatte schon Abschied vom Diesseits genommen. Ich lag fröstelnd danieder. Die Katzen hatten mich schon verlassen.

Immer hatten sie bei mir geschlafen, und plötzlich gingen sie zu Papa. Nun, dachte ich, ohne uns erfriert die Ziege, erfrieren die Katzen. Aber Gott schickte uns Jerofej. Und als die Katzen wieder zu mir schlafen kamen, dachte ich: Nun wird mir besser...«

Die Ziege lebte jetzt allein in dem kleinen Stall, denn den Ziegenbock hatten sie, als Agafja im Dezember zu ihrer Verwandtschaft fuhr, geschlachtet, damit Karp Ossipowitsch zu essen hatte... Für die Ziege interessierte sich nun hartnäckig der hiesige Bär. Bei der oberen Hütte hatte er, offenbar angezogen vom Geruch des restlichen gedörrten Fleisches, einen Kornspeicher völlig durchwühlt. Er hatte das dort aufgehängte Maralfell in Stücke gerissen und zu kauen versucht. Und dann fing er an, die Ziege zu belauern. »Wir mußten zwei Schüsse abgeben«, sagte Agafja, als sie uns zu der Stelle unter der Zirbelkiefer führte, wo das Tier aufgetaucht war. Ein großer Haufen Bärenkot bezeugte, daß die beiden Schüsse gehörigen Eindruck gemacht hatten.

»Sollte man denn die Ziege nicht lieber schlachten? Sie gibt ja doch keine Milch mehr, wozu sie noch füttern?« meinte Jerofej.

»Es täte mir leid um sie. Ich habe mich an sie gewöhnt. Und dann der Mist für den Gemüsegarten...«

Gemeinsam entschieden wir, die Ziege zu verschonen, um so mehr, als reichlich Heu vorhanden war. »Wenn große Not mit der Nahrung entsteht, dann müssen wir notgedrungen...«, sagte Agafja, als wäre es eine längst überlegte und beschlossene Sache.

Auch die Katzen waren weniger geworden. Agafja hatte eine einfache Lösung gefunden: sie hatte einen erwachsenen Wurf und eine trächtige Katze als Geschenk zu den Geologen gebracht. Nun laufen in der Geologensiedlung einige auf die Hunde schielende, flinke, kleine, graue Geschöpfe herum. Wenn Agafja erscheint, stürzen sie zu ihr hin und lecken ihr ergeben die Hände. Und das, obwohl eine dieser Katzen bei den Lykows hatte lernen müssen, rohe Kartoffeln zu fressen...

Als wir über die Mißgeschicke dieses Jahres sprachen, erzählte Agafja, wie sie beinahe an Pilzen gestorben wären. »Wir haben jeder nur einen einzigen gegessen...« Wie sich herausstellte, handelte es sich um Hallimasche. Früher hatte Agafja sie gekocht. Jetzt aber, wo sie über so viel Salz verfügte, hatte sie beschlossen, sie einzulegen...

»Man muß sie trotzdem vorher kochen. Das sind doch Hallimasche!«

»Ab jetzt werden wir es wissen...«

Die beiden Marale, die im Winter in die Fanggruben geraten waren, gaben eine gute Ergänzung zu dem Ziegenfleisch ab. Überhaupt sind die Nahrungsprobleme vorüber. Die Lykows backen kein Kartoffelbrot mehr, sondern ein Sauerteigbrot aus Weizenmehl, das die Geologen mit ihnen teilen. Fische gibt es nicht mehr. Dafür ist der Gemüsegarten reichhaltiger geworden. Und natürlich bleiben die Geschenke der Taiga. Freilich ist es für Agafja nicht leicht, deren wichtigstes, die Nüsse, zu sammeln. In diesem Herbst hatte sie sechs Säcke Zirbelkieferzapfen gesammelt und hierzu auf die Bäume klettern müssen. Nun wartet sie auf den »Tuschkena«-Wind, denn danach wird man die Zapfen von der Erde aufsammeln können...

Wir unterhielten uns in aller Ruhe über dies und das... Auf meine Bitte hin hatte mir Agafja im Frühling ein Päckchen für das Institut für Kartoffelzucht geschickt. Jetzt konnte ich berichten, daß die Kartoffeln in der Gegend von Moskau aufgegangen waren und die Wissenschaftler dieser Sorte die Bezeichnung »Lykowsche Kartoffel« gegeben hatten.... Wir kamen auf den mittlerweile dritten Besuch der Linguisten aus Kasan in der Taiga zu sprechen. Agafja kennt jeden einzelnen mit Vor- und Vatersnamen.

Sie erzählte, die Kasaner hätten ihr tagsüber beim Unkrautjäten im Gemüsegarten geholfen, Brennholz gesägt und gehackt, und abends hätte man sich dann lange miteinander unterhalten. Nach Agafjas Erzählungen und den Briefen, die mir die Sprachwissenschaftlerin Galina Pawlowa Slessarewa aus Kasan geschrieben hat, kann ich mir gut vorstellen, wie interessant diese abendlichen Gespräche für beide Seiten gewesen sind. Agafja machte Bekanntschaft mit ihr bis dahin unbekannten Büchern in altkirchenslawischer Sprache, die man ihr mitgebracht hatte (»Mühelos konnte sie das *Igorlied* in der Ausgabe von 1801 lesen«). Die Kasaner ihrerseits gewannen sehr wertvolle Erkenntnisse: An der Sprachstruktur konnten sie Agafjas sprachliche Entwicklung und das Auftreten einer Vielzahl neuer Wörter zurückverfolgen...

»Wassili Michailowitsch, und was habe ich da gehört, was ist in der Nähe von Kiew passiert?« fragte Agafja und stocherte mit einem Stock im Lagerfeuer.[1]

Das war die Frage eines wißbegierigen Menschen. Wie aber sollte ich ihr erklären, was uns alle seit dem April so in Aufregung hielt? Ich mußte alles vereinfachen und mit dem Bild des gußeisernen Topfes auf dem Lagerfeuer operieren.

»Und wenn man noch mehr Brennholz unterlegt und den Deckel mit einem Stein fest anpreßt...«

»Ja, so etwas darf man nicht...«, pflichtete mir meine Zuhörerin bei, die bis heute mit dem Wetzstahl Feuer macht.

Übrigens gibt es hier einen Fortschritt. Auf dem Ofen in der Hütte sah ich eine Schachtel Streichhölzer. Sie haben sie also akzeptiert! Allerdings, wie sich zeigte, mit wesentlichen »ideologischen« Einschränkungen: Um zu

1 Gemeint ist die Reaktorkatastrophe von Tschernobyl am 26. April 1986 (A. d. Ü.).

heizen, darf man das Brennholz auch mit Streichhölzern anzünden, für die Essenszubereitung aber ist der Wetzstahl unabdingbar...

Das Ereignis des Jahres war hier natürlich Agafjas Odyssee – ihre Reise zu den Verwandten.

Aus den Briefen von Jerofej und Agafja sowie des Piloten und der Taschtagoler Verwandten hatte ich bereits eine Vorstellung von der Reise, die für Agafja, wie Jerofej schrieb, »beinahe ein Flug auf den Mars« war. Im Gespräch nun konnte Agafja alles noch genauer schildern.

Es bestätigte sich, daß nicht das Flugzeug, sondern der Zug sie im meisten beeindruckt hatte. »Ein Haus auf Rädern. Sauber. Immerzu klopft es. Und es läuft und läuft. Hinter dem Fenster verschwimmt und flimmert alles...« Auf dieser Reise hat Agafja das Städtchen Abasa gesehen. Sie hat Nowokusnetzk gesehen: »So viele Menschen, so viele Schornsteine!« Sie hat Taschtagol gesehen. Danach fuhr sie im »Shiguli« und mit dem Schlitten...

Einen Monat verbrachte sie bei ihren Verwandten in der Siedlung. Karp Ossipowitsch lebte in dieser Zeit allein. »Er kochte sich Ziegenfleisch und Kartoffeln. Am Tisch neben dem Ofen hatte er ein Zettelchen befestigt, auf dem er Striche machte – er zählte die Tage ohne Agafja«, berichtete Jerofej, der den Alten im Winter hin und wieder besucht hatte.

Empfangen hatte der Alte die Tochter mit Vorwürfen. Doch Agafja, die ihn zum ersten Mal nicht »Papachen«, sondern »Vater« nannte, hatte geantwortet: »Wenn du mir weiter solche Vorhaltungen machst, gehe ich hoch in die Berge, und die guten Menschen werden dich dafür verantwortlich machen...«

Jerofej hatte Probleme mit der Bohranlage, so daß er sich nicht lange bei den Lykows aufhalten konnte. Auch ich hatte es eilig: Ich wollte nach Taschtagol, die Verwandten kennenlernen und klären, inwieweit eine eventuelle Aufnahme Agafjas für sie akzeptabel wäre.

Als uns der Wecker am Morgen geweckt hatte, aßen wir heiße Kartoffeln und packten unsere Rucksäcke. Karp Ossipowitsch verabschiedete uns von der Ofenbank herab und auf den Stock gestützt. Agafja begleitete uns wie gewohnt. Am Fuße des Berges setzten wir uns für kurze Zeit auf einen Stein. Agafja holte einen heimlich geschriebenen kleinen Brief für die Verwandten unter dem Mantel hervor.

»Grüßen Sie alle von mir. Sagen Sie ihnen, wir sind für den Winter gerüstet...«

Den ganzen Weg zu den Verwandten versuchte ich, die Welt mit den Augen Agafjas zu sehen: das Flugzeug... den Zug... die Menschen im Zug... die Dörfer unterwegs... das Gedränge auf dem Bahnhof von Nowokusnetzk... das Umsteigen auf die elektrische Schnellbahn bis nach Taschtagol... die Fahrt mit dem »Gasik«[1] bis zur entlegenen Siedlung in der Taiga...

Die Siedlung Kilinsk gefiel mir sehr. Alles war so, wie Agafja es beschrieben hatte: »Sie leben in guten Häusern, essen gutes Brot.« In jedem Hof gab es unbedingt ein Pferd und eine Kuh (manchmal auch zwei!). Auf den grünen Straßen liefen Schafe, Truthähne, Gänse. Kleine Jungen angelten am Teich Fische. Überall auf den Hügeln und Lichtungen in der Taiga standen Schober aus gutem Heu. Stark riechender Qualm lag über dem Fluß...

Hier gab es viele bärtige Menschen, alte wie junge. Und wie sich herausstellte, waren fast alle irgendwie mit Agafja verwandt. Zwei Schwestern von Agafjas verstorbener Mutter sind noch da und leben in der Siedlung. Groß ist die Zahl der Vettern und Kusinen, die Agafja hier hat. Und fast

1 sowjetischer Geländewagen.

die Hälfte der gesamten Kinderschar von Kilinsk sind Agafjas Neffen und Nichten.

Kilinsk ist eine uralte Altgläubigensiedlung. Und ich weiß nicht, wie stark der Glaube ist, aber das Alltagsleben ist bestimmt von Ordnung und der Einhaltung von Traditionen. Hier tragen auch die jungen Männer Bärte, was ihnen große Ähnlichkeit mit Moskauer Filmregisseuren verleiht. Freilich sind sie ruhige Menschen. Als ich herauszubekommen versuchte, wie man sich bei den Altgläubigen zu verhalten hat, stellte ich ziemlich schnell fest, daß der bärtige Anissim Nikonowitsch Tropin, mit dem ich in Briefwechsel stand und der die Lykows zweimal besucht hatte, »den ganzen Krieg über in Rokossowskis Armee« gewesen war. Sein Sohn Trofim, der mit zwei kleinen Jungen an der Hand zu meiner Begrüßung gekommen war, hatte vor kurzem in den Landetruppen und sein Schwager Alexander in den Panzertruppen gedient. Die Alten »buddeln jetzt in der Erde«, die Jugend wäscht Gold, ist Mechaniker, Bulldozerfahrer oder Elektriker.

Ich bat sie, mich zu dem Spezialbagger für die Goldwäsche zu bringen. Und nach etwa zwanzig Minuten Fahrt über einen holperigen Weg sah ich eine riesige Anlage, die einem in einer Pfütze steckengebliebenen Elefanten ähnelte. Die jungen Bärtigen weihten mich in die Geheimnisse der Goldkörnchengewinnung aus dem Lehm-Stein-Gemisch ein. Alexander zeigte, wie er mit dem Bulldozer die Taigaquelle für den Bagger staut.

Und dann saßen wir in Anissim Nikonowitschs Haus und sprachen über dieses und jenes: den Klub und die Schule der Siedlung, die Kartoffel- und die Nußernte, Tschernobyl, das Erdbeben in Kischinjow, die Bienenzucht, die in diesem Jahr außergewöhnlich große Schneeballbeerenernte. Unser Hauptthema war aber natürlich der Besuch von Agafja (»Agascha«, wie sie ihre Tanten nannten).

Ich blättere mein Notizbuch durch und markiere die Notizen, die eine Bitte enthalten. Anissim Nikonowitsch bittet um Fotos mit seinen Enkeln. Sein Sohn Timofej bittet darum, ihm ein Medikament zu besorgen: Er hat sich beim Fallschirmspringen die Wirbelsäule verletzt. Und die bescheidene Bitte von Agafja: Batterien für die Taschenlampe, ein kleiner gußeiserner Topf und ein »zusammenklappbares« Messerchen...

EINE NEUE BLEIBE

Juli 1987

Im Mai bekam ich einen Brief mit Neuigkeiten von Agafja. Wie immer begann der Brief mit einer »tiefen Verbeugung« und dem Wunsch nach »guter Gesundheit und Rettung der Seele«. Die Neuheit bestand darin, daß der Brief von einem neuen Ort kam. »Wir sind umgezogen und leben uns nach und nach ein... Den ganzen Winter hatten wir viel Mühe und Arbeit... Seien Sie willkommen in der neuen Bleibe.« Ein darauf folgender Brief Jerofejs erklärte einiges. »Im Herbst begannen die Lykows unerwartet von Umzug zu sprechen... Sie berieten lange darüber, wohin sie ziehen sollten. Schließlich fiel ihre Wahl auf den alten »Stammsitz«, den sie 1945 verlassen hatten, um sich in den Bergen zu verstecken. Das ist zehn Kilometer von ihrer Hütte den Abakan flußaufwärts. Jetzt lassen sie Sie grüßen und warten sehr auf Ihren Besuch, da sie Ihre Hilfe brauchen. Wenn Sie die Geschenke vorbereiten, denken Sie an das Wichtigste: Hafergrütze, Kerzen, Batterien für die Taschenlampe... Der Hubschrauber kann auf einer Landzunge, zweihundert Meter von ihrer Behausung, landen...«

Der Beginn des Sommers im bergigen und waldigen Chakassien war in diesem Jahr regnerisch gewesen. Aber im Juli war es auf einen Schlag heiß und trocken geworden. In den Wäldern bestand Brandgefahr. Der Hubschrauber, der mich mitnahm, patroullierte über dem großen Gebiet am Oberlauf des Abakan. Weil der Leiter der Waldbrandbekämpfung, Wikenti Alexejewitsch Issakowski, der in dieser Gegend jeden Berg und jede vom weißen Faden eines Flusses durchzogene Schlucht kennt, unten keine verdächtigen Rauchwolken sah, preßte er sein Gesicht an das Fenster, um Fotoobjekte für mich zu suchen. Bei diesen Objekten handelte es sich um Bären. Wegen des verspäteten Sommers kamen die Tiere erst jetzt aus dem Schutz des Waldes hervor und weideten auf den Wiesen, die voller roter und weißer Blumen standen. Als sie den Lärm des Hubschraubers hörten, hoben sie die Köpfe und flüchteten mit bedächtigen Sprüngen, bei denen sie im Gras versanken, an den Rand des spärlichen Zirbelkiefernhains.

Der Pilot gab uns ein Zeichen: Wir näherten uns dem Jerinat, dem Fluß, der in den Abakan mündet. Irgendwo in der Nähe der Mündung mußte die kleine Hütte sein, in die man Einzug gehalten hatte.

Wir flogen in der engen Schlucht über dem glitzernden Band des Wassers hinweg. Urwüchsige Unberührtheit der Natur. Keinerlei Anzeichen von Menschen.

»Nach rechts, schauen Sie nach rechts!«

Für einen Moment sah man die Furchen eines Gemüsegartens auf dem steilen Berghang. Und dann setzte der Hubschrauber auch schon zur Landung auf der steinigen Landzunge neben dem Fluß an.

Die Propeller drehen sich noch, als auch schon zwei Figuren aus dem Wald gehuscht kommen. Sie rennen auf den Hubschrauber zu. Der Wind bläht ihre Kleidung, dem Alten fliegt der Hut vom Kopf...

Der Hubschrauber preßt uns mit seinem Druck gegen den Boden und entschwindet in Schieflage in die Schlucht. Das dumpfe Motorengetöse wird im Lärm des schnell strömenden Flusses schwächer.

»Drüben am Ufer tauchte vor einer Woche ein Bär auf.

Steht da und besieht mich voller Neugier. Da habe ich mit dem Eimerchen gelärmt, und er ist geflüchtet ...«

Agafja trägt das unvermeidliche schwarze Kopftuch, ein Kleid in derselben Farbe und darüber etwas blau-weiß Getupftes, eine Art Kleiderschürze. Karp Ossipowitsch ist trotz der Hitze in Filzstiefeln und trägt ein grünes Flanellhemd mit roten Pilzchen – aus solchem Stoff näht man gewöhnlich Kinderhemden.

»Seien Sie willkommen. Seien Sie willkommen ...«

Der Alte und Agafja laufen vorweg, gefolgt von Jerofej, der einen Sack Weizen auf der Schulter trägt. Der Pfad im Schutz des Waldes erstreckt sich etwa hundert Meter, und da ist sie auch schon, die kleine Siedlung mit ihren beiden Einwohnern, die von der Statistik, die der Welt soeben verkündet hat, daß wir fünf Milliarden Menschen auf der Erde sind, nicht erfaßt werden.

Die kleine Hütte. Jerofej hatte mir geschrieben: »Das, was du bisher gesehen hast, sind Paläste im Vergleich zu dem, was du sehen wirst.« Und tatsächlich hat man den Eindruck, als könne der riesengroße Jerofej, wenn er sich ein bißchen anstrengt, die Behausung mit einer Hand hochheben. Dem Hüttlein – zwei mal zwei Meter – fehlen nur noch die Hühnerfüßchen, und man glaubte sich im Märchen. Aber all das ist real. Wie ein blauer Faden zieht der Rauch aus dem eisernen Ofenrohr. Daneben steht die Ziege Muska, unsere alte Bekannte, angebunden. In die Hütte wagen Jerofej und ich nur einen Blick zu werfen. Geduckt haben darin gerade mal ihre beiden Bewohner Platz. Gegenüber der Tür ist Karp Ossipowitschs und links Agafjas Schlafbank. In der rechten Ecke steht ein Eisenofen von der Größe eines Köfferchens. Für einen Tisch reicht der Platz nicht. Ihn ersetzt ein Brettchen, das Agafja zum Mittagessen nach draußen trägt. Ein Fensterchen in Buchformat. Davor eine zerlaufene Kerze. Über den Schlafbänken ein Hängeregal mit rußgeschwärzten Büchern und Ikonen, ein kleiner Topf, zwei Tujesoks.

Mit den beiden Menschen hausen auf dieser Fläche noch zwei Katzen und riesige Roßameisen. Diese winzige Hütte hat Alexander Rykow, ein Jäger aus Abasa, der hier auf Eichhörnchen- und Zobeljagd ging, für seine winterlichen Übernachtungen gebaut. Er hatte die halbverfaulten Balken jener Hütte benutzt, in der vor dreiundvierzig Jahren die Lykows wohnten und in der Agafja geboren wurde...

Mit kindlicher Unbefangenheit helfen Agafja und ihr Vater mir, den Karton auszupacken, in dem sich, wie sie wissen, die Geschenke befinden. Alles kommt wie gerufen: die vorsorglich in einen Stoffsack umgefüllten Haferflokken (sonst hätten sie sie nicht angenommen!), die Kerzen und Batterien. Einen Freudenschrei aber löste die Ersatzbirne für die Taschenlampe aus.

»Das muß Ihnen Gott angeraten haben! Meine alte ist nämlich verbraucht. Und ohne Birne ist die Taschenlampe unwirksam...«

Während Jerofej und ich über das Wörtchen »unwirksam« lachen, rüstet Agafja rasch die Taschenlampe aus.

»Sie brennt!«

Dann werden zwei Lagerfeuer angezündet. Wir kochen Kartoffeln, Agafja Hafergrütze. Unsere Einladung zum Tee wird ausgeschlagen, aber Agafja, die zuvor über ihre gerade überstandene Krankheit geklagt hat, hört aufmerksam zu, wie man die Augen mit Tee behandeln kann. Karp Ossipowitsch redet ohne Unterlaß. Ohne noch zu merken, ob man ihm zuhört oder nicht, erzählt der Alte einmal wieder die uns bekannte Geschichte mit dem Salz. »Sie schreckten nicht vor Sünde zurück – dreißig Pud weniger haben sie gegeben. Dabei hatte die Gemeinde doch mit Zobeln für das Salz bezahlt...« Die Geschichte ist über fünfzig Jahre alt, aber im Gedächtnis des Alten ist sie frisch geblieben.

Nach dem Mittagessen setzen wir uns unter eine Zirbelkiefer, um über das Wichtigste zu sprechen, warum und wie sie hierher gekommen sind.

Den Entschluß zur Übersiedlung erklärte Agafja folgendermaßen: Die untere kleine Hütte am Abakan, wo einst Sawin und Dmitri beim Fischfang Unterschlupf gefunden hatten, war offenbar nur im Sommer eine gute Unterkunft. Im Winter dagegen war das Leben dort beschwerlich. Vor allem war der Weg zum Bach oft verweht, so daß man ständig Schnee schaufeln mußte. Bei den Krankheiten im letzten Jahr war das keine leichte Sache. An der abgeholzten Stelle war es noch dazu im Winter windig. Das in der Nähe stehende Trockenholz hatte nicht gereicht. Auch der Gemüsegarten gab nicht genug her. Über all dies hatte Agafja bereits im vergangenen Sommer geklagt. Der Entschluß, »diese Stelle zu verlassen«, war zum Herbst endgültig herangereift.

Aber wohin sollte man gehen? Es gab drei Möglichkeiten. Die Geologen luden nachdrücklich zu sich in die Siedlung ein:

» Mit dem Bulldozer planieren wir euch einen Platz für den Gemüsegarten, und wir bauen euch eine Hütte.«

»Nicht doch, mit einem Bulldozer darf man das nicht, das ist doch Sünde, mit einem Bulldozer...«, sang Agafja zur Antwort.

Die Geologen wollten sie nicht zwingen, ihnen war klar, daß es neben ihrem Basislager für die Lykows zu unruhig wäre. Sie erschienen dort zwar gerne, gingen aber nach drei bis vier Besuchstagen mit Freuden wieder weg. Dazu gab es in der letzten Zeit in der Siedlung ständig Gerüchte, daß die geologischen Arbeiten bald abgeschlossen sein werden und somit die Siedlung bald leerstehen wird. Die Zahl der Arbeiter ist bereits reduziert worden. Jerofej trägt sich mit dem Gedanken, Jäger zu werden...

Die zweite Möglichkeit waren die Verwandten. Nach Agafjas Visite in der Altgläubigensiedlung kamen immer wieder Einladungen von dort. Zum Herbst war sogar ein »Botschafter« gekommen, Karp Ossipowitschs bärtiger

Schwager Trifilej Panfilowitsch Orlow. Sie hatten lange verhandelt. Dabei wurden Erinnerungen an lange zurückliegende Streitigkeiten wach, die für den damals vierzigjährigen Karp Lykow wahrscheinlich der Anlaß waren, »von allen wegzugehen«. Trifilej fuhr unverrichteter Dinge zurück. Das Ergebnis des Gesprächs mit dem »Botschafter« trug Karp Ossipowitsch mir kurz und ausdrucksvoll vor: »Agafja werden sie immer aufnehmen. Aber warum soll ich das Alter dorthin schleppen? Sie werden mich fangen wie der Habicht ein Rebhuhn.« Agafja hat für all das Verständnis. Schweigend legt sie ein kleines Holzscheit ins Lagerfeuer und seufzt leise.

Die dritte Variante erwies sich als die akzeptabelste. Die kleine Siedlung am Jerinat, der zehn Kilometer weiter in den Abakan mündet, war der Platz, wo die Lykows, nach ihrem Auszug aus der Gemeinde in den zwanziger Jahren, »nicht verborgen« gewohnt hatten. »Wir lebten mit großen Anstrengungen, aber in Ruhe«, hatte mir der Alte bereits bei der ersten Begegnung gesagt. Später war der Jerinat oft in den Gesprächen aufgetaucht. »Ich bin dort geboren ...«, hob Agafja immer wieder hervor. Karp Ossipowitsch erzählte von dieser kleinen Siedlung immer als von einem Ort, wo »man ein gutes Leben führen kann«.

An dem steilen Berghang legten die Siedler auf einer mit Antoniuskraut überwucherten Brandstelle der Taiga einen Gemüsegarten von zwei Desjatinen[1] an. Sie zogen Kartoffeln, Rüben, Erbsen, Roggen und Hanf. Im Fluß brachten sie Fischfangvorrichtungen an, und im Herbst fingen sie bis zu siebzig Pud Äschen. Anfangs wohnten sie in Erdhütten. Dann bauten sie eine Blockhütte.

Diese Stelle war schwer zugänglich, aber dennoch bekannt. Etwa zweimal erschienen Feldvermesser und Topographen bei den Lykows. »Sie staunten über unser Leben

1 Desjatine: ehemaliges russisches Flächenmaß = 1,09 ha. (A.d.Ü.).

Familiengräber.

und gingen ihrer Wege.« So lebten sie bis zum Herbst 1945. Aus Richtung Tuwa, das mittlerweile zur Sowjetunion gehörte, kam damals ein Trupp an den Abakan, der angeblich nach Deserteuren suchte. »Wer seid ihr?« – »Wir sind rechtgläubige Christen, beten hier zu Gott, in der kleinen Hütte...« Der Chef des Trupps, der offenbar nicht dumm war, hielt die Lykows nicht für Deserteure. Die »rechtgläubigen Christen« selbst aber waren durch die Art des Gesprächs aufs äußerste alarmiert. Und sobald der Trupp hinter dem Paß verschwunden war, begannen die Lykows hastig mit der Kartoffelernte, und dann, »innerhalb von drei Wochen«, schafften sie die Ernte, das Werkzeug, den Webstuhl und alles, was man zum Leben braucht, an einen neuen Platz: in die Berge, abseits des Flusses. Sie bauten dort in aller Eile eine Hütte und begannen, »im Verborgenen« zu leben. Ihr früherer Aufenthaltsort ist in den alten, detaillierten Karten als »die Hütte der Lykows« eingezeichnet und diente später den seltenen Jägern, Topographen und Geologen als Haltepunkt. Aber es war nur noch eine verlassene Hütte.

Agafja, die am Jerinat geboren ist, war zum Zeitpunkt der Übersiedlung gerade ein Jahr alt. Alles, was in jenem fernen Herbst geschah, kennt sie aus Erzählungen. In diesen Erzählungen über ihr früheres, »nicht verborgenes« Leben, war immer viel Wärme. Mehrmals war Agafja mit ihren Brüdern an ihren Geburtsort gekommen und hatte die Hütte und den mit Birken überwucherten Gemüsegarten besichtigt. Bevor sie sich zur Übersiedlung entschlossen, war Agafja im vergangenen Herbst wieder hierher gekommen. Sachkundig hatte sie mit ihren Händen die Erde geprüft und für fruchtbar befunden. Aber im Gemüsegarten stand ein vierzigjähriger Wald, und die Hütte war nur noch ein Loch. Dem Entschluß, hierher überzusiedeln, stand all das jedoch nicht im Wege.

Jerofej hatte mir im vergangenen Oktober nach Moskau geschrieben: »Ich war in der Nähe des Jerinat auf der Jagd. Ich gelangte zu der kleinen Hütte, und was sah ich? Am Eingang hing ein Bündelchen, und ein bißchen abseits flogen Erdklümpchen aus einer Grube. Als ich näher kam, sah ich, daß es Agafja war. Sie grub einen Keller...«

Den Umzug hatte Agafja gut durchdacht und geplant. Zunächst brachte sie eine Axt, einen Spaten, ein Messer, einen kleinen Topf, ein Bündelchen mit trockenem Brot, Salz, Grütze und Wetzstahl hierher. Ihr erstes Bauwerk war ein Kornspeicher, ein kleiner Blockbau auf zwei »Füßen«, die aus zwei hoch abgeschnittenen Zirbelkiefern bestanden. Ein nicht gerade komplizierter Bau, der aber für einen allein auch nicht einfach zu bewerkstelligen ist. Und für das Leben in der Taiga ist er unerläßlich, damit die Bären, Mäuse und Burunduks nicht plündern können.

Nach dem Kornspeicher machte sich Agafja an den Keller: eine Grube für die Kartoffeln und Karotten, für die man aber noch eine Balkenschicht, eine Luke und ein Dach anfertigen mußte. Agafja schaffte das alles! Und dann begann das unablässige Pendeln. Zehn Kilometer hin und zehn Kilometer zurück durch die Taiga. Das Gepäck bestand aus zwei Eimern mit Kartoffeln oder Grütze, trockenem Brot, Geschirr und Kleidung. Hin und zurück jeweils vier Stunden Weg. »Anfangs ging ich zu Fuß, aber als der Schnee tiefer wurde, nahm ich die Skier.«

Sobald sie mit dem Gepäck an Ort und Stelle war, kochte sich Agafja schnell eine Suppe und machte sich sofort an die Arbeit. Der auf den zwei Desjatinen des früheren Gemüsegartens gewachsene vierzigjährige Wald war so jung und stark, daß er eine ganze Brigade von Holzfällern hätte erschrecken können. Aber nicht Agafja! Allein, mit einer Axt, einer selbstgefertigten Bogensäge, einem Seil und einem Spaten, begann sie den Wald abzuholzen. Sie fällte eine Tanne oder Birke, schlug die Äste ab, zerstückelte den Baumstamm, um ihn tragen zu können, und schleppte ihn weg. Vom Oktober an arbeitete sie sich so den ganzen Winter lang Stück für Stück diesen steilen Berghang hinauf, getreu dem Motto: Die Augen fürchten sich, doch die Hände packen zu! »Der Tag ist doch im Winter nicht lang, so arbeitete ich in den Mondnächten...«

Diese ungekünstelte Erzählung höre ich mir an, als ich neben Agafja unter einer Tanne neben der kleinen Hütte sitze. Unten rauscht der Fluß. Ein beunruhigter Specht klopft im grünen Dickicht. Die sonnendurchflutete Taiga verströmt einen anregenden, gesunden Duft. Im Winter war es hier ganz anders, still und verschneit. Die Sonne zeigte sich für eine Stunde hinter dem einem Berg, um hinter dem benachbarten Berg gleich wieder zu verschwinden. »Ich arbeitete in den Mondnächten...« Schon bei der bloßen Vorstellung, daß sich hier im Winter ein Mensch aufhält, zucke ich zusammen.

»Hattest du denn keine Angst, Agafja?«

»Da braucht man keine Angst zu haben, die Bären schlafen doch. Man darf nur keinen Fehler machen: sich nicht das Bein verrenken, sich dem umstürzenden Baum nicht in den Weg stellen...«

Dreiunddreißigmal war Agafja während des Winters von der anderen kleinen Hütte, wo sie ihren Vater zurückließ, hierher an diese Stelle gekommen. Sie transportierte vierzig Eimer Kartoffeln, die sie zum Schutz vor dem Frost in Lappen eingewickelt hatte, für die Saat, sowie drei Säcke trockenes Brot, Mehl, Grütze, Nüsse, Geschirr, Kerzen, Bücher, Kleidung und Decken.

In der Befürchtung, daß das Schmelzwasser den Weg versperren könnte, brach sie am 29. März mit ihrem Vater zum neuen Wohnsitz auf. Jerofej hatte mir geschrieben: »Am Sonntag nahm ich mir die Zeit, zu der kleinen Hütte zu gehen. Ich klopfte an, aber es war nichts zu hören. Dann sah ich Spuren, und mir wurde klar: Sie sind gegangen. Den Fluß entlang Richtung Jerinat führten die Spuren zweier Menschen und einer Ziege.«

»Wegen der Schwäche in meinen Beinen gingen wir vier Tage und Nächte«, erinnert sich Karp Ossipowitsch. »Wir übernachteten am Lagerfeuer...« Die Ziege und zwei Katzen kamen zusammen mit den Menschen wohlbehalten an der neuen Stelle an. »Den Kater haben wir aber verloren. Er riß sich los und rannte weg. Wir wissen nicht, ob er noch lebt.«

Am 2. April sind sie eingezogen. Der Alte erinnerte sich seufzend an die »gesunden Jahre« und kam nach dem beschwerlichen Umzug allmählich zu sich. Agafja aber mußte sich beeilen und sich um den Gemüsegarten kümmern. Sie entfernte die Baumstümpfe und säuberte die Erde von den Ästen, dann grub sie um, setzte Kartoffeln, zog Furchen... Wir trafen sie zu der Zeit, als sie sich ein wenig erholen konnte. Der Gemüsegarten grünte und versprach guten Lohn für ihre Mühe.

Mit unverhohlener Freude zeigte mir Agafja den ungefähr einen halben Hektar großen, der Taiga abgetrotzten Hang. Der Gemüsegarten war etwa vierzig Grad steil. Wie Bergsteiger erklommen wir ihn und hielten uns dabei an den übriggebliebenen Baumstümpfen oder Geißblattsträuchern fest. Wir schreckten ein Eichhörnchen auf, das zwischen den Furchen nach etwas suchte, und setzten uns für eine Weile, um Atem zu holen, neben das oberste Beet, wo die aufgeblühten Erbsen fröhlich rankten.

»Papachen erzählte immer, daß sie hier die Kartoffeln sackweise an Seilen heruntergelassen haben«, sagte Agafja, die sich offenbar Gedanken darüber machte, wie sie ihre Ernte einbringen würde... »Moskau ist doch sehr weit«, fügte sie, als hätte sie meine Gedanken erraten, hinzu und kaute dabei auf einem grünen Strunk.

In der Tat hatte ich in diesem Moment an Moskau, an die Ameisenhaufen[1] vieler anderer Städte und die statistisch erfaßte Menschheit gedacht. Fünf Milliarden! Und alle ernährt die Erde. Und unter den arbeitenden Menschen dieser Erde gibt es dieses merkwürdige, verirrte Wesen, das Mitleid und Hochachtung zugleich hervorruft.

»Du bist eine richtige Arbeiterin, Agafja«, sagte ich in Fortführung meiner Gedanken.

Mit einem sanften, verlegenen Lächeln bemerkte meine Gesprächspartnerin:

»Ohne Arbeit geht es doch nicht. Es ist Sünde, nicht zu arbeiten. Und so kann man auch nicht überleben...«

Agafja bat mich, ihr meine Uhr zu zeigen. Sie nahm ihre eigene, an einer Kette befestigte Taschenuhr, auf deren Zifferblatt statt Zahlen handgemalte altkirchenslawische Buchstaben sind.

»Sieh mal einer an. Sie geht zweieinhalb Stunden nach. Ich habe sie nach der Sonne gestellt und mich vertan...«

1 So werden in der russischen Umgangssprache die Hochhäuser genannt (A.d.Ü.).

»He, wo seid ihr denn!« schrie Jerofej von unten. »Das Abendessen ist fertig. Kommt herunter!«

Abends am Lagerfeuer hing Karp Ossipowitsch wieder seinen Erinnerungen nach, aber plötzlich zuckte er zusammen:

»Wir haben gehört, daß in der Welt etwas Großes geschieht...«

»Ja, die Perestroika«, erwiderte Jerofej und klärte den Alten in allgemeinverständlicher Weise über die weltlichen Dinge auf.

»Dadurch werden wir doch nicht zu leiden haben?«

»Ihr könnt beruhigt sein. Niemand wird euch belästigen.«

»Nikolai Nikolajewitsch hat doch versprochen, dabei zu helfen, eine Hütte zu bauen«, warf Agafja ein.

Die jetzige Unterkunft der Lykows ist keinesfalls für den Winter geeignet.

Nikolai Nikolajewitsch Sawuschkin, der vor uns in diese Gegend geflogen war, hatte sich mit den Lykows getroffen und versprochen: »Wir werden eine Jagdhütte bauen. Und ihr könnt darin wohnen...« Ich sagte, daß ich von diesem Versprechen wisse und es in Taschtyp und Abakan bestätigt worden sei. Zum Winter werde die Hütte unbedingt errichtet.

»Für die Barmherzigkeit der Menschen werden wir beten«, bekreuzigte sich der Alte.

Am Lagerfeuer sprachen wir noch über weitere Probleme. Was sollte man mit der Ziege machen? Ohne Ziegenbock gibt sie schließlich keine Milch.

»Schlachtet sie, und damit hat es sich!« sagte Jerofej.

»Ich habe mich doch schon so an sie gewöhnt, sie tut mir leid. Im Frühling habe ich ihr Birkensaft zu trinken gegeben.«

»Dann warten wir den nächsten Sommer ab, und ihr bekommt einen Ziegenbock...«

Diese Aussicht war Agafja nur recht. Auch Jerofejs Idee, ihre Habseligkeiten von der alten Stelle mit dem Hubschrauber hierher zu bringen, gefiel ihr.

»Stell alles ans Ufer. Bei der ersten sich bietenden Gelegenheit werden die Piloten es in wenigen Minuten rüberschaffen.«

Während wir über die Alltagsprobleme sprachen, verpaßten sie die Zeit ihres abendlichen Gebets. Der Alte lief ganz bekümmert in die Hütte und zündete eine Kerze an. Agafja aber hatte keine Eile, den Aufforderungen des Vaters zu folgen. Aus der Hütte brachte sie ein Bündelchen ans Lagerfeuer und zeigte uns im Schein des Feuers eine vergilbte Tischdecke, ein buntes Kopftuch und einen Strickgürtel.

»Das ist von meiner Mutter...«

Diese »Familienschätze« hatte Agafja bereits im Herbst mit dem ersten Sack trockenen Brotes hierher gebracht. Es war ihr wichtig, sie jetzt zu zeigen, dieses verständliche menschliche Gefühl mit uns zu teilen...

Um ein Uhr nachts krochen Jerofej und ich ins Zelt. Nach der Hitze des Tages war es nun mehr als kühl. Wir zogen Pullover und lange Unterhosen an und baten Agafja noch um eine Decke. Das Rauschen des Flusses wiegte uns in den Schlaf.

Am Morgen, während Jerofej einen Ofen, den er mit dem Boot gebracht hatte, vom Ufer zur Hütte schleppte, und den Sack Weizen im Kornspeicher unterbrachte, zeigte Agafja mir eine Reliquie, die noch von einst, als die Familie hier lebte, erhalten geblieben war. In den Brennesseln lag ein großer geschnitzter Trog.

»Darin bin ich geboren...«

Die Entbindung von Akulina Lykowas viertem Kind hatte sehr lange gedauert. Unter dem Stöhnen der Gebärenden fällte der damals sehr kräftige Karp Lykow eine Zirbelkiefer und schnitzte innerhalb eines Tages diesen Trog. Sie schütteten warmes Wasser hinein. In diesem Trog erblickte Agafja dann auch das Licht der Welt. Das war vor dreiundvierzig Jahren.

»Ja, der Trog, der Trog...«, philosophierte Jerofej, während er versuchte, das Schnitzwerk aus den Brennesseln zu ziehen...

Und dann hörten wir einen Hubschrauber. Bis wir alle beim Fluß ankamen, war er bereits auf der Landzunge gelandet. Die Piloten schlugen uns vor mitzufliegen: »In den nächsten Tagen wird hier kein Hubschrauber vorbeikommen, und möglicherweise schlägt das Wetter um.« In zwei Minuten hatten Jerofej und ich das Zelt zusammengelegt. Und schon waren wir am Hubschrauber und verabschiedeten uns, ausgestattet mit guten Wünschen und einem Nußproviant... Wir starten. Der durch den Hubschrauber erzeugte Wind drückt das Weidengebüsch auf die weißen Kiesel. Agafja hält dem Wind stand, der Alte aber drückt sich gegen einen Findling und hält seinen Hut mit der Hand fest.

Wir sind im Steigflug über der Gebirgsschlucht. Die Lichtung mit der von den Lykows verlassenen Hütte huscht vorbei. Nach zwei Minuten Flug gibt uns der Pilot ein akustisches Signal: steuerbord ein Bär. Ich schaue mit meinen vom Luftzug tränenden Augen durch das offene Fenster: ein Bär am Gipfel des Berges! Wir fliegen dicht über das Tier hinweg. Es rennt hinunter zum Zirbelkiefernhain und hinterläßt dabei eine merkliche Furche im Gras.

DER TOD DES ALTEN LYKOW

März 1988

Als ich im März aus dem Urlaub zurückkam, fand ich zu Hause Briefe und Telegramme vor: »Karp Ossipowitsch Lykow ist gestorben.« Bereits einen Tag später flogen wir mit dem Hubschrauber des Wetterdienstes, der im Sajan den Schneebestand der Taiga messen sollte, über dem Abakan.

Zum ersten Mal sah ich diese Gegend im Winter. Wie eine weiße Leinwand breitete sich der Fluß zwischen den Bergen aus. Manchmal hatte er sich, wie an den schwarzen Wasserflecken zu erkennen war, dem Frost nicht ergeben, und manchmal schlängelte sich auf dem Weiß eine Hirschspur. Der strenge sibirische Wald, auf den Bergkuppen von der Märzsonne durchflutet, stand in schläfriger Erstarrung. Dort, wo es nötig war, umrundete der Hubschrauber die Berge in der seit dem Herbst geltenden Sollhöhe. In der Kabine blinkten die Schneemeßgeräte. »Ist viel Schnee gefallen?« – »Durchschnittlich bis zur Gürtellinie, aber an manchen Stellen mehr als zwei Meter«, antwortete der Hydrologe. Unzugänglich und undurchdringlich war der schneebedeckte Urwald. Man kann sich schwer vorstellen, daß hier Menschen leben. Aber irgendwo gibt es sie. An einem klaren Tag können die Piloten sie finden, ohne auf die Karte zu schauen. »Schauen Sie backbord!« Und da tauchte auch schon das Dach der kleinen Hütte auf, stieg eine Rauchfahne aus dem Ofenrohr, zappelte die angebundene Ziege, sah man Fußspuren und Eislöcher im Fluß... Und dann waren wir schon auf der Erde. Der Hubschrauber verschwand sofort wieder. Wir standen bis zur Gürtellinie im Schnee, hörten das Klopfen eines Spechts und das Meckern der Ziege und sahen unten eine kleine Figur, in drei oder vier Tücher gehüllt, die uns entgegentrippelte. Agafja! Zum erstenmal in acht Jahren begrüßte sie ihre Gäste allein.

Nachdem wir unser Gepäck an der Türschwelle abgestellt hatten, gingen wir schweigend den Pfad in den Wald. Da war sie, die letzte Zuflucht des alten Lykow: ein Hügelchen aus grauer Erde und darauf ein achtendiges geschnitztes Kreuz. Ein bronzenes Kruzifix war mit einer Schnur am Kreuz befestigt.

Agafja stand mit uns am Grab. Sie brach nicht in Tränen aus. Jerofej erzählte, daß sie auch beim Nähen des Leichenhemds und beim Zuschütten des Grabs nicht geweint hatte. Aber der tief in den Schnee getretene Pfad zeugte davon, daß sie täglich hierherkam.

Wie war alles gewesen? Wir ließen uns Zeit mit dem Fragen. Und Agafja verhielt sich so, als ob nichts Besonderes passiert wäre. Sie bat uns, ihr beim Graben des Kellers zu helfen. Sie brachte Kartoffeln und Rüben. Sie heizte den Ofen an. Mit gewohnter, schüchterner Neugier nahm sie die Geschenke entgegen, wobei sie sich besonders über die Ersatzteile für die Taschenlampe und über die Zitronen freute: »Von Zitronen habe ich vor kurzem geträumt...« Und dann erzählte sie schon in allen Einzelheiten vom Tod des Vaters: wie er gestorben war, wie sie ihn beerdigt hatten und was vorher gewesen war, wie es ihnen im Herbst und Winter ergangen war, worüber sie zuletzt gesprochen hatten.

Das Hauptereignis des letzten Jahres war der Bau der neuen Hütte gewesen. In den Resten von Agafjas Geburtshaus konnte man nicht überwintern. Im Sommer hatte Nikolai Nikolajewitsch Sawuschkin den Lykows fest versprochen, beim Neubau zu helfen. Und er hatte sein Versprechen gehalten. Hier eine Hütte zu bauen, war leicht und schwierig zugleich. Leicht, weil der Wald gleich nebenan ist, und schwierig, weil man selbst das kleinste Detail eigens hertransportieren mußte. Die Mühen des Spediteurs nahm der Direktor des Forstwirtschaftsbetriebs in Taschtyp, Juri Wassiljewitsch Gussew, auf sich; die Hütte selbst bauten die Männer vom Waldbrandschutz und Jerofej, auf den, wie er sagte, die »Bärenarbeit« bei der Balkenanfertigung entfiel. Bisher ist der Neubau noch nicht durchdrungen vom typischen lykowschen Geruch. Es riecht nach Harz, die Wände sind noch nicht verräuchert, die Hütte ist hell und geräumig. Täglich, wenn Agafja ihr Gesicht der Ecke zuwendet, in der die Ikonen auf dem Regal stehen, betet sie »für die Gesundheit« der Zimmerleute: Alexander Putilow, Juri und Nikolai Kokotkin, Alexander Tschichatschew, Pjotr Mochow und natürlich Jerofej.

Ihren Teil der Arbeit machte Agafja später, unmittelbar vor Wintereinbruch: Aus den runden Flußsteinen setzte sie eine Art russischen Ofen. Schwierig war es mit dem Ofengewölbe, aber die findige Agafja rollte ein Faß, das die Geologen weggeworfen hatten, vom Ufer herbei und schnitt es auf. Heraus kam ein Ofengewölbe, wie es besser nicht hätte sein können. Zum Heizen benutzt sie den Eisenofen, den die Geologen hergeschafft haben, zum Kochen jedoch den Steinofen. Wir waren dabei, als sie Brote backte und in einem gußeisernen Topf frische Apfelsinenschalen dünstete. »Das ist Medizin!«

Karp Ossipowitsch war wegen seiner körperlichen Schwäche nicht am Bau beteiligt, freute sich aber sehr über ihr neues Heim. Er strich mit den Händen über die Wände und sagte, leise weinend: »Lange werde ich wohl nicht mehr in der guten Hütte zu leben haben.« Schon im vergangenen Sommer war er altersschwach und vergeßlich geworden. Er hatte wohl gemerkt, daß es mit ihm zu Ende ging, und auf seine Weise ein letztes Mal versucht, Agafjas Zukunft zu regeln.

Gegen Ende des Sommers reiste ein Ehepaar aus der Stadt Poti am Schwarzen Meer an, Glaubensbrüder der Lykows. Sie gaben sich als Verwandte aus und konnten so die Geologen überreden, sie zu den Lykows zu bringen.

Der Bart des ehemaligen Filmvorführers und das Beten seiner Gattin gingen dem Alten ans Herz. Man wollte sich zusammentun. Jerofej, der die Rentner aus dem Kaukasus als Abenteurer durchschaute, warnte sie: »Verdreht dem Alten nicht den Kopf, ihr könnt dort nicht leben. Dort gibt es doch morgens Kartoffeln, mittags Kartoffeln und abends Kartoffeln. Die Geologen geben zwar etwas dazu, aber euch werden sie nicht auch noch versorgen.« Die »Neusiedler« überhörten diese Warnung einfach: »Wir haben im Krieg Schlimmeres erlebt.« Doch schon im Herbst verließen sie die Einsiedelei und erschienen bei Jerofej. Auf die Frage, warum es denn nicht zu einer Überwinterung gekommen war, antworteten sie: »Die Ernährung paßt nicht zu uns, und der Glaube ist auch anders.«

Agafja bestätigte diese Meinungsverschiedenheiten: »Was für einen Glauben haben sie denn – zum Essen nehmen sie Öl aus der Flasche, Trockenmilch und Konserven. Dann muß man auch in der Welt leben.« Damit war das Bündnis zur beiderseitigen Erleichterung beendet.

Seither hatte nur Jerofej die Lykows besucht. In seinem Leben hatte es im Vorjahr eine jähe Wende gegeben. Nach einem Krach mit seinen Vorgesetzten hielt er es für unmöglich, an seinem Arbeitsplatz zu bleiben, und wurde Jäger. Als Amateur war er schon immer der Pelztierjagd nachgegangen, er traute sich zu, Berufsjäger zu werden. Drei Stunden Fußweg von den Lykows entfernt baute er sich eine kleine Hütte und zog im Oktober dort ein. Im Winter jedoch zeigte sich, daß die Jagd in der Taiga viel Erfahrung

Agafja.

und besondere Kenntnisse erfordert. Jerofejs Pelzausbeute war viermal geringer als die erfahrener Jäger. Allerdings hatte er ausgesprochenes Pech gehabt: Er war bis zum Bauch ins Wasser geraten und danach drei Stunden bis zu seiner Winterjagdhütte gelaufen. Dabei hatte er sich Zehen erfroren und ein Knie verkühlt. Das Bein schmerzte und eiterte. Nach allen Regeln der Vernunft hätte man den Hubschrauber rufen müssen. »Mein Ehrgeiz ließ das nicht zu, wenn ich die Fangeisen kontrollierte, trug ich an einem Fuß einen Filzstiefel, am anderen einen Lederstiefel.« Zur nächsten »Heilstätte« war für den Jäger die kleine Hütte der Lykows geworden. Agafja behandelte ihn mit Kerzenparaffin und heißen Umschlägen aus Tannennadeln. Die Behandlung war erfolgreich – zwar hatte Jerofej nicht viel gefangen, aber er konnte die Taiga zusammen mit den übrigen Jägern wieder verlassen...

Nun sitzen wir im Kreis um den tüchtig geheizten Ofen. Im Kochtopf dampfen die Kartoffeln. Wir tunken die heißen Knollen in Salz und spenden ehrliches Lob – noch nirgends hat einer von uns so köstliche Kartoffeln gegessen.

Das Vieh hat sich bei der Taigahütte gut eingewöhnt. Im Herbst hatte Nikolai Nikolajewitsch Sawuschkin hier vorbeigeschaut und als Gesellschaft für Muska eine weitere Ziege und einen Bock mitgebracht. Und nun gibt es bereits Familienzuwachs. Ohne Angst vor der Kälte läuft ein kräftiges Zicklein am Stall hin und her, und in der Hütte springt dieses entzückende, zehn Tage alte, gräulich-kaffeebraune Wesen mit dem weißen Fleck am Bein über alle Bänke. »*Maltschik*[1] ...Ich habe ihn Maltschik getauft.« Agafja drückt das Zicklein an sich, küßt den weißen Fleck am Huf. »Papa hätte sich gefreut. Er wartete so. Aber er hat es nicht mehr erlebt.« Als das Zicklein geboren war, trank es sich bei seiner Mutter satt und war nicht dazu zu bewegen, aus einer Schale zu trinken. Die erfindungsreiche Agafja nähte ein »Euter« mit passendem Sauger aus Birkenrinde und gibt dem Zicklein nun auf dem Arm zu trinken.

Durch einen merkwürdigen Zufall ist Karp Ossipowitsch Lykow am 16. Februar gestorben, genau an dem Tag, an

1 *Maltschik*: russ.: Junge, Knabe (A.d.Ü.).

dem siebenundzwanzig Jahre zuvor seine Frau Akulina gestorben war. Gemeinsam mit Agafja rechneten wir genau nach: Er starb im siebenundachtzigsten Lebensjahr. Man kann sagen, daß er an Altersschwäche gestorben ist. In der letzten Zeit hatte er sich an nichts mehr beteiligt – er war bettlägerig und stand nur zum Essen und Beten auf. Im Februar machte sich eine Bewußtseinstrübung bemerkbar, er versuchte ständig wegzulaufen. Am 15. Februar war er vor die Tür gegangen und gefallen, und Agafja schleppte ihn mit Mühe in die Hütte zurück. Nachdem er ungefähr eine halbe Stunde gelegen hatte, zog es ihn wieder nach draußen. In Schweiß gebadet schleppte Agafja ihn zur Tür und bettete ihn am Ofen. Am Abend schlief sie unter dem Schnarchen und Röcheln des Vaters ein. In der Morgendämmerung fuhr sie auf, weil es so still war: »Ich lief zu ihm hin, aber er war kalt...«

Was sollte sie nun tun? Sie betete. Dann sperrte sie die Ziegen in den Stall und holte die Skier vom Dachboden. Um zwölf Uhr machte sie sich auf den Weg zur Geologensiedlung, um mitzuteilen, was geschehen war.

Die fünfundzwanzig Kilometer am Abakan entlang legte Agafja in acht Stunden zurück. Es war bereits spät am Abend, als sie in der Dunkelheit an das Fenster der Arzthelferin klopfte, mit der sie befreundet ist. Im gut geheizten Zimmer fiel Agafja besinnungslos zu Boden, nachdem sie es noch geschafft hatte, darum zu bitten, Jerofej in Abasa zu benachrichtigen. Dieser würde dann schon das Weitere veranlassen.

In der Nacht wälzte sich Agafja im Fieber hin und her. Die Arzthelferin packte sie ordentlich ein und schlug ihr dann vor, ein Medikament einzunehmen.

»Tabletten sind doch Sünde...«

»Aber ohne sie könntest du sterben...«

»Das wäre vielleicht das Beste zu sterben...«

Doch Agafja schluckte die Tablette. Später nahm sie das

Medikament genau nach Vorschrift weiter und steckte sogar einen Vorrat davon ein.

»Schau her, Wassili Michailowitsch. Was ist das?« Aus einem Bündelchen mit Kräutern zog Agafja eine Kapsel mit bläulichen Tabletten.

»Dieses Medikament hat dir wahrscheinlich das Leben gerettet.«

Agafja seufzte:

»Vielleicht ist es so. Aber sie sind doch eine große Sünde, die Tabletten. Jetzt leiste ich durch Gebete Abbitte. Sechs Wochen lang muß ich dafür beten...«

Drei Tage lang hatte Agafja bei den Geologen das Bett gehütet. Währenddessen trafen Jerofejs Blitztelegramme in Moskau, in Abakan und bei den Verwandten der Lykows in Taschtagol ein. Am 19. Februar kamen der Leiter der geologischen Arbeiten, Sergej Petrowitsch Tscherepanow, drei Verwandte der Lykows, der Leiter der Miliz, eine Staatsanwältin und Jerofej mit einem Hubschrauber aus Abasa in der Siedlung an. Was nun mit Agafja? Sie war krank, und es war fraglich, ob sie bereit wäre, mit dem Hubschrauber zu fliegen. Doch sie erklärte sich ohne Zögern bereit.

Die Formalitäten der Staatsanwältin und des Leiters der Miliz waren kurz. Sie untersuchten den Verstorbenen und trugen ins Protokoll ein: »In den drei Tagen, in denen die Leiche hier lag, haben die Katzen ihr die Hand abgefressen.« Agafja jagte die Katzen aus der Hütte und gab Jerofej das Gewehr: »Schieß. Ich will sie nicht mehr sehen...«

Mit den Beamten an Bord flog der Hubschrauber weg. Agafja begann aus altem hausgewebtem Leinen das Leichenhemd zu nähen. Ihr Verwandter Anissim Nikonowitsch Tropin glättete Zirbelkieferbretter und fing an, den Sarg zu zimmern, während sein Sohn und Jerofej das Grab schaufelten.

Am 20. Februar beerdigten sie den Alten. Es gab keine

Reden, kein Wehklagen und keine Tränen. Dem Ritus entsprechend dauerten die Gebete lange an. Am übernächsten Tag, nach langen Gesprächen bei Kerzenlicht, stellten sich alle Besucher auf die Skier und machten sich auf den Weg zur Geologensiedlung. Jerofej: »Ich schaute zurück, um Agafja zuzuwinken. Sie stand wie versteinert an der steilen Böschung des Flusses. Sie weinte nicht. Sie nickte uns zu: ›Geht nur, geht.‹ Nach etwa einem Kilometer schaute ich zurück – sie stand immer noch da...«

Ein Monat ist seit diesem Tag vergangen. Niemand hat in der Zwischenzeit die kleine Hütte am Jerinat aufgesucht. Nur eine Wolfsspur entdeckten Jerofej und ich. Man konnte erkennen, daß ein einsames altes Tier über den Fluß gekommen war, die kleine Hütte umkreist und lange auf der Stelle gestapft war. Der Geruch des Stalls, in dem sich die Ziegen aufhielten, hatte es wahrscheinlich angelockt.

»Was machen wir jetzt? Allein kann der Mensch nicht in der Taiga leben...« Nikolai Nikolajewitsch Sawuschkin, Jerofej und ich stellen Agafja diese einfache und verständliche Frage. Die Antwort darauf ist dieselbe wie vor einem Monat am Tag des Begräbnisses.

»Fortzugehen gab Papachen seinen Segen nicht...« Und damit wendet sie sich dem Spiel mit dem Zicklein zu.

Das Problem mit Agafja schien seit dem vorletzten Jahr gelöst zu sein. Mir hatte sie geschrieben: »Wenn Papachen geht, werde ich bei den Meinen leben.« Weil sie Agafja auch gleich mitzunehmen gedachten, begannen die Verwandten sich einen Überblick zu verschaffen, was aus der kleinen Hütte man mitnehmen und was man wegwerfen konnte. Doch da zeigte sich, daß Agafja keineswegs wegzugehen gedachte. Sie versuchten es mit Erklärungen, Belehrungen, Überredung und Einschüchterung. Die Antwort war immer dieselbe:

»Ich habe den Segen von Papachen nicht bekommen.«

»Wir werden eine separate Hütte bauen, so wie hier, und du kannst einen Gemüsegarten anlegen...«

»Ohne den elterlichen Segen ist es nicht möglich...«

Beim Abschied schließlich sagte Anissim Tropin halb im Scherz:

»Wenn du dich widersetzt, fesseln wir dich und dann ab in den Hubschrauber.«

Agafja antwortete:

»Die Zeiten sind vorbei, daß man jemanden fesselt...«

Damit gingen sie auseinander.

All das hatte mir Jerofej in einem Brief erzählt. Ich überlegte mir, daß es für Agafja wohl schwer war wegzugehen, wenn das Grab noch frisch war. Nach einiger Zeit des Alleinseins in der Taiga würde sie schon zur Vernunft kommen. Aber nein, alles ist beim alten geblieben. Nacheinander versuchen Nikolai Nikolajewitsch und ich ihr zu erklären, was es bedeutet, wenn man alleine in der Taiga leben muß. Da sind die Bären, die Krankheiten und die Gefahr, schlechten Menschen zu begegnen. Wenn irgendwas passiert, wer kann dann helfen?

»Das liegt doch bei Gott...«

Vor seinem Tod muß der Alte mit seiner Tochter »philosophische« Gespräche darüber geführt haben, daß sie nicht zulassen dürfe, daß alles durch Einsiedelei, Fasten und Gebete für das »Himmelreich« Erreichte einfach so in den Wind geschrieben wäre. Und sie kamen zu dem Schluß: »In der Welt« wird dieses Kapital zu Staub – »uns ist es nicht möglich, mit der Welt zu leben.«

Und bisher wagt es Agafja nicht, sich über das Vermächtnis des Vaters hinwegzusetzen. Nicht ohne Hintersinn erzählt sie uns vom Leben der Einsiedlerin Maria von Ägypten, über das sie gemeinsam mit dem Vater kurz vor dessen Tod gelesen hat.

Wieder und wieder erinnern wir die dreiundvierzigjährige Tochter dieser Taiga an alles, was einen einzelnen Menschen hier bedrohen kann.

»Das liegt bei Gott…«, sagt sie und spielt mit dem Zicklein.

Auf den Hubschrauber, der am nächsten Tag einen planmäßigen Flug mit den Geologen hatte, mußten wir lange warten. Die Märztaiga füllte sich mehr und mehr mit den Stimmen der Meisen und dem Klopfen der Spechte, die der Schrei der Tannenhäher in Unruhe versetzte. Aus dem Ziegenverschlag stieg Dampf auf. Unter einem Haufen Fallholz kam bereits ein zaghaftes, kleines Bächlein hervor und floß den Gemüsegartenhang entlang. Aus der aufgesprungenen Hüttentür lief Agafjas Liebling, das Zicklein, hinaus in die pralle Sonne und geradewegs zum mütterlichen Euter. Agafja packte ihren Liebling mit dem Ausruf »Aj – aj« und setzte sich ans Fenster, um ihm aus dem Birkenrindengeschirr zu trinken zu geben.

Um uns die Zeit am Lagerfeuer zu vertreiben, holten Nikolai Nikolajewitsch und ich aus unseren Rucksäcken Zeitungen, die wir in Abasa gekauft hatten. Was es nicht alles gibt! Da überqueren Menschen den Pol auf Skiern…, eine Schießerei im Flugzeug…, eine Schießerei in Jerusalem…, eine neue Beratung in Washington… Und ganz weit weg von alledem dieses besondere Schicksal hier, das wie eine Kerze herunterbrennt. Verstohlen beobachten wir, wie Agafja das Zicklein zwingt, Milch zu trinken. Sie selbst trinkt nicht – es ist Fastenzeit. Welche Kraft hält sie hier? Das traurige Ende ist unausweichlich, aber sie hat keine Angst…

Jerofej, der die kleine Hütte vom Schnee befreite, hörte den Lärm des Hubschraubers als erster. Er klopfte mit der Schaufel aufs Dach: »Agafja, Agafja, wir werden nun Abschied nehmen.«

Agafja lief nicht mit uns zum Hubschrauber. Aus dem startenden Hubschrauber heraus sah sie genauso aus wie bei unserer Ankunft: mausgraue Kleidung, mit Garn geflickte Gummistiefel und drei Tücher um den Kopf. Woran sie jetzt wohl denkt?

Wir bitten den Piloten, über die Hütte zu fliegen... Von oben sieht man unser nicht gelöschtes Lagerfeuer, die Ziege mit ihrem Zicklein, die einsame Figur eines nach oben schauenden Menschen...

Der ebenfalls nach Abasa fliegende Leiter der geologischen Arbeiten, Sergej Petrowitsch Tscherepanow, brennt darauf zu erfahren, wie unsere Mission ausgegangen ist.

»Das habe ich mir schon gedacht... Aber vielleicht wird sie sich später, nach reiflicher Überlegung, besinnen.«

»Vielleicht...«

Eine Stunde Flug – und keine einzige Menschenspur da unten.

ALLEIN

September 1988

Im Juni erhielt ich einen langen, achtseitigen Brief von Agafja. Ich fühlte, daß die Einsamkeit ihr zusetzte. »Nach Ihnen kam bis zum Mai niemand mehr«, schrieb sie. In allen Einzelheiten berichtete sie von einer Invasion der Bären nach dem Winterschlaf. Einem war sie beim Wasserholen am Fluß begegnet. »Ich begann auf den Eimer zu schlagen und ging dabei langsam, langsam rückwärts zur Hütte... Ich holte das Gewehr und gab zwei Schüsse in die Luft ab.« Am übernächsten Tag interessierte sich noch ein »kleineres« Tier für die Kartoffelgrube und den Ziegenstall, aber es zog sich aus irgendeinem Grund wieder zurück, »ohne etwas zu zerstören«. Dann aber tauchte es erneut auf und fing an, das Grab von Karp Ossipowitsch aufzuwühlen. Nachdem sie das Tier mit Schüssen verjagt hatte, hängte Agafja überall »Scheuchen« auf: eine rote Jacke, die man ihr geschenkt hatte, ihre festtägliche Kleiderschürze und ein rotes Kinderkleid, in dem die Kerzen eingewickelt waren. Ich nehme hier vorweg, daß wir diese Sicherheitsvorkehrungen neben der Hütte, am Grab und am Ziegenstall gesehen haben. Die von der Witterung verblaßten roten Tücher waren das einzige Mittel, das diesen in der Taiga verlorenen, einsamen Menschen schützte. Im Frühjahr sind die Tiere hungrig. Eine nicht zu unterschätzende Gefahr. Und Agafja, die sonst immer äußerst zurückhaltend mit Bitten war, schrieb diesmal: »Ich brauche einen Hund.« Außerdem bat sie um kleinere gußeiserne Töpfe und eine warme Steppdecke. Diese Bitten, ihre Mitteilungen über den Gemüsegarten und die nicht vorhandene Angst vor den Bären ließen keinen Zweifel daran, daß Agafja Lykowa nicht beabsichtigte, aus der Endstation wegzugehen.

Zugleich kann sie ohne »weltliche« Unterstützung nicht leben. Die Geologen stecken ihrer Taiganachbarin Mehl, Grütze und einige Leckerbissen aus den abasinischen Gärten zu. Nikolai Nikolajewitsch Sawuschkin, Jerofej und ich verständigen uns regelmäßig darüber, was unser »Patenkind« in der Taiga am dringendsten bräuchte und wie man die bei der Redaktion eingehenden Zehn- oder Fünfundzwanzigrubelnoten am besten ausgibt, deren Verwendungszweck auf den Überweisungsformularen immer lautet: »Kaufen Sie etwas für Agafja.« Es hat sich eingebürgert, daß wir uns mit Galina Alexejewna Troschkina vom Exekutivkomitee in Abakan beraten. Sie ist ein herzensguter Mensch, der viel Verständnis für unsere außergewöhnliche Aufgabe aufbringt und bereit ist, ihrerseits einen offiziellen Beitrag so zu leisten, daß er diesem einzigartigen Fall angemessen ist. Dies geschieht bereits seit acht Jahren unter dem Motto: »Barmherzig helfen, aber zu nichts zwingen und nichts aufdrängen«. Herausgebildet hat sich dabei eine informelle Betreuung, an der auch die Leser unserer Zeitung beteiligt sind.

Diesmal beluden wir den Hubschrauber mit drei Packen Heu und fünf Säcken Mischfutter für die Ziegen sowie mit Mehl, Grütze, Honig, Kerzen, Batterien, einer Taschenlampe, Töpfen, gußeisernen Töpfen, einem Sieb, einer Decke, Papier, Briefumschlägen, Bleistiften, einem Karton mit Leckereien vom Moskauer Butyrski-Markt, einem Stück Stoff zur »Abschreckung der Bären«, einer Kiste mit Hühnern und einem Rüden, der auf den Namen Drushok hörte. Außerdem kauften wir in Abakan eine Lizenz, die den Abschuß eines Marals erlaubte. (Jerofej soll mit Einbruch der Kälte ein Tier erbeuten und das Fleisch zusammen mit Agafja zur Behausung bringen.) Ich zähle das auf, um allen Lesern, die an Agafjas Schicksal Anteil nehmen, eine Art Rechenschaftsbericht zu geben, und damit man sich vorzustellen vermag, welche Werte in ihrem Leben jetzt eine Rolle spielen.

Vieles akzeptiert sie nach wie vor nicht: Brot ißt sie nur ihr selbstgebackenes, Wurst und Konserven rührt sie nicht an, Öl in Flaschen, ausgenommenen Fisch, Konfitüre, Bonbons, Tee und Zucker nimmt sie nicht. Aus diesem Grund schütteten wir die Haferflocken wie immer aus ihrer Verpackung in einen frischen Kissenbezug, und den Honig füllten wir in einen Tujesok. Unsere Schutzbefohlene nimmt die Geschenke voller Dankbarkeit (»Gott segne dich«) an, aber auch würdevoll und ohne sich einzuschmeicheln, und sehr selten bittet sie um etwas.

So war es auch dieses Mal. Auf die Frage, was ihr am meisten gefiel und was sie am nötigsten brauchte, zeigte Agafja lächelnd auf einen außen roten und innen blendendweißen gußeisernen Topf von doppelter Faustgröße. »Der ist gut. Zu Ostern werde ich darin einen Brei kochen.« Am nötigsten aber brauchte sie den Hund...

Doch zunächst zu unserem Flug über der Taiga. Ein schon gewohnter Flug. An manchen Stellen fielen grüne, kiefernbestandene Steilhänge tief zum Abakan hinunter, an anderen Stellen wiederum flogen wald- und graslose steinige Berggipfel unter uns vorbei, noch bedeckt von altem Schnee, mit grünlich schimmernden kleinen Schmelzwasserseen. Der Herbst vergoldete die Wiesen über der Taiga. Als gelb-rote Einsprengsel in den Zirbelkiefernhainen huschten die Wipfel der Birken und Espen vorbei. Wild und ungesellig floß der Abakan, von rechts und links silbrige Flüsse und Bäche aufnehmend, in seiner Schlucht. Auf dem Flußweg hätten wir nicht weniger als vierhundert Kilometer zurücklegen müssen. Luftlinie war es nur etwas mehr als eine Stunde bis zu unserem Ziel.

Unterwegs gab es ein lustiges Intermezzo. Dem durch die Flughöhe und den Turbinenlärm alarmierten Hahn war es gelungen, sich aus der Kiste zu befreien, worauf er mit erschöpfter, dem üblichen Hahnenschrei ganz und gar unähnlicher Stimme krächzte und durch den Hubschrauber flatterte. Er kratzte Nikolai Nikolajewitsch, aber in den starken Pranken Jerofejs beruhigte er sich dann.

Drushok, die kleine Promenadenmischung, schaute sich dieses Spektakel völlig gelassen an und wedelte mit dem Schwanz.

Man kann nur darüber spekulieren, ob sich die Bären von Agafjas roten Tüchern beeindrucken ließen oder nicht; wir jedenfalls sahen sie von oben sofort. Nach der Landung auf der Landzunge gab uns der Hubschrauberkapitän Oleg Kudrin ein Zeichen, daß wir uns beeilen sollten, und flog dann sofort weg. Aus dem Wald kam uns niemand zur Begrüßung entgegen, so daß wir dachten, die Wirtin sei nicht zu Hause. Aber sie erschien, als wir einen Übergang aus Baumstämmen gebaut hatten und das Gepäck zum Pfad hinüberschleppten.

»Agafja! Hast du gewartet?!«

»Ich habe gewartet, gewartet, ich hatte Sorge, ob das Wetter hält. Gott habe ich gebeten …«

Das gewohnte Gespräch über Gesundheit und Neuigkeiten wurde diesmal von dem Gegacker der Hühner und dem Gebell von Drushok begleitet, der sich über sein Los noch nicht im klaren war. Dieser schwarze, lebhafte und neugierige Neusiedler stand sofort im Mittelpunkt der Aufmerksamkeit. Die Katze machte einen Buckel und schaute sich das Geschehen von oben, vom Dach des Ziegenstalls an. Die alten Ziegen unterbrachen ihr Rutenkauen; wahrscheinlich erinnerte sie das Gebell und das Aussehen von Drushok an ihr eigenes junges Leben in der großen Welt.

Den Zicklein jedoch war der Hund ein unbekanntes Wesen, und sie betrachteten ihn mit stummer Neugier und Angst.

Fast ebenso war auch Agafjas Reaktion. Sie versuchte Drushok zu streicheln, aber er antwortete mit einem unfreundlichen Knurren. Die Wurst aus Agafjas Händen machte ihn verträglicher, er ließ sich streicheln, hatte es aber offensichtlich nicht eilig damit, seine Zuneigung einer Fremden zu schenken. Mit Schwanzwedeln und Blick in die Augen demonstrierte er seine Anhänglichkeit an den männlichen Teil des Hofes.

»Macht nichts, macht nichts, in etwa drei Tagen werdet ihr unzertrennlich sein«, philosophierte Jerofej. Beim Überqueren des Flusses war ihm der Hahn entwichen. Mit einem in der ganzen Taiga vernehmlichen Gekrächze flog er los und verschwand im Dickicht, ohne die Hoffnung zu hinterlassen, daß er zu den Hühnern zurückkehren würde.

»Agafja, jetzt bist du fast eine Gutsherrin«, sagte Jerofej und zählte das Kleinvieh: »Eine Katze, fünf Ziegen, fünf Hühner und Drushok.«

Ohne Ironie akzeptierte Agafja das Wort »Gutsherrin«, denn nach ihrem Dafürhalten mußte ein Mensch, der über einen solchen Reichtum verfügte, genau so bezeichnet werden.

»Fünf Ziegen sind doch viel. Man kann nicht alle durchfüttern. Zwei müssen geschlachtet werden. Ich weiß gar nicht, wie ich das schaffe – ich habe mich doch so an sie gewöhnt.«

Wir sprachen über das Futter für die Ziegen und über die mit ihnen verbundenen Mühen. Wir wägten ab, ob die Milch diese Mühe lohnte. Agafja sagte entschieden, es lohne sich.

»Ohne Milch wäre ich doch Papa sehr bald gefolgt – meine Lungen sind schwach...«

Dann fiel uns ein, daß die Verwandten aus Kilinsk einen Brief mitgegeben hatten.

»Na, dann lies mal laut vor«, scherzte Nikolai Nikolajewitsch.

»Unsere liebe Einsiedlerin, Du, wie geht es Dir dort so allein, so ganz allein mit der Taiga ...«, las Agafja und verstummte, als sie sich in den Brief vertiefte. Wir machten ein Lagerfeuer und holten Proviant aus den Rucksäcken, während sie immer noch mit dem Zettel dastand. Und neben ihr stand das Zicklein und kaute an ihrem Kleidersaum.

»Sie rufen mich zu sich«, sagte Agafja, nachdem wir uns etwas abseits gesetzt hatten. »Sie rufen mich. Aber wie kann ich dort leben, wie dort beten, wenn ihre Kinder Pioniere[1] sind? Und dann hat auch Papa seinen Segen nicht gegeben.«

»Aber allein in der Taiga ...«

»Das liegt bei Gott.«

Obwohl ich den Charakter der vierundvierzigjährigen Einsiedlerin gut kannte, hielt ich ihr noch einmal einiges von dem vor, was wir bereits im Winter besprochen hatten:

»Du könntest unerwartet krank werden. Dann kann dir niemand helfen. Und dann die Bären oder ein Brand in der Hütte. Du stellst doch immer noch die Kerzen neben die Körbe. Die Birkenrinde – sie entzündet sich doch wie Schießpulver. Und währenddessen schläfst du ...«

»*Jedak*. Alles kann passieren. Ich rette mich mit Gebeten. Und Angst habe ich keine. Ich bin hier geboren. Vor dem Sterben habe ich keine Angst ...«

Und damit war das Gespräch über eine etwaige Übersiedlung »in die Welt« beendet. Nach einigem Schweigen schlug Agafja eine Besichtigung des Kellers vor. Es gab allen Grund, stolz darauf zu sein. Die Kartoffelgrube, die Jerofej im Sommer ausgehoben hatte, hatte Agafja mit einem guten Eingang und einem passenden Deckel ausgestattet und von oben alles mit Birkenrinde und Erde zuge-

1 Mitglieder des Kommunistischen Kinderverbandes (A. d. Ü.).

deckt. »Und gleich neben der Hütte. Da kann man immer hin...«

Die Hütte sah jetzt anders aus als im März. Im Schnee war sie uns sehr niedrig vorgekommen, jetzt aber schien sie gewachsen zu sein. Sie glänzte mit ihren drei Fensterchen, deren eines mit einer Blume geschmückt war. Wie sich herausstellte, handelte es sich dabei um Pfeffer im Blumentopf. Aber obwohl es nur Pfeffer war, sah das Fensterchen fröhlich aus. Außerdem standen noch der Wecker, die Taschenlampe und die dazugehörigen Batterien im Fenster. Und dazu – ich traute meinen Augen nicht – ein Spiegel. Ein Spiegel mit Zierrahmen und Griff, wohl ein Geschenk. Als wir in die Hütte hineingingen, nahm Agafja das Spieglein, schaute verspielt und kokett hinein und brachte ihr Kopftuch am Kinn in Ordnung. Selbst in ihrem Overall, den sie bei der Arbeit im Gemüsegarten trug, war sie nun verblüffend weit entfernt von der rußbefleckten Wilden, die wir in den ersten Jahren gesehen hatten. Agafjas Gesicht, das früher wegen seiner mehligen Blässe auffiel, war nun sonnengebräunt und hatte sogar eine leichte Röte.

»Woher kommt das, von den Karotten oder von der Sonne?«

Agafja tat die Frage mit einem fröhlichen Scherz ab und sah sich veranlaßt, von ihrem Besuch in der alten Hütte zu erzählen. »O Herr, wie haben wir nur gelebt! Finsternis, Ruß...« Was uns an der Hütte auf dem Berg in Erstaunen versetzt hatte, verwunderte nun auch Agafja: »Von dem üblen Geruch aber mußte ich sogar husten.«

Besonders ordentlich war es auch in der neuen Hütte nicht. Aber immerhin war es eine völlig andere Behausung. Ein Kienspan hatte hier noch nie gebrannt, die Wände dufteten nach Harz. Auf dem Fußboden lag eine Art Läufer, was uns dazu veranlaßte, die Schuhe am Eingang auszuziehen. Am Regal neben dem Ofen war ein Fleischwolf festgeschraubt, und neben den Birkenrindenkörben stand eine ganze Batterie von Emailletöpfen, die seitlich mit Bildern verschiedener Beeren verziert waren.

Unter diesem Dach hätte sich auch ein Fernsehgerät überhaupt nicht fremd gefühlt. Und ein Radio mit Batteriebetrieb kann man sich hier erst recht ohne große Phantasie vorstellen. Aber das ist genau das, was nach wie vor mit einem Tabu belegt ist: »Nicht möglich!« Auch das Fotografierverbot ist nicht aufgehoben.

Obwohl sie sich ohne Bedauern von den geflickten hausgewebten Hemden, dem Kienspan, dem Schuhwerk aus Birkenrinde und dem geschnitzten Geschirr getrennt hat und obwohl sie sich durch den Kontakt mit den Menschen überraschend entwickelt hat, hat Agafja in »ideologischer« Hinsicht nichts aufgegeben und wird natürlich bis zuletzt dabei bleiben. Darin liegt sowohl ihre Stärke als auch ihre Tragik.

Das Leben in völliger Einsamkeit, ohne den Vater, ist für sie eine besondere Prüfung geworden. »Früher hast du deine Gebete laut gesprochen, und jetzt flüsterst du nur noch...«, sagte Nikolai Nikolajewitsch, als wir uns in aller Ruhe bei Kerzenlicht unterhielten. »Für wen sollte ich denn laut sprechen? Gott hört mich, und Papachen erreicht man auch mit lautem Rufen nicht... Mein Brot backe ich jetzt nur noch einmal in zwei Wochen, gußeiserne Töpfe habe ich mir kleinere erbeten und reden kann ich nur noch mit dem Zicklein. Ich sehe, euch übermannt der Schlaf, ich aber könnte noch reden und reden...«

Die zweite Stunde nach Mitternacht war bereits angebrochen. Und seit dem Abend hatten wir nur geredet. Agafja erinnerte sich an alles, was hier seit dem März geschehen war. Es gab nur wenige Ereignisse: Jerofej hatte den Keller gegraben, Jerofej war mit dem Boot auf dem Abakan gekentert und beinahe ertrunken, einige Geologen waren mit dem Boot zu Besuch gekommen und hatten einen Sack Mehl dagelassen, Geophysiker aus Bisk hatten in der Nähe der Hütte zu tun gehabt und auf Bitten der Einsiedlerin eine Katze mitgebracht und Holz für sie gesägt. Agafja erinnerte sich gerne an sie.

In allen Einzelheiten erzählte Agafja von den Schlangen, die sie im Gemüsegarten gesehen hatte, und von einem wahren »Schlangensodom« am Fluß.

»Was hast du denn da gemacht? Schlangen muß man doch mit einem Stock erschlagen«, sagte der aus dem Halbschlaf erwachte Jerofej. »Was steht denn bei Gott über Schlangen?«

Es stellte sich heraus, daß Gott für alles vorgesorgt hat. Agafja öffnete einen Folianten, der noch den Geruch der alten Hütte hatte, und las vor: »Ich gebe euch die Macht, auf die Schlange zu treten und auf die Skorpione und auf jegliche feindliche Kraft.«

»Und? Hast du auf Gott gehört?«

»Sie taten mir leid. Das Leben ist doch jeglichem Geschöpf lieb.«

Wie gewöhnlich überprüften wir, ob sich unser »Robinson« nicht in der Zeitrechnung vertan hatte. Nein, prompt und richtig und mit offenkundigem Stolz, daß es dabei überhaupt keinen Fehler geben kann, sagte Agafja: »Nach dem neuen Kalender ist heute der achte Tag im September.« Sie nannte das Datum auch nach dem alten Kalender und dann das Jahr »seit der Erschaffung der Welt«.

Und noch ein Experiment. In der Bibliothek der *Komsomolskaja Prawda* fand ich vor meinem Abflug eine alte Ausgabe des *Igorlieds*. Darin ist diese alte Sage in altkirchenslawischer Schrift ohne Übertragung ins moderne Russische gedruckt. Die Philologiestudenten, die bei den Lykows gewesen waren, hatten geschrieben: »Agafja las das *Igorlied* leicht und fehlerfrei.« Mein Test zeigte: nein, nicht fehlerfrei und auch nicht leicht! Die meisten Wörter des alten Werks waren weder uns noch Agafja bekannt, und ohne eine solche Kenntnis klappte das Lesen des unverständlichen Textes nicht. So beendeten wir das Ganze mit der ersten Seite.

Auch unser Gespräch über das tausendjährige Jubiläum der Christianisierung Rußlands wollte sich nicht recht entwickeln. Natürlich waren Fürst Wladimir, dessen Frau Olga und ihre Taufe im Dnjepr Agafja ein Begriff. Aber was wir ihr über die Jubiläumsfeierlichkeiten erzählten, ließ sie gleichgültig. Nach ihren Vorstellungen war all das eine Fortsetzung des Nikonianertums: »Der wahre Glaube hat sich doch nur in den Wäldern bewahrt.«

In der kleinen Hütte war es stickig, weil sie mit Schlafgästen überfüllt war. Gegen Morgen ging ich, nachdem ich mit der Taschenlampe auf das Zifferblatt des Weckers geleuchtet hatte, hinaus in die Taiga. Bei meiner Rückkehr bemerkte ich, daß Agafja nicht schlief, sondern flüsternd betete.

»Warum hast du dich nicht hingelegt?«

»Die Zeit ist doch so vergangen mit den Gesprächen, und beten muß man auch.«

»Wieviel Zeit verbringst du im Laufe eines Tages mit Gebeten?«

»Fünf Stunden oder vielleicht vier ...«

Am Morgen ging Jerofej den Hahn suchen (und wurde fündig). Nikolai Nikolajewitsch und mich aber führte Agafja zum Gemüsegarten. Der von morgens bis abends von der Sonne liebkoste Berghang war für die Jahreszeit außergewöhnlich grün. Dieses Jahr, das Amerika mit einer Dürre, Bangladesch und den Sudan mit fürchterlichen Überschwemmungen heimgesucht und Europa einen glühendheißen Sommer beschert hatte, hatte hier im asiatischen Sajan viel Regen gebracht. Den ganzen Sommer war es naß gewesen. Der Abakan, ohnehin launisch, trat über die Ufer, häufte überall Bäume auf, veränderte stellenweise sein Flußbett und damit die gewohnten Verhältnisse auf dem Fluß. Jerofej war nicht der einzige, der in diesem Jahr mit seinem Boot kenterte. In der Nähe der Geologensiedlung fand man an einer Flußsperre die Leiche eines Verunglückten. Daneben das Boot. Bei den Geologen spülte der Abakan die Piste weg, auf der gewöhnlich das Flugzeug landete. So war die Siedlung nur noch mit dem Hubschrauber zu erreichen. Auch die Furten auf dem Weg zu Agafja waren unpassierbar geworden. Der Regen (und Schnee im Juni!) »beschädigte«, wie Agafja sagte, die Waldbeeren, und sie hatte lediglich von den Johannisbeeren einen Trockenvorrat anlegen können. Die Zirbelkiefern trugen in diesem Jahr keine Nüsse. Die »Waldnahrung« in der kleinen Hütte hat sich auf den Vorrat an Milchpilzen reduziert. Nach alter Gewohnheit legte Agafja sie nicht ein, sondern trocknete sie.

Der Gemüsegarten aber hat sie nicht im Stich gelassen. Nur der Reifeprozeß war bei allem verzögert. Während unserer »Exkursion« dorthin bot Agafja uns Erbsen- und Bohnenschoten an – sie waren so grün wie sonst im Juli. Grün war auch der schläfrige Hanf, und der Streifen umgesunkenen Weizens hatte nur ein wenig Bräune (im September!) bekommen. Und alles übrige – Karotten, Kartoffeln, Zwiebeln, Knoblauch, Rüben – grünte mit aller Kraft.

Agafja hofft, etwa dreihundert Eimer Kartoffeln zu ernten. Diese sind nach wie vor die Grundlage ihrer Ernährung.

»Und warum Hanf und Weizen in so kleinen Mengen?«

Wie sich herausstellte, war dies der Samenvorrat! »Weltliche Hilfe« ist zwar eine gute und angenehme Sache, aber dennoch – nach dem Motto: Hilf Dir selbst, so hilft Dir Gott – ist es nützlich, seine Autonomie zu wahren. Jetzt hat die Einsiedlerin einen solchen Lebensmittelvorrat, daß sie ein Jahr durchhalten könnte. Sie erkundigte sich, womit man den Hund und die Hühner füttert, und brachte für die Ziegen einen Saum voll Mischfutter als Kostprobe.

»Du solltest uns lieber erzählen, wovon du selbst lebst und satt wirst«, bat Jerofej sie vom Lagerfeuer aus.

Agafja erzählte bereitwillig, was sie gestern gegessen hatte und was sie heute und morgen zu essen vorhatte. Zu Tisch setzt sie sich zweimal am Tag: zum Mittag- und zum Abendessen. Das Essen ist monoton, aber durchaus erträglich. Es besteht aus Suppe mit getrockneten Milchpilzen und Kartoffeln, Kartoffeln pur, Erbsensuppe sowie folgenden Zutaten: Rüben, Karotten, Zwiebeln und Knoblauch. Dazu Brei aus Hafer, Reis oder Weizen, manchmal mit einem Löffel Öl oder Honig. Zwischen Mittagessen und Abendessen nascht sie Zirbelnüsse, wie man bei uns Sonnenblumenkerne knabbert – ihr Brot ist weiß, aus Sauerteig und in der Pfanne gebacken. Die Krönung des Ganzen ist die Milch. An sie hat sich Agafja gewöhnt, sie fühlt, welche Kraft darin steckt, und müht sich darum gern mit den Ziegen ab. Sie sehnt sich nach Fisch, den man in diesen Gegenden einst so leicht bekommen konnte. In diesem Sommer hat sie versucht, ein Netz in den Jerinat zu werfen, aber ohne Erfolg: Die Leine wurde fortgerissen. Eier hat Agafja schon probiert, und der Hühnertrupp unter Führung des Hahns kann ihr wohl einige schenken. Bei Kälteeinbruch kann man die Ziegen schlachten, und Jerofej, so hegen wir die Hoffnung, wird einen Maral erlegen.

Jerofej ist in dieser kleinen Taigahütte nach wie vor der wichtigste Helfer und Ratgeber. Uns hat er gestanden, daß er sich sehr nach seiner früheren Beschäftigung bei den Geologen sehnt. Er würde gerne dorthin zurückgehen. »Meine Chefs rufen mich, aber dieses Jahr gehe ich nicht zurück – ich habe auch meinen Stolz.« Nach seinem Fiasko mit dem Jagdgewerbe im vergangenen Jahr hatte Jerofej in diesem Sommer in einem Forstwirtschaftsbetrieb mit Kräutern, Wurzelgemüse und Farn sein Geld verdient und sich auf die winterliche Begegnung mit der Taiga vorbereitet: Er hatte seine »frostgeschädigten« Füße in Thermen kuriert und, was das Wichtigste ist, viel mit erfahrenen Leuten über die Pelztierjagd gesprochen. In sein Jagdgebiet will Jerofej beizeiten gehen, um vorher dabei zu helfen, die Kartoffeln von diesem Gemüsegarten am Berg herunterzuholen. Agafja rechnet fest mit dieser Hilfe.

In Erwartung des Hubschraubers sammelten wir uns wieder um Drushok. Der Hund beobachtete ein Burunduk, das sich in der Nähe des Hanfs tummelte. Die Ziegen mit ihren Apostelbärten beobachteten weiterhin stumm den merkwürdigen Neusiedler. Agafja trippelte ständig mit Futter zu Drushok. Und der Hund schätzte diese besondere Fürsorge bereits – er rieb sich an ihrem Filzstiefel und markierte, soweit es ihm die Leine erlaubte, eifrig sein neues Territorium.

»Genau, genau, noch ein bißchen höher das Bein« spornte Jerofej ihn an. »Jetzt ist das alles hier deins. Beschütze das Gut vor den Bären und zeig, wozu Hunde in ihrer Freundschaft zu den Menschen fähig sind!«

Drushok hörte den Lärm des Hubschraubers als erster: Er spitzte die Ohren und drehte fragend den Kopf. Aber als wir den Pfad entlang zur Landzunge gingen, riß er sich nicht von der Leine los. Und das gefiel Agafja.

Nachdem er Jerofej aufgenommen hatte, flog der Hubschrauber noch zur alten Hütte und holte Salz. Als wir dann alle über dem Fluß in die Luft stiegen, machte der Pilot uns und Agafja ein Geschenk: Er drehte eine Runde über der kleinen Hütte.

DIE »HEIRAT«

April 1989

Im Januar bekam ich von Agafja einen langen, achtseitigen Brief, in dem sie über ihren Alltag berichtete. An erster Stelle standen wie immer die Kartoffeln: »Dreihundertzwanzig Eimer... Für eine Person ist das zuviel...« Dann teilte sie mit, daß man zum Winter für die Hühner, die wir dorthin gebracht hatten, eine kleine Hütte mit eigenem Ofen gebaut hatte, daß der Kater entlaufen war, daß sie einen Ziegenbock geschlachtet hatte und daß ich, falls ich zu kommen beabsichtigte, eine Leine mitbringen sollte. »Ziegenfutter habe ich in Hülle und Fülle vorbereitet. Und auch als Nikolai Nikolajewitsch Sawuschkin mit dem Hubschrauber kam, brachte er Heu und einen Hahn mit. Anfangs wollte der Hahn, wohl aus Scheu, nicht singen. Jetzt aber singt er und stellt den Hühnern nach.« In allen Einzelheiten und sehr verständlich schilderte der Brief ein Ereignis, das die gebürtige Taigabewohnerin in Staunen versetzt hatte: »Ich werde Ihnen nun eine Begebenheit beschreiben, in meinem ganzen Leben habe ich noch nie eine solche Begebenheit erlebt.«

Im November war sie, nachdem sie durch das Fenster beobachtet hatte, daß die Ziegen unruhig waren, in den Hof hinaus gegangen. Im Gemüsegarten, zwanzig Schritt von der Hütte, stand etwas Graues, halb Hund, halb Wolf. Agafja nahm das Gewehr von der Tür und »schoß zur Abschreckung in die Luft«. Das Tier lief nicht weg. »Dann gab ich einen gezielten Schuß ab, traf aber nicht.« Auch dann lief der Eindringling nicht weg. Verblüfft sperrte Agafja die Ziegen noch sicherer ein und beobachtete nun vom Fenster aus den Hof.

Der im letzten Jahr hierher gebrachte Drushok (»ein guter Hund, aber nur zum Vergnügen – er bellt niemanden an«) begegnete dem Gast aus der Taiga auf besondere Weise. Bemüht, das fremde Tier nicht auf den Hof zu lassen, schnappte er ihm in die Nase, traf aber auf keinerlei Widerstand. Und nach ein bis zwei Tagen liefen beide Hunde (Agafja hatte entschieden, daß es sich bei dem Neuankömmling um einen solchen handelte) bereits ganz freundschaftlich über den Hof oder lagen gemeinsam auf den von den Ziegen abgefressenen Zweigen. In dem Gedanken bestärkt, daß der zweite ein entlaufener Hund sei, schüttete sie ihm ein Schüsselchen gekochte Kartoffeln auf einen Baumstumpf im Gemüsegarten, die gierig verschlungen wurden.

Und so lebten nun zwei Hunde auf dem »Gut«: Drushok und der große Gast mit den verdächtigen Angewohnheiten. »Die Ziegen hatten sich an ihn gewöhnt. Auch ich hatte mich an ihn gewöhnt, stellte ihm das Essen schon ohne Vorsicht hin.« Der Hund fraß alles, benahm sich aber merkwürdig: Wie mit der Schere schnitt er die rote Flanelldecke,die als Schutz über den Zwiebeln lag, in Fetzen; er zerriß die Säcke mit dem Getreide- und Grasmischfutter; er riß aus den über dem Zaun hängenden alten Hosen Fetzen heraus.

Aus der ihr eigenen Neugier versuchte Agafja, das merkwürdige Tier einzufangen. Mit dünnen Stangen baute sie einen Käfig mit einer Falltür, die sie mit einem Seil von ihrer Tür aus zuschnappen lassen konnte, und legte einen Köder. Aber der Hund schielte nur auf die Falle und kam kein einziges Mal näher.

Eines Morgens wurde klar, daß dieses Spiel gefährlich war. Agafja hatte in der Nacht das Gebrüll eines Marals gehört. »Das war ein Todesschrei. Ich dachte, daß ihn jemand erlegt hat.« Am Morgen aber kamen der graue Hund und hinterdrein Drushok vom Fluß her und leckten sich die Mäuler. An ihren Lefzen klebten Blut und Fetzen von Hirschfell. Das brachte Agafja auf den Gedanken zurück, daß es sich um einen Wolf handeln könnte, und veranlaßte sie, beim Verlassen der Hütte vorsichtiger zu sein...

Das Ende der Geschichte erfuhr ich drei Monate später, als ich mit eigenen Augen die Falle, das an Stangen aufgehängte zerfetzte Maralfell und die Stelle am Zaun sah, wo ihn die Kugel erwischt hatte... einen ausgewachsenen Wolf. »Ja, das war ein Wolf«, sagten Spezialisten, als sie das Fell entgegennahmen. »Sein Verhalten? Da kann man nur mit den Achseln zucken. So etwas ist uns noch nie auch nur zu Ohren gekommen.«

Das zugelaufene Tier hatte über sechs Wochen bei der Taigahütte gelebt. Man könnte vermuten, der Rüde habe eine einsame Wölfin angelockt. Aber wie sich herausstellte, war das Tier ein ungefähr vierjähriges Männchen gewesen.

Für Agafja mit ihrem ereignisarmen Leben hatte diese Geschichte etwas Mystisches. Und die dramatischen Ereignisse in diesem Frühling stellt Agafja in einen direkten Zusammenhang mit dem »Erscheinen des Wolfes«: »Ein Zeichen. Das war ein Zeichen...«

In der zweiten Februarhälfte bekam ich von meinen Freunden ein Telegramm: »Agafja ist krank. Wir werden sie mit dem Hubschrauber nach Taschtyp bringen.« Und vier Wochen später dann die Briefe und Telegramme mit der verblüffenden Nachricht: »Agafja hat geheiratet.« Man nannte Namen, Vor- und Vatersnamen des frischgebackenen Ehemanns. Während ich aufgeregt und bestürzt meine Vorbereitungen für die weite Reise traf, kam noch ein Brief von Agafja. Kein Wort von »Heirat«. Schiefe, hastige Zeilen, wie immer mit der Erwähnung Gottes und den Wünschen guter Gesundheit. Das Wesentliche: »Kommen Sie bitte, um Christi willen, ich bin krank und traurig.«

Von Taschtyp, das am Rande der abakanischen Taiga liegt, flogen wir zu dritt: Nikolai Nikolajewitsch Sawuschkin, der schon seit Jahren am Schicksal der Lykows Anteil nimmt, Nikolai Ustinowitsch Shurawljow, der Journalist, der bereits 1982 bei den Lykows gewesen war, und ich. Es war sehr ungewohnt für mich, ohne Jerofej zu reisen. Er hatte Bereitschaftsdienst auf einer Bohranlage. Nach zwei Jahren Berufsjagd hatte er begriffen, daß ihm dieses Metier nicht lag. Er hatte sich erneut als Bohrmeister beworben. Und eine weitere Neuigkeit: Die geologischen Aufklärungsarbeiten gehen in ihr letztes Jahr. Die Siedlung, von Agafja aus die nächste bewohnte Stelle, wird aufgegeben. Ohne die Fluggelegenheiten in diesen Winkel der Taiga zu gelangen, wird dann schwierig, fast unmöglich...

In Taschtyp versuchen wir bei unseren Freunden und Bekannten im Forstwirtschaftsbetrieb und am Flughafen zu klären, was dort in der Taiga los ist. Alle lächeln: Sie hat geheiratet. Man nennt uns den Namen des »frischgebackenen Ehemanns«, eines einheimischen Altgläubigen.

Mit Verdruß erfahren wir schon von dem Piloten: Der Hausherr ist nicht da, er hat vor drei Tagen die Taiga mit einem Linienflug verlassen.

Der Abakan hat sich in diesem Jahr früh vom Eis befreit. Im ganzen Flußlauf ist er bereits offen. Aber der vor kurzem gefallene Schnee umrahmt das grünliche Wasser, und auf den Hügeln glänzt er wie Zucker. Die Taiga ist nur dünn bewachsen, von oben könnte man zwischen den Bäumen sogar einen Hasen erkennen. Aber kein Lebewesen ist zu sehen, obwohl der hiesige Zirbelkiefernwald an ihnen nicht arm ist.

Der Hubschrauberpilot hat es eilig. Deswegen fliegen

wir an der Geologensiedlung vorbei, ohne dort zu landen. Dann sehen wir links vom Abakan die alte, verlassene Hütte der Lykows. Und da ist auch schon der Rauch aus der bewohnten Hütte, eine Ziege und der Hund, der mit einem für uns unhörbaren Bellen den Hubschrauber begrüßt und schon in alter Gewohnheit zu der Stelle läuft, an der er landen wird. Als der Hubschrauber in die Kurve geht und die Höhe verringert, trippelt auch schon die Wirtin in ihrer grauen, sackartigen Kleidung, dem unvermeidlichen Kopftuch und den hasenfellbesetzten Stiefeln zu der Böschung am Fluß...

Schon auf dem Weg unterhalten wir uns, ohne jedoch die Hauptsache zu erwähnen. Agafja zeigt uns die Stelle, wo der Wolf den Maral gerissen hatte. Und dann zeigt sie die Stelle neben der Hütte, wo jener seltsame Wolf erschossen wurde. Kaum daß er das zugelaufene Tier sah, hatte Agafjas »Bräutigam« gesagt: »Wieso Hund?... Das ist doch ein Wolf!« Agafja drängte ihn, ihn unverzüglich zu erschießen. Sein Vorschlag: »Laß uns ein wenig warten – wenn Wassili Michailowitsch kommt, fotografiert er ihn«, wurde zurückgewiesen: »Es ist doch ein Unding, mit Wölfen zu leben. Sie werden sich noch vermehren...«

Der Wolf mit dem seltsamen Benehmen war nicht das einzige Tier, das hier in dieser Gegend zugelaufen war. Vor etwa zehn Tagen jagte ein ganzes Wolfsrudel einen jungen Maral zu der steilen Böschung am Fluß. Der Hirsch stürzte die Böschung hinunter, brach sich ein Bein und riß sich die Seite auf. Als er Rettung vor den Raubtieren suchte, geriet er in den Fluß gegenüber der Hütte. Agafja und ihr »Bräutigam« erschossen das Tier, das keine Überlebenschancen hatte. Das Zerlegen des ausgeweideten Tiers und das Einsalzen des Fleisches war das letzte Kapitel ihres kurzen Familienlebens.

Da wir Verständnis dafür hatten, wie delikat diese ganze Angelegenheit war, hatten wir es mit dem Fragen nicht so eilig. Agafja fing von sich aus davon an. Wir hörten ihr zu, bis sie sich ausgesprochen hatte, und unterbrachen sie nicht. »Das ist alles. Ich habe Sergej Petrowitsch Tscherepanow (dem Leiter der Geologensiedlung) geschrieben: ›Ich sage mich von Iwan Wassiljewitsch Tropin los.‹ Ich habe den Müttern (Nonnen) am Oberlauf des Jenissei meine Beichte geschrieben und sie gebeten, mich ins Kloster aufzunehmen.«

Später dann, als wir aus der Taiga nach Abasa zurückkehrten, suchten wir den verhinderten Ehemann auf und sprachen auch mit dem Leiter der geologischen Arbeiten, der die Neuvermählten in den Flitterwochen besucht hatte. Wenn man das Gehörte einander gegenüberstellt, kristallisiert sich ein Drama heraus, wie es im Leben häufig vorkommt, das aber hier, unter diesen extremen Bedingungen, überaus schmerzhafte Züge annimmt.

»In der Welt zu leben ist Sünde, in der Welt darf man nicht leben.« Diese Anschauung hatte sich der alte Lykow bis zu seinem letzten Atemzug bewahrt und seiner Tochter das Vermächtnis hinterlassen, unnachgiebig am »wahren Glauben« festzuhalten. Selbst dafür, sich den verwandten Glaubensbrüdern anzuschließen, die in einer entlegenen Siedlung im bergigen Schoria leben, hatte er seinen Segen nicht gegeben. Und Agafja hält an diesem Vermächtnis fest. Eine Erleichterung ihres Loses hatte »Papachen« darin gesehen, einen Mann in ihre Taigaabgeschiedenheit zu locken. Doch das Leben zeigte, daß dieser Wunsch unerfüllbar war. Die wenigen Menschen, die es zu unterschiedlichen Zeiten hierher verschlagen hatte, waren entweder unverbesserliche Hochstapler oder naive, »übergeschnappte« Menschen. Agafja erzählte voller Humor von diesen Abenteurern, wobei sie die einen für »nicht ganz bei Verstand«, die anderen für »im Glauben verirrt« oder überhaupt unfähig zu einem Leben in der kleinen Taigahütte erklärte.

Im Bewußtsein, daß diese »Pilgerei« früher oder später in einem Drama enden würde, hatten wir die Behörden in Taschtyp und die Geologen, ohne deren Hilfe man kaum hierher gelangt, gebeten, die Lykows vor eitler Neugier und Hochstapelei zu beschützen. Und insgesamt ist uns das auch gelungen. Agafja aber konnten wir unmöglich Vorschriften machen, sie hatte den typischen Lykow-Charakter. Da sie nun den Umgang mit den Menschen kennengelernt hatte, tat sie sich ohne ihn recht schwer, andererseits verlor sie nicht die Hoffnung, ihr Leben nach Papachens Vermächtnis zu gestalten. In diesem Winter schien es, als hätte sich die gewünschte Lösung gefunden. Ein Glaubensbruder war ins Blickfeld der Taigabewohnerin geraten, sogar ein Verwandter sechsten oder siebten Grades: Iwan Wassiljewitsch Tropin. Er wohnte in Abasa, war nie zuvor bei Agafja gewesen, brachte ihr aber nun Salz, Mehl und einigen Hausrat und zeigte Mitgefühl mit ihrem Schicksal. Die heiligen Bücher las und deutete Iwan Wassiljewitsch keineswegs schlechter als Agafja. »Allerdings ist er angesteckt vom weltlichen Geist, er trinkt stark, und im Rausch lästert er Gott«, seufzte Agafja, die ihn auf der Reise zur Verwandtschaft in seinem Haus in Abasa besucht hatte.

Ein Familienleben war dem bärtigen Altgläubigen nicht geglückt – seine erste Frau hatte er entweder fortgejagt, oder sie war von sich aus gegangen. Als alleinstehender Rentner nahm er bei den Geologen eine Arbeit als Bootsführer an. Wer wem einen Wink gegeben hat, konnten wir nicht herausfinden. Jedenfalls erschien Iwan Wassiljewitsch in der Einsiedelei, um dort zu leben. Einwände gab es nach unserem Eindruck nicht. Aber Agafja schlug vor, »wie Bruder und Schwester zusammenzuleben«. Ohne größere Mühe konnte der dreiundsechzigjährige Glaubensbruder ihr erklären, daß ein solches Leben unmöglich ist: »Wir sind doch lebendige Menschen, und auch Gott wird nichts dagegen haben – wir müssen wie Mann und Frau leben.«

Vom Standesamt konnte natürlich keine Rede sein – nichts »Weltliches«, keine Papiere und keine Stempel, erkannten die Lykows an. Und dabei bleibt Agafja felsenfest. Jedoch fand sie ein Mittel, dieses Bündnis zu legalisieren: Sie schrieb den Nonnen am Jenissei ihre Bitte, der Heirat den Segen zu geben, und Iwan Wassiljewitsch nahm die Verpflichtung auf sich, das Papier an den Empfänger zu bringen. Er seinerseits lud, um die Ernsthaftigkeit seiner Absichten zu zeigen, den Leiter der geologischen Arbeiten, den Agafja gut kannte, als Zeugen. Sergej Petrowitsch hat uns erzählt, daß er über die Verwandlung der Hütte verblüfft war: »Das Geschirr glänzte, die Betten waren mit Laken bezogen.«

Die Flitterwochen wurden vorzeitig abgebrochen. Die Ursache dafür war denkbar einfach. Alles mit dem Eheleben Verbundene hatte für Agafja nicht den Geschmack von Honig, sondern den von Wermut. Ihr Alter (sie ist fünfundvierzig), die Strenge des Glaubens, die fehlende Erfahrung, der Schreck – all das kam zusammen, all das empfand diese unglückliche Frau als sündig, unnötig und unschön.

Die Klärung der Verhältnisse führte zum Streit. Hervor traten zwei widerspenstige Charaktere, die noch dazu aus zwei verschiedenen Welten kamen. Ich weiß nicht, ob im »Ehevertrag« die Frage des Wohnorts geregelt war. Iwan Wassiljewitsch sagt, er habe, als er über das Wohnen nachdachte, in der Nähe der Siedlung Taschtyp ein Haus »für ein abgeschiedenes Leben« gekauft. Agafja schien stillschweigend einverstanden zu sein mit dem »Auszug« aus der Taiga, aber im entscheidenden Moment ihrer klärenden Aussprache weigerte sie sich, wohin auch immer umzuziehen. Woraufhin der in die Enge Getriebene verkündete: »Ich dagegen kann und will hier nicht leben.« Als Antwort schrieb Agafja dem Zeugen ihres Bündnisses eine Art feierliche Deklaration: »Ich sage mich von Iwan Wassiljewitsch Tropin los!« Iwan Wassiljewitsch selbst aber händigte sie ein Schreiben an die »Mütter« am Jenissei aus, worin sie voller Tränen beichtete und darum bat, sie ins Kloster aufzunehmen (wobei es ihr nicht etwa darum ging, im Kloster zu leben, sondern darum, den geistlichen Status zu bekommen).

In der Verwirrung ihrer Gefühle und Gedanken schrieb Agafja mir nach Moskau, weil sie jemanden brauchte, mit dem sie ihre Erschütterung teilen konnte. Als wir gemeinsam überlegten, wie es mit ihr weitergehen könnte, erinnerte ich sie an den letzten Besuch ihrer Verwandten und sagte, ich sähe den einzigen Ausweg darin, daß sie in die Siedlung ihrer Glaubensbrüder übersiedelte.

»Nicht möglich...«, sagte Agafja nachdenklich und zupfte dabei an silbrigen Weidenkätzchen.

In den sieben Jahren unserer Bekanntschaft habe ich gelernt, wie schwierig es ist, sie von etwas zu überzeugen, das nicht mit ihren im Glauben verankerten Gewohnheiten übereinstimmt. Sie hört allen zu, die Entscheidung aber trifft sie allein nach ihrem eigenen Verständnis der Dinge. Ein Bruch in ihrem eintönigen Leben ist für sie schwer und kann in der Tat verheerende Folgen haben. Aber hier, gefangen in der Taiga, ist die Bedrohung für ihr Leben beinahe schon greifbar.

»Du klagst über Erkältungen. Aber du könntest dir auch das Bein verrenken, oder ein Bär könnte einbrechen. Wenn du bettlägerig wirst, dann wird es niemanden geben, den du zu Hilfe rufen könntest – die Geologen werden bald schon nicht mehr hier sein.«

Sie rupfte einen Weidenzweig ab:

»Das liegt bei Gott...«

Sie kam noch einmal auf das zurück, was sie durchgemacht hatte und sprach wieder in allen Einzelheiten über das Auftauchen des Wolfes bei ihrer kleinen Hütte.

»Das war ein Zeichen. Ein Zeichen ...«

Die Zeit heilt alle Wunden. Agafja betrachtete alles, was sie durchgemacht hat, bereits mit einer gehörigen Portion Ironie, ein paarmal lachte sie sogar fröhlich. Sie bekam allmählich wieder Appetit. Bis Ostern waren es noch drei Tage, und als Agafja uns den Hühnerstall vorführte, brachte sie ein Sieb voller Eier heraus:

»Ich habe sie für den Feiertag aufgehoben ...«

Das Kleinvieh – Hühner, Ziegen und Hund – erfordert Aufmerksamkeit und Pflege. Aber es ist genau das, was dringend notwendig ist, da es das Leben wenigstens irgendwie ausfüllt. Und auch an guter Kost besteht bei schlechter Gesundheit ein großer Bedarf. »Im Winter habe ich einen Ziegenbock geschlachtet. Und vom Tag der Auferstehung Christi an werde ich Milch trinken.« Aus Weide hat sie eine Reuse geflochten – sie hofft, im Jerinat Fische zu fangen.

Direkt an der Tür hing das Gewehr mit dem Patronengürtel. »Der Schrot ist für die Haselhühner, die Kugeln sind gegen die Bären.«

»Laß mal sehen, wie du schießt.«

Gern griff Agafja zu ihrem einläufigen Gewehr und zielte auf einen Birkenrindenkorb, der im Gemüsegarten lag ... »Da haben wir ja einen echten woroschilowschen Schützen[1] vor uns – nur ein Schrotkorn hat getroffen!« lachte Nikolai Nikolajewitsch. »Einen Bären wirst du bestimmt nicht treffen.«

»Der Herr verschone mich mit dem Bären ...«

Wir unterhielten uns sehr leise und schauten dabei auf den Aprildunst, der über dem Gemüsegarten aufstieg, als in der Ferne das Geräusch des Hubschraubers zu hören war. Agafja bemerkte es als erste und zuckte zusammen:

»Die Stunde des Abschieds ...«

1 K. J. Woroschilow: sowjetischer Marschall (A. d. Ü.).

Wir gingen den Pfad hinunter zum Uferkiesel.

»Danke für euren Besuch ...«

Durch den Motorenlärm war ihre Stimme nicht zu hören. Aber ihr Arm war so beredt hochgestreckt, die Augen so ausdrucksvoll – es war so schmerzlich bedrückend, diese kleine Figur da unten am Wasser zu sehen ...

Das Wetter war schlecht. Die Piloten wagten es nicht, in die Wolken über den Bergen zu steigen. Wir flogen die Gebirgsschlucht entlang und zeichneten die Windungen des kalten und gleichgültigen Flusses nach.

DIE WALLFAHRT ZU DEN »MÜTTERN«

November 1989

Das Wort »Mütter« hatte ich von Agafja und Karp Ossipowitsch viele Male gehört. Die Rede war von irgendwelchen entlegenen Altgläubigensiedlungen am Oberlauf des Jenissei. Dort gab es Menschen, die in völliger Abgeschiedenheit lebten, und das beschäftigte die Lykows und ließ sie nicht mehr los. Nach und nach drangen einzelne Namen zu ihnen durch: Mutter Maximila, Mutter Nadeshda und noch irgendwer. Es waren Nonnen – die »Mütter«. Man hatte am Oberlauf des Jenissei von den Lykows gehört, und es kamen Grüße an den Abakan. »Die Mütter wissen von uns«, sagte Karp Ossipowitsch kurz vor seinem Tod.

An die Möglichkeit, mit den Müttern zusammenzutreffen, hatte man damals gar nicht gedacht. Aber nachdem Agafja mit dem Hubschrauber und dem Flugzeug geflogen war, nachdem sie mit dem Zug zu ihren Verwandten nach Taschtagol gefahren war, schien eine Zusammenkunft mit den Müttern nicht mehr unmöglich. Im April diesen Jahres sagte Agafja geradeheraus, daß sie im Sommer vorhabe, sich den Weg zum Jenissei zu bahnen. Die Schwierigkeiten der Reise und ihre besondere Lebenslage beschäftigten sie natürlich, konnten sie aber nicht aufhalten: »Mit Gottes Hilfe wird es schon gehen...« Nikolai Nikolajewitsch Sawuschkin und ich waren bereit, ihr zu helfen, aber meine Reise nach Alaska stand unmittelbar bevor, und so konnte ich nur von Touristen etwas über die Gegend, in der die Mütter wohnen, in Erfahrung bringen.

Der Jenissei entsteht bei Kysyl, der Hauptstadt der Republik Tuwa, durch den Zusammenfluß zweier Bergflüsse. Einen der beiden, den Ka-Chem (den Kleinen Jenissei), haben sich vor langer Zeit Touristen für ihren Wassersport mit Flößen und Booten erwählt. Die riskante Fahrt in dem an Stromschnellen reichen Wasser kitzelt ihre Nerven und läßt sie die wilde, noch nicht vom Menschen zertrampelte Natur erleben. Große Siedlungen gibt es hier nicht – nur vereinzelte Hütten der seit langem ansässigen Altgläubigen.

Über eine Karte gebeugt, erzählte mir der Moskauer Ingenieur Oleg Sergejewitsch Derjabin, wie er vor fünf Jahren bei den Müttern gewesen war. Ein kleines Kloster mit sieben Frauen. Die Klostervorsteherin heißt Nadeshda. Sie ist schon ein altes Mütterchen, aber ihre Wirtschaft ist gut in Schuß. Damals hatten sie zwei Pferde, drei Kühe, Hühner, eine Imkerei und einen Gemüsegarten mit Kartoffeln, Melonen, Tomaten und Gurken. Für das in den Bergen gelegene Tuwa ist das fast schon »mitschurinmäßig«[1]. »Wir wurden freundlich aufgenommen. Man bewirtete uns mit Milch und Honig und bat uns, den Schuppen zu reparieren. Nachts, so erinnere ich mich, wurden wir durch Schläge auf Eisen geweckt. Ein Brand? Wie sich herausstellte, verjagte die Klostervorsteherin einen Bären. Dieses winzige Kloster ist Teil eines nahegelegenen größeren, das nach dem Krieg verwüstet wurde ...«

Oleg Sergejewitsch bereitete wieder eine Reise in diese Gegend vor. Wir bedauerten, daß wir uns nicht gemeinsam auf den Weg machen konnten, und verabredeten uns für den Herbst. Wir vereinbarten, daß er, falls er Agafja am Jenissei treffen sollte, mit allen möglichen Mitteln helfen würde.

1 I. W. Mitschurin: sowjetrussischer Botaniker (A. d. Ü.).

Nun sitzen wir also in der Redaktion über der Karte. Oleg Sergejewitsch zeigt uns einen Punkt neben dem Ka-Chem. »Hier habe ich Agafja getroffen. Etwas weiter oben, an einer entlegenen Taigahütte, hatte ich mich erkundigt, ob die Hausherrin nicht von einer Besucherin gehört habe. ›Aber ja‹, sagt sie, ›vor drei Tagen habe ich hier mit ihr zusammengestanden wie jetzt mit Ihnen. Sie besuchte das Kloster.‹«

Und da war das Kloster auch schon. Die Vorsteherin erkannte Oleg Sergejewitsch. Sie klagte: »Alles verfällt – wir werden immer älter, und die Bauten sind baufällig geworden. Von der Imkerei sind nur noch drei Bienenstöcke geblieben. Eine einzige Kuh haben wir noch. Wir ernähren uns vom Gemüsegarten.«

Agafja war drei Tage im Kloster gewesen. Man hat sie hier sehr liebevoll aufgenommen. Alles hatte man ihr gezeigt – das Betzimmer, die Wirtschaft und den Gemüsegarten. Die Nonnen erzählten, auf welchen Wegen sie hierher gekommen waren, und natürlich hörten sie der Besucherin, die auch einiges zu erzählen hatte, aufmerksam zu. Doch in den drei Tagen stellte sich heraus, daß Agafjas Glaube mit dem hiesigen Glauben nicht übereinstimmte. Beide Seiten enthielten sich der üblichen »ideologischen Diskussionen«. Die Nonnen verabschiedeten Agafja genauso freundlich, wie sie sie aufgenommen hatten, und machten ihr Geschenke. »Sie ist wie ein Kind«, sagte mir die Klostervorsteherin, »ein richtiges Kind...«

Danach zog Agafja zu Mutter Maximila, die am Bach Tschudarlyk wohnt. In der Siedlung gibt es zehn Hütten. Man lebt von der Taiga und den Gemüsegärten, hält Hühner und Vieh. Maximila ist hier die Seelenhirtin. Zu ihr kommt man mit all seinen Sorgen und Nöten und holt sich Rat.

Maximila nahm Agafja herzlich bei sich auf. Sie entdeckten, daß sie sich in ihrem Glauben ähnlich sind und sogar vom Alter her gut zusammenpassen. Welcher Art die Gespräche waren, die hier drei Wochen lang geführt wurden, konnte Oleg Sergejewitsch nicht feststellen. In seiner Anwesenheit entschied sich jedoch das Hauptproblem: Sollte Agafja bleiben oder wieder gehen, und wenn sie ginge, allein oder gemeinsam mit Maximila? Dieses war wohl die entscheidende Frage bei Agafjas ganzer Reise an den Jenissei. Agafja versuchte, die Nonne an den Abakan zu locken. Sie hatte Geschenke mitgebracht: zwei Säcke Kartoffeln, mit denen sie zeigen konnte, wie gut diese in ihrem Gemüsegarten gedeihen. Die Kartoffeln fanden viel Lob, man hörte erstaunt von den Reichtümern des Waldes am Abakan, doch ihren angestammten Platz verlassen wollte Maximila nicht. Sie schlug statt dessen vor, Agafja solle sich am Jenissei niederlassen. Agafja ließ sich mit ihrer Antwort Zeit, aber nach zwei Wochen am Jenissei lehnte sie entschieden ab zu bleiben: »Die Erde trägt bei euch schlecht, Zirbelkiefern gibt es fast nicht, die Luft taugt nichts – ich friere, bekomme keine Luft und huste.«

Nun war alles geklärt, nun konnte sie auch abreisen. Aber wie? Bis zu Hause waren es vierhundert Kilometer unwegsamer Taiga. Da erwies sich Oleg Sergejewitsch als Retter in der Not. Er war in wasserundurchlässiger Kleidung und rotem Helm in der Siedlung erschienen. Als man sich bekanntgemacht hatte, bot er wie vereinbart seine Hilfe an. Agafja freute sich über die Grüße aus Moskau, Maximila dagegen beeindruckte vor allem Oleg Sergejewitschs Bart – einem Altgläubigen sagt der Bart mehr als der Paß. Den Vorschlag, mit dem Floß hinunter nach Kysyl zu fahren und von dort mit dem Flugzeug nach Abakan zu fliegen, griffen alle sofort auf. »Nur bitten wir darum: Setz Agafja an den Baibaler Stromschnellen ab, laß sie dort lieber zu Fuß gehen.« Agafja sagte, sie habe weder vor dem Wasser noch vor dem Flugzeug Angst, habe Gummistiefel dabei und werde bis zum nächsten Morgen alles gepackt und sich von allen verabschiedet haben.

Oleg Sergejewitsch ist Sportlehrer und fährt schon dreißig Jahre auf Bergflüssen. Manche seiner Freunde sind von diesen Fahrten nicht nach Hause zurückgekehrt – die Verluste bei diesen Flößern sind nur etwas geringer als bei den Bergsteigern. Der Ka-Chem ist zwar keiner der reißendsten Flüsse, aber auch nichts für Schwache: Er hat den fünften von sechs existierenden Schwierigkeitsgraden. Oleg Sergejewitsch selbst durchfährt diesen Fluß mit dem Kajak. Am ungefährlichsten von allem aber ist ein Floß mit aufblasbaren Reifen. Auf einem solchen Gefährt flößte in diesem Sommer eine Gruppe aus Abakan hinter den Moskauern den Ka-Chem hinab. Leiter der Gruppe war Sergej Popow, und – die Welt ist klein! – auf dem Floß war Oleg Nikolajewitsch Tschertkow, ein Schullehrer, der die Lykows einmal am Abakan besucht hatte. Der Vorschlag: »Jungs, bringen wir Agafja nach Kysyl?« stieß auf dem Floß auf einhellige Zustimmung, und man begann sofort mit der Einrichtung eines Platzes für die unerwartete Passagierin.

Agafja erschien am Fluß mit zwei Quersäcken (Ikonen, Bücher, Proviant, Geschirr) und einem Tujesok mit Quellwasser. Maximila und die alten Mütterchen aus dem kleinen Dorf begleiteten sie. Während man das Gepäck am Floß befestigte und überprüfte, ob die Riemen festgezurrt waren, standen Agafja und Maximila etwas abseits und unterhielten sich leise. Wie ein kleines Mädchen warf Agafja Steine ins Wasser. Maximila wischte sich verstohlen die Augen. Schließlich drehten sie sich zum Fluß um und beteten. Und dann, bereits am Floß, fragte Agafja ohne jegliche Hoffnung:

»Vielleicht kommst du doch?«

»Nein, nein!« antwortete für Maximila der Chor der sie begleitenden alten Mütterchen. »Die Mutter lassen wir nicht weg!«

»Und das war's auch schon. Wir winkten, setzten uns in Bewegung, und der Fluß trug das Floß schnell fort. Ich fuhr in meinem Kajak, mal neben dem Floß, mal vor ihm her. Wir fühlten uns verantwortlich für die in der Mitte des Floßes sitzende Passagierin. Aber Agafja verzagte nicht. Sie sah überhaupt nicht sportlich aus in ihrem sackartigen, dunklen Kleid, dem Mäntelchen und dem zerknitterten schwarzen Kopftuch. Aber die Reise den sommerlichen, sauberen Fluß entlang ist eine wahre Freude. Als ich Agafjas Lächeln bemerkte, winkte ich ihr zu. Sie erwiderte: ›Ich fahre nach Hause!‹

An der gefährlichen Baibaler Stromschnelle machten wir, wie versprochen, halt. Agafja und die Touristin Lena Schestak stiegen aus, und das Floß raste auf dem weißen, schäumenden Wasser weiter... Alles ging glatt. Als die beiden wieder zustiegen, sagte Agafja: ›Ich habe für euch gebetet!‹

Auf der Reise den Ka-Chem hinunter hatten wir zwei Übernachtungen. Das eine Mal lagerten wir bei einer kleinen Jagdhütte. Während wir das Zelt aufbauten, schaffte es Agafja, Pilze zu sammeln. Dann klopfte sie mit dem Wetzstahl auf den Feuerstein und machte sich ihr eigenes kleines Lagerfeuer. In einem Ein-Liter-Topf kochte sie sich Reissuppe. Anstelle von Tee trank sie einen Tannensud. Und wir, die wir schon von ihrem Wunsch nach Autonomie gehört hatten, drängten sie nicht...

Am großen Lagerfeuer stand natürlich Agafja im Mittelpunkt des Interesses. Wir stellten ihr Fragen, und sie erzählte. Manchmal schien es, als spräche sie nicht mit uns, sondern als unterhielte sie sich mit sich selbst. Einige Male erinnerte sie sich an die Ziegen, die Hühner und ihren Hund Drushok, die vorübergehend unter der Obhut der Geologen waren. Vor der Nachtruhe betete sie mit dem Gesicht zum Fluß. Sie schlief gemeinsam mit Lena, das eine Mal in der kleinen Hütte, das andere Mal im Zelt. Wir boten ihr eine Luftmatratze an; sie lehnte ab und legte sich auf ihr Mäntelchen...«

Zweihundertzehn Kilometer fuhr Agafja auf dem »Fluß

mit dem fünften Schwierigkeitsgrad«. Oleg Sergejewitsch unterstrich in seinem Reisebericht besonders die Anspruchslosigkeit der Reisegefährtin: »Ein Mensch aus der Stadt hätte geächzt und gestöhnt, sie aber verhielt sich, als hätte sie ihr ganzes Leben lang nichts anderes getan, als mit dem Floß zu fahren.«

Beim Abschied versprach man Agafja das Abzeichen »Tourist der UdSSR«. Und sie hatte es natürlich vollauf verdient. Für die Touristen war der Fluß schwierig und gefährlich. Für Agafja aber war die ganze Reise zu den Müttern voller Hindernisse gewesen. Oleg Sergejewitsch hatte es versäumt, Agafja eingehend zu befragen, auf welche Weise sie dorthin gelangt war. Er fand aber heraus, daß am Anfang ein Hubschrauber war, dann ein Auto (»Agafja mußte sich unterwegs einige Male übergeben.«) und dann ein Reitpferd. Alles war neu für die Pilgerin, und an alles ging sie mit dem Mut der gebürtigen Sibirierin heran.

Jeder hat ihr natürlich bereitwillig geholfen. In Kysyl hatten die Touristen ihre Flugtickets bereits gekauft.

»Wir brauchen noch eins.«

»Und wenn es der Luftfahrtminister persönlich wäre – wir haben keins!«

Als man aber im Flughafen erfuhr, welcher Passagier da mitfliegen wollte, fand sich doch noch ein Platz.

Für jede Hilfe mußte Agafja die Last gieriger Schaulust ertragen. Im Flughafen von Kysyl war sie sofort von einer Menschenmenge umringt. Und es ging so weit, daß sie Autogramme geben mußte. Man brachte die Pilgerin in dem Raum unter, der als »Deputiertenzimmer« bezeichnet wird. Hier konnte sie dann, ausgestreckt auf ihrer zerknitterten Kleidung, ein Nickerchen machen.

Im Flugzeug war sie völlig gelassen und schaute aus dem Fenster. Nach der Landung kam der Pilot zu ihr und beugte sich hinunter:

»Na, woran hast du während des Flugs gedacht?«

»Ich habe gebetet, daß wir bald landen.«

Die Stadt Abakan war Agafja neu. Über die Hochhäuser wunderte sie sich nicht, aber zum ersten Mal sah sie ein Hochhaus auch von innen. Und sofort gab es Probleme. Wie sollte sie ihr Essen kochen? Gas schien ihr eine sündhafte Angelegenheit zu sein, aber weil sie sich nicht entschließen konnte, ein Lagerfeuer im Hof zu machen, kochte sie sich ihre Reissuppe auf dem Gasherd. Und auch

Seitdem sie den Vater begraben hat, lebt Agafja allein in der neuen Hütte. Über zweihundert Kilometer um sie herum gibt es nur Taiga. Im Sommer kommt manchmal ein Hubschrauber vorbei, im Winter keine Menschenseele.

mit dem Wasser war es schwierig. Ihr Vorrat aus dem Fünf-Liter-Tujesok war zur Neige gegangen. Wasser aus dem Hahn zu nehmen, weigerte sich Agafja jedoch: »Das ist ungeweiht.« So mußte man sie zum Fluß fahren. Sie stöhnte und ächzte: Die Boote »fahren mit Motoren«. Doch was blieb ihr übrig – nachdem sie das Wasser »geweiht« hatte, füllte sie ihren Tujesok damit... In Abakan übernachtete sie zweimal und schlief dabei in ihren Kleidern. Das Radio bat sie zu »schließen« – »man darf keine

Ikone aufhängen, wenn in der Hütte ein Radio ist«. Aus Respekt vor der Besucherin wurde auch der Fernseher nicht eingeschaltet. Einen Überraschungseffekt rief die Toilette hervor: »Man zieht an dem Seilchen, und nichts ist mehr da!«

Das alles berichtete mir Oleg Nikolajewitsch Tschertkow telefonisch aus Abakan. Er hatte seinen Gast im Autobus bis nach Taschtyp begleitet. Dort übernachtete Agafja im Forstwirtschaftsbetrieb und gelangte dann auf dem gewohnten Weg, mit den Piloten, zu den Geologen. »Die Ziegen und Hühner haben unsere Reisende kaum wiedererkannt«, schrieb Jerofej mir. »Wir halfen ihr, alles in den Hubschrauber zu laden... Ungefähr einen Monat lang hatte die kleine Hütte leergestanden.« Jerofej teilt weiterhin mit, daß das Basislager der Geologen aufgegeben wird, die Häuser bereits abgetragen sind und man die Ausrüstung mit dem Hubschrauber abtransportiert hat. All das geschah vor Agafjas Augen, und ihr ist natürlich klar, was der Weggang der Geologen bedeutet: Sie bleibt ganz allein zurück. Beunruhigt von dieser Nachricht erschienen der Gesandte der Verwandtschaft, Anissim Nikonowitsch Tropin, und der degradierte Ehemann Iwan Wassiljewitsch Tropin am Abakan. Der erste versuchte sie wieder einmal dazu zu überreden, zur Verwandtschaft überzusiedeln, und er fügte hinzu, er komme zum letzten Mal in dieser Mission. Der zweite versuchte erneut, sie von der Ernsthaftigkeit seiner Absichten zu überzeugen: »Wenn du willst, bleibe ich hier; wenn du willst, können wir uns etwas näher bei den Menschen ansiedeln.« Beide erhielten eine Abfuhr: »Ich habe viele Vorräte. Ich werde so lange leben, wie es Gott gefällig ist.«

Nikolai Nikolajewitsch Sawuschkin teilt mit, daß auch er in der kleinen Taigahütte vorbeigeschaut hat, als er ohnehin mit einem planmäßigen Hubschrauber in dieser Gegend war. Er brachte ihr Geschenke und Heu für die

Ziegen. Als er sich nach der Reise zu den Müttern erkundigte, fragte er Agafja, wie und wovon sie dort lebten. Die Antwort war: »Sie sorgen sich nur um den vergänglichen Körper. Über die Seele machen sie sich keine Gedanken.«

Das sind die Nachrichten aus der Taiga zum Ende des Herbstes.

DIE ANZIEHUNGSKRAFT DER EINSIEDELEI

Mai 1991

In den ersten Apriltagen erhielt ich morgens den Anruf eines Freundes: »Agafja ist ein echter Superstar! Die Zeitungen bringen die Nachricht, daß sie zum Osterfest zu ihrer Verwandtschaft geflogen ist, wie eine Meldung aus der internationalen Politik.« Und in der Tat veröffentlichten die Zeitungen, ganz im Stil der aktuellen Begeisterung für die Religion, rührende Artikel. Aber es ist auch interessant, daß wir inmitten unserer heutigen Alltagssorgen dennoch dieses kleine Licht, das (zugegebenermaßen außergewöhnliche) Schicksal eines einzelnen Menschen, nicht aus dem Blick verlieren. Worüber wir vor nunmehr über zehn Jahren berichtet haben, bewegt die Menschen weiterhin. Ständig kommen Briefe: »Und wie geht es Agafja?« Seit dem letzten Frühjahr hatte ich, da ich völlig ausgelastet war, keine Gelegenheit, sie zu besuchen. Doch ihre Briefe und die Nachrichten meiner Freunde hielten mich über den Alltag in der Taiga auf dem laufenden. Wie immer berichtete Agafja über die Herbstarbeiten im Gemüsegarten und darüber, daß Jerofej sie überredet hatte, im Sommer zur Kur zu den Thermen zu fahren. Mit der Akkuratheit eines gewissenhaften Korrespondenten teilte sie alles mit, was das wilde Leben der Taiga in ihre einsame Behausung trug. »Eine Schlange hat den Hund gebissen. Ich habe ihn mit heißen Kräuterumschlägen behandelt... Der Bär war wieder am Fluß... Eine Ziege habe ich erschossen, um Fleisch zu haben – ich hatte Angst, daß dieses Geschenk von Tscherepanow den Winter nicht übersteht...«

Nikolai Nikolajewitsch Sawuschkin, der mit einem planmäßigen Flug Heu für die Ziegen und für Agafja eine Decke und allerlei Kleinigkeiten gebracht hatte, schrieb, daß sich Agafja unerwartet im Hühnerstallanbau eingerichtet hatte. Der Anbau war gerade groß genug für den Eisenofen und die Schlafstelle. Die im Herbst 1987 gebaute Hütte hatte einige Jahre gut gedient. In diesem Jahr aber fand Agafja sie unbrauchbar – »sie hält die Wärme nicht«. Diese kleine Hütte hatten die Leute vom Waldbrandschutz in der Eile notgedrungen aus Holz bauen müssen, das keine Zeit zum Trocknen gehabt hatte. Karp Ossipowitsch hatte die Baustelle wie ein Bauleiter beaufsichtigt und den Gebrauch von Motorsägen kategorisch verboten: »Das ist Sünde!« Aus demselben Grund hatte er Werg abgelehnt: »Nur Moos!« Aber es war nicht genügend Moos gesammelt worden. In den vier Jahren war die Hütte ausgetrocknet und »undicht geworden«. Nachdem er die nun von den zahlreichen Katzen bewohnte Hütte gemeinsam mit Agafja inspiziert hatte, flog Nikolai Nikolajewitsch mit dem Versprechen wieder ab, mit Filz und Brettern Abhilfe zu schaffen.

Dann aber kamen beunruhigende Nachrichten über den Gesundheitszustand unserer Taigabewohnerin. Im Januar schaltete sich die in der Hütte installierte Funkboje an. Das per Satellit übertragene Signal wurde rechtzeitig empfangen. Und noch am selben Tag landete abends ein Hubschrauber mit zwei Ärzten und einem Milizionär am Fluß Jerinat...

Ende März dann kam aus dem Dörfchen Kilinsk eine Nachricht von den Verwandten der Lykows. Agafja hatte den zu Hilfe Gekommenen einen Brief an die Verwandtschaft mitgegeben, in dem die für alle alarmierenden Zeilen standen: »Ich bin sehr krank... Ich habe Angst, daß ich Ostern nicht mehr erlebe...«

Aufgrund dieses Briefes machten sich der Mann von Agafjas Cousine, Anissim Nikonowitsch Tropin, und Nikolai Nikolajewitsch Sawuschkin auf den Weg in die Einsiedelei.

»Wir haben Agafja in einem geschwächten Zustand vorgefunden«, sagte mir Nikolai Nikolajewitsch telefonisch aus Abakan, »und es ist uns ein Rätsel, woran sie leidet. Wie immer versuchten wir sie zu überreden, zu ihrer Verwandtschaft überzusiedeln. Wir bekamen die gewohnte Antwort zu hören: ›Nicht möglich...‹ – ›Dann besuche uns doch wenigstens zu Ostern‹, sagte Anissim. Wider Erwarten war sie einverstanden. Wir wurden sofort aktiv: Wohin jetzt mit dem Vieh? Wir beschlossen, daß es gemeinsam mit der Hausherrin ausgeflogen wird. Und so banden wir Hund, Ziege und Bock im Hubschrauber an, stellten eine Kiste mit den Hühnern hinein und fingen eine der Katzen. Am Fenster nahm die Taigabewohnerin selbst Platz. Wir flogen über den Bergen von Schoria in Richtung Taschtagol. Und nach einer Stunde landeten wir am Rande des kleinen Altgläubigendorfs in der Taiga.«

Auf diese Nachricht hin beschloß ich, Agafja in Kilinsk zu besuchen. Glücklicherweise ist man hierzu auf keine Flugverbindung angewiesen, denn bis Taschtagol kommt man mit dem Zug. Ich rief in Bisk an und lud den Altai-Forscher Tigri Georgijewitsch Dulkejt ein, mit mir zu reisen. In Kilinsk würde ich durch die Gespräche mit Agafja und den Alteingesessenen dieser Gegend alles Wissenswerte und Bekannte über das Leben der Lykows zusammentragen können.

Ein sonniger Tag in Krasnaja Gorka – der erste Sonntag nach Ostern. Der von der Schmelze noch unberührte Schnee sticht in die Augen. In Kilinsk krähen die Hähne, muhen die Kühe, steigt Dampf über dem Weg auf. Alle Mushiks, auf die man hier trifft, sind würdevoll und tragen Bärte. »Die Hütte der Tropins? In dieser Gasse hier…«

Die vertrauten Gesichter der Hausherren – Anissija und Anissim Tropin. Die Schar der Enkel. Und hier auch unsere Taigabewohnerin. Ein glücklich-verwirrtes Gesicht. Wie immer zwei Kopftücher. Gummistiefel. Einer davon ist mit Garn ausgebessert…

Zunächst unterhalten wir uns über den Frühling, der in diesem Jahr mit Verspätung kommt. Und über das hiesige und das mitgebrachte Vieh. Ziege und Ziegenbock, beide geschoren, schauen mit philosophischer Ruhe auf die Menschen und den geräumigen Hof. Die Ziege hatte nach der Flugreise hier im Hof ein Zicklein geworfen, es aber offensichtlich vor Aufregung zertrampelt. Die Katze belauert die im Stroh sitzenden Spatzen. Der Hund, von so viel Neuem überfordert, hat sich mit zwei Welpen unter einen Schober verkrochen und reagiert nicht einmal auf Agafjas Rufe. Nur den Hühnern ist alles gleich – sie flirten mit dem ortsansässigen, buntschimmernden *Petka* und haben es schon geschafft, am neuen Ort ein Sieb voll Eier zu legen.

Auf dem Tisch des Hauses steht eine Schüssel mit Zwiebelschalen gefärbter Eier. Das sind die Reste der rituellen Festtagsspeisen. Nachdem wir darüber gesprochen haben, wie Ostern hier im Dorf gewesen ist, kehren wir zu dem Leben in der Taigahütte zurück. Zwei Ereignisse des vergangenen Jahres beschäftigen Agafja bis heute: der Einzug einer gewissen, aus der Umgebung von Moskau stammenden Galina in ihre Taigaeinsamkeit und die Krankheit, die sie gezwungen hatte, den per Satellit übertragenen Alarm auszulösen.

Das Auftauchen Galinas hängt mit den Experimenten »zur Erforschung Agafjas« zusammen, die auf den Arzt Nasarow und den Schriftsteller Tscherepanow zurückgehen. Diese sind der Ansicht, man solle, fast in einer Art Wettbewerb, geeignete Interessenten auswählen und zu einem Einzug bei Agafja ermuntern. Alle (!) diese Versuche nahmen entweder ein komisches oder ein trauriges Ende. Aber manche Leute sind derartig verbohrt, daß man ihnen nichts erklären kann – im vergangenen Jahr hatten die Experimente wieder begonnen. »Nunmehr arbeiten wir an der Variante, daß eine Frau bei Agafja einzieht, die bereit ist, mit ihr in der Taiga zu leben«, schrieb eine Zeitung...

Von den Ergebnissen des neuerlichen Unterfangens erfuhr ich aus einem Brief der in Puschkino bei Moskau lebenden Galina D. »Ich gräme mich zu Tode, daß ich nicht auf Ihre Warnungen gehört habe. Dabei hatte ich sie doch gelesen! Es ist nichts Gutes dabei herausgekommen, und es konnte ja auch gar nicht gutgehen. Die drei Monate waren die Hölle. Ich bin nur noch Haut und Knochen.« Sie schimpfte auf Agafja, was das Zeug hielt.

Und jetzt im Gespräch kann sich Agafja gar nicht beruhigen: »Schlafen legte sie sich völlig entkleidet... Vernünftigen Worten hörte sie nicht zu... Mittwochs trank sie Milch... Sie hat mit ihrem Löffel von meinem Teller genommen...«

Zu allem Überfluß hatten die Experimentatoren, die diese Frau zu Agafja geschickt hatten, ihre Augen davor verschlossen, daß sie vor kurzem operiert worden war. Dort, in der Taiga, gingen die Nähte auf. Die Kranke geriet natürlich in Panik. Was sollte sie jetzt tun? Agafja sprang über ihren Schatten und kümmerte sich, so gut sie konnte, um das Opfer des Experiments, und damit sie zu Kräften kam, erschoß sie für sie eine Ziege...

Ein Hubschrauber, der zufällig vorbeiflog, hat möglicherweise ein tragisches Ende abgewendet. Galina flog zurück in ihre geliebte Moskauer Umgebung. Agafja dagegen – »mir zitterten die Hände« – blieb allein und konnte wieder zu sich kommen, aber sie fühlte eine starke Verschlechterung ihres Gesundheitszustands.

»Sie sind nicht ganz bei Verstand«, erinnert sich Agafja an ihre Mitbewohner. Aber dieses deftige Urteil betrifft gleichermaßen auch so gebildete Leute wie den Arzt und den Schriftsteller. In der Betriebsamkeit, die sie als Wissenschaft bezeichnen, gibt es keinen gesunden Menschenverstand und noch nicht einmal die einfachste Behutsamkeit.

Agafjas Gesundheitszustand verschlechterte sich. Und gegen Januar ging es ihr miserabel – »ich bekam keinen Bissen hinunter, das Herz schmerzte, wegen der Schmerzen im Rücken konnte ich kein Brennholz holen und ging zum Wasserholen nicht mehr an den Fluß – ich schmolz den Schnee. Ich hatte so wenig Kraft, daß ich kaum ein Huhn überwältigen konnte. Ich fing eines und band ihm die Flügel, nur so konnte ich es schlachten.« Und so mußte sie das SOS-Signal geben. Dank des Satellitensystems funktioniert es zuverlässig. Gegen Abend landete der Hubschrauber neben der Hütte. Etwa zwanzig Minuten sprach man mit der Kranken. Und man gab ihr eine Handvoll verschiedener Tabletten. Agafja hat aber nicht eine davon geschluckt. Und sogar jetzt erzählt sie es mit einem triumphierenden Lächeln. Die Bestellung des Hubschraubers aus Abakan kostete übrigens einige Tausend Rubel. Wer soll das bezahlen? Das Gesundheitsministerium? Es wird wohl schwerlich dazu zu bewegen sein angesichts der heutigen Finanzknappheit im Gesundheitswesen und angesichts tausender Leidender in Chakassien. Der »Hilfsfonds für Agafja?« Er verfügt nur über geringe Mittel. Wer aber spendet in diesen Fonds? Keinesfalls reiche Leute. Alte Mütterchen knapsen einen Fünfer oder einen Zehner von ihrer kargen Rente ab. Wieviele dieser Fünfer und Zehner braucht man wohl, um einen Hubschrauber loszuschicken, wenn er pro Stunde fast tausend Rubel kostet? Ist denn bei all dem der Appell: »Hilfe für Agafja« gerechtfertigt?

Agafjas Verwandte verstehen diese Situation. Sie selbst dagegen nicht ganz, hat sie doch keine Ahnung von den Gegebenheiten der heutigen »Welt«.

Eines der Geschenke, die wir diesmal aus Moskau mitgebracht hatten, hatten wir uns ganz für den Schluß gelassen.

»Erkennst du das?« ich zeigte ihr den Buchumschlag der *Endstation Taiga*.[1]

»Das bin ich. Ich sitze und schreibe...«

Ich erinnere mich, wie Karp Ossipowitsch und seine Tochter damals reagierten, als ich ihnen Fotografien mitgebracht hatte: Am Morgen fand ich sie eingerollt zwischen dem Brennholz. Und bis zum heutigen Tag gehört das Foto in den Bereich des Verbotenen: »Nicht möglich.« Das Büchlein aber schob Agafja nicht beiseite. Sie nahm es vorsichtig in die Hände und begann darin zu blättern.

»Das bin ich... Papa... Jerofej... Wir melken die Ziege...«

Nach dem Gespräch gingen Agafja und ich in Kilinsk spazieren. Es ist ein entlegenes Altgläubigendorf. Eine Kolchose hatte es hier nicht gegeben, und es gibt sie auch jetzt nicht. Man lebt hier von der Taiga, den Gemüsegärten und dem Vieh. »Sechzig Höfe – sechzig Kühe. Und dazu noch Pferde, Schafe, Hühner, Gänse und Puten. In der Taiga erlegen wir Hirsche, Elche, und wir schrecken auch vor Bären nicht zurück«, sagte ein bärtiger Neffe Agafjas, der zu Besuch gekommen war. Einige Bärtige aus dem Dorf arbeiten in der zwanzig Kilometer von Kilinsk entfernten Goldmine. Eine Kirche gibt es nicht, man hat Betzimmer in den Häusern.

Das Dörfchen riecht nach Holz und dem Harz gefällter Fichten. Aber die Besucherin hält sich mit dem Kopftuch die Nase zu: »Am Morgen ist ein Auto durchgefahren – Benzingeruch...«

1 So die Übersetzung des russischen Titels.

Agafja.

Alles in Kilinsk kommt ihr übertrieben gefährlich vor. In der ersten Nacht hatte sie nicht geschlafen. Als man sie nach dem Grund fragte, sagte sie: »Irgendwo hat ein Traktor gerattert.« Wie sich herausstellte, hatte die die Ohren spitzende Agafja das Knacken des Stromzählers für einen Traktor gehalten. Das in großer Höhe vorbeifliegende und kaum zu erkennende Flugzeug ist nach Agafjas Ansicht ebenfalls eine Störung des Lebens im Dorf: »In den Thermen hat mir ein altes Mütterchen erzählt, daß ein Flugzeug vorbeigeflogen ist, und die Gurken in den Beeten sind verdorrt.«

Am Abend dann, als sich im Hause der Tropins die Ältesten von Kilinsk versammelten, versuchten wir von drei Gesichtspunkten her zu rekonstruieren, was der Robinsonade der Lykows in der abakanischen Taiga vorausgegangen war.

1982, als wir zum erstenmal von dieser Familie berichteten, war es eigentlich unmöglich gewesen, dies zu tun. Von allem, was das Leben der Lykows vor ihrer heimlichen Ansiedlung in der Taiga betraf, hatte ich, weil ich es nur aus dem Munde von Karp Ossipowitsch kannte, nur eine dunkle Vorstellung. Er war alt und – die Jahre der Einsiedelei hatten das ihre dazu beigetragen – vorsichtig und zog es vor, über vieles nicht zu sprechen. Deshalb berichtete ich damals vor allem über das, was ich selbst an dem Ort gesehen hatte, wo die Lykows schon fünfunddreißig Jahre im Verborgenen lebten. Und wichtig war es, so über ihr dramatisches Schicksal zu berichten, daß Mitgefühl und Mitleid der Menschen angesprochen würden. Das war 1982 nicht leicht. Es glich einem Gang durchs Nadelöhr. Selbstverständlich gab es Ungenauigkeiten und Unklarheiten, auch für mich selbst.

Die Bekanntschaft mit Tigri Georgijewitsch Dulkejt hat vieles aufgeklärt, half das zu überprüfen und zu präzisieren, was ich wußte. Aber wichtig war es, alles dem gegenüberzustellen, was Agafja und die Alten, die Verwandtschaft der Lykows, wußten.

Hier nun, was ich während des abendlichen Gesprächs notierte.

Der Altai, der Schoria und der Sajan hatten Ende des letzten Jahrhunderts vielen »wahren Christen« (Altgläubigen), die sich versteckten und schwer zugängliche Plätze entlang der Bergbäche und -flüsse auserwählt hatten, Unterschlupf gewährt. Diese Christen waren Nachkommen der Raskolniki, die sehr empfindlich auf die kleinsten Störungen aus der »Welt« reagieren. Beim geringsten Anlaß zogen sie sofort »noch weiter«. Einer dieser letzten Zufluchtsorte wurde die Siedlung Tischi am Abakan, an der Stelle, wo der Fluß seinen Berglauf bändigt und spiegelglatt fließt.

Wann die Siedlung Tischi gegründet wurde, wußten meine Gesprächspartner nicht genau. In den Jahren der Revolution existierte sie bereits. Es waren ungefähr zwölf bis fünfzehn Höfe. Einer davon war das Haus von Ossip Lykow und seiner Frau Raissa (Agafjas Großeltern). Die Siedlung lebte von Ackerbau, Gemüsegärten, Viehzucht, Jagd und Fischfang sowie dem Goldschürfen.

Wie ihr Vater, der ihr die strenge Anweisung gab, ist auch Agafja weiterhin der Ansicht: »Die Rettung für den wahren Christen ist das Leben in der Einsiedelei.« Darin liegt der Hauptgrund, daß sie nicht zu ihrer Verwandtschaft übersiedeln will. Dazu kommt noch das Naturgesetz: Alles Lebendige ist das Produkt der Umwelt, in der es geboren, in der es geprägt wurde. Die Taigaeinsamkeit und Menschenleere ist für Agafja sowohl »Elternhaus« als auch gottgefällige »Einsiedelei«. Die Mutmaßung der Verwandten, daß Agafja nach all den Mühen der Einsamkeit in der Taiga nun endlich bereit wäre, bei ihnen zu bleiben, hat sich nicht bewahrheitet. Selbst der Tod in der Einsiedelei ist für sie besser als ein Leben in der »Welt«.

Lange dauerte das abendliche Gespräch in Kilinsk. Einer der Bärtigen, die im Halbkreis um Agafja herum saßen und ihr geduldig erklärten, wie aufwendig der Hubschrauberverkehr mit der Einsiedelei ist, hatte anscheinend das richtige Argument gefunden:

»Also gut. Du willst die Einsiedelei, dann sollst du sie auch haben. Hier bei uns ist es, wie du jetzt gesehen hast, menschenleer. Wenn du nicht neben uns leben willst, bitte schön: In einer beliebigen Taigalichtung, wenn du willst, zwei Werst[1] vom Dorf entfernt, wenn du willst, auch fünf, bauen wir dir eine Hütte und pflügen die Erde um. Dort kannst du als Einsiedlerin leben. Und wenn etwas passiert, sind wir in der Nähe und brauchen keinen Hubschrauber.«

Alle wurden ganz still. Was würde sie entgegnen?

»Aber nein doch. Eure Kartoffeln hier sind nicht so...«

»Dann bringst du eben deine Samen mit...«

»Nein, nein. Doktor Igor Pawlowitsch sagte mir, ich werde hier an allem erkranken, außer an Zecken...«

Die braungebrannten, robusten Alten schauten einander an und seufzten. Agafja aber, die Hand auf die Brust (»aufs Herz«) gelegt, bittet mich:

»Du, Wassili Michailowitsch, sag dort wegen des Hubschraubers Bescheid. Sie haben mir versprochen, mich wegzubringen, also sollen sie mich wegbringen. Die Kartoffeln müssen zum Setzen vorbereitet werden...«

1 Werst: russisches Längenmaß = 1,066 km (A. d. Ü.).

EIN SCHNEEREICHER WINTER

Februar 1993

Ende des letzten Sommers kam wieder einmal ein achtseitiger Brief von Agafja mit allerlei Glück- und Segenswünschen. Neuigkeiten, Klagen über Krankheiten und darüber, daß »niemand fliegt«, die Hütte nicht fertiggebaut ist, der Ofen gesetzt werden muß, »aber keiner da ist«.

Der Sommer im bergigen Chakassien war anhaltend regnerisch. Flugwetter hatte es kaum gegeben. Aber auch im Winter sind die Hubschrauber nicht zum Einsatz gekommen. Fluginteressenten gibt es nicht. Der Preis – mittlerweile liegt er bei zweiundfünfzigtausend Rubel pro Stunde – ist unerschwinglich. Geflogen wird nur im äußersten Notfall. Beispielsweise, wenn die Jäger aus der Taiga geholt werden müssen. Genau solch eine Gelegenheit nutze ich jetzt, mich mit meinem Rucksack anzuschließen.

Wir fliegen. Die im Schnee versunkene Taiga genießt in der grellen Sonne ihre Ruhe. Es gibt so viele Schneekissen, daß eine durch den Motorenlärm vom Äsen aufgescheuchte Maralherde im Schnee versinkt und steckenbleibt.

Der Abakan friert selbst bei sehr starkem Frost an den Stromschnellen nicht zu. So zieht sich unter uns auf der weißen Ebene das schwarze Band des Wassers hin. Es führt uns immer höher hinauf in die Berge.

Einer der Jäger, die der Hubschrauber abholen soll, wartet an einem entfernten Punkt hinter dem Jerinat. Und da sehen wir auch schon, wie jemand neben einem dunklen Haufen Gepäck geschäftig hin und her läuft. Ich stelle mir vor, wie süß für ihn jetzt der Motorenlärm klingt. Vier Monate ohne eine Menschenseele...

Der Hubschrauber landet nicht, sondern bleibt in der Schwebe und überzieht den Jäger dabei mit einem pfeifenden Schneegestöber. Durch die geöffnete Tür fliegen pelzbesetzte breite Skier, ein Gewehr, ein Hund, Kisten und Säcke, und schließlich klettert auf der Hängeleiter ein schneedurchtränkter Waldgeist in die Maschine, dessen verwilderter roter Bart voller Eiszapfen ist. »Freunde! Gebt mir was zu rauchen!« Er schaut alle gierig an, als kehrte er aus dem Weltall zurück. Der November war naß, die Pelztierjagd setzte mit Verspätung ein, so daß man bis zum Februar in der Taiga bleiben mußte. »Jungs, gebt mir noch Tabak...«

Agafja, die den Hubschrauberlärm gehört hat, kommt unter den Tannen hervor, kaum daß wir mit den Kufen den Schnee berührt haben. Der Propeller dreht sich noch, als sie ohne Furcht zum Hubschrauber trippelt und den Piloten mit ihrem Fäustling dankbar zuwinkt.

Der Motor verstummt. Und in der weißen Gebetsstille ist Drushoks heftiges Bellen zu hören. Für den Hund, der unter Menschen aufwuchs, ist es wohl schwer, an die Einsamkeit hier gekettet zu sein. Er stellt sich auf die Hinterläufe vor lauter Glück, Menschen zu sehen.

Der Flecken hier sieht unterdessen wohnlich aus. Die neuen Bauten – Hühnerstall, kleine Hütte, Ziegenstall, Brennholzstapel – ähneln einem sonderbaren Mini-Schanghai. Alles ist mit fast meterhohen Schneeschichten bedeckt. Über der Hütte zieht eine dünne Rauchsäule gen Himmel. Dampf kommt aus den Nüstern der vor Neugier erstarrten Ziegen und aus Drushoks Maul, der bereit ist, jeden abzulecken und anzuspringen.

Die Hausfrau bittet uns in die gute Stube. In der vorigen Hütte hätten wir nicht alle Platz gehabt. Diesmal ist es anders: Es ist geräumig und hell, die Wände sind holzgetäfelt. Natürlich liegt alles unordentlich herum. Aber Agafja ist es von Geburt an so gewöhnt.

»Das ist der Ofen...«, lenkt die Wirtin unsere Aufmerksamkeit schüchtern auf das Erzeugnis aus zwei Faßhälften, Lehm und Ziegelsteinen.

Jerofej hatte mir bereits all die Aufregung um den Bau des neuen Ofens geschildert. Sie hatten sich den ganzen Herbst damit abgemüht, aber nun ist er fertig und funktioniert. An der warmen Seite des Ofens befindet sich die Bank zum Schlafen. Von Zeit zu Zeit hört man unter dem geräumigen Dach das fröhliche Knistern trockener Zirbelkiefernscheite.

»Bist du mit der Hütte zufrieden?«

»Ja, sie ist nicht schlecht. Christus sei Dank, es ist gelungen...«

Wir haben nicht die Zeit, über Einzelheiten des vergangenen Jahres zu sprechen. Ich hatte das erwartet und Jerofej in der Nacht vor dem Abflug in Abakan über alles ausgefragt. Von August bis Dezember hatte er hier in der Gegend gelebt, um Agafja zu helfen und später auf die Jagd zu gehen. Im August stellte er mit den Brandschutzleuten die Hütte fertig, dann, nachdem er die Bauarbeiter verabschiedet hatte, setzte er den Ofen, half bei der Kartoffelernte, bereitete Brennholz für den Winter vor. Für die Jagd siedelte sich Jerofej in fünfzehn Kilometer Entfernung von Agafjas »Gut« an, in der verlassenen »hochgelegenen Hütte«. Jeden zehnten Tag fuhr er auf Skiern zu Agafja hinunter (»Im Tiefschnee sind es ungefähr vier Stunden Weg.«). Hier wartete schon Arbeit auf ihn, die Agafja alleine nicht bewältigen konnte.

Bei sich trug Jerofej einen heiseren Weltempfänger mit

fast leeren Batterien. Mit halbem Ohr hörte Agafja den »weltlichen« Stimmen zu, obwohl es doch »Sünde« ist. Und sie verstand vollkommen, worum es in dem ihr so fernen Leben ging.

»Warum schießen sie bloß, kein Gewissen haben sie ...«

Oder sie sprach zu sich: »Ja ..., es steht geschrieben: Es wird Hungersnöte, Seuchen und Vertreibungen geben.«

Jerofej machte in dieser Jagdsaison so manche Entbehrungen mit. Da er sich seit August bei Agafja aufhielt, bat er darum, ihm Verpflegung für den Winter zu bringen, wenn man die Jäger in der Taiga absetzen würde. Aber in der Hektik hatte man seinen Sack vergessen. Und wiedergutmachen konnte man den Fehler nicht, denn danach gab es keine Flüge mehr.

»Ich konnte keinen Fleischvorrat anlegen. Und ohne Tee und Zucker lebte ich. Ich begnügte mich mit Kartoffeln, Gebäck und Nudeln. Das ist natürlich ein bißchen mager für Streifzüge durch die Taiga, aber dafür habe ich jetzt eine Figur wie ein Elch. Und schau dir erst mal meinen Bart an!«

Auch mit dem Gewehr kam es bei Jerofej zu einem unerfreulichen Vorfall. Er hatte das Gewehr in der Taiga in einer alten Zirbelkiefer versteckt. Und ausgerechnet an dieser Stelle mußte es im letzten Jahr einen Taigabrand geben!

»Die Zirbelkiefer war abgebrannt. Vom Gewehr war nur noch das Eisen übriggeblieben. Ich machte einen neuen Gewehrschaft. Von den beiden Läufen ist nur noch einer zu gebrauchen. Mit dieser Ausrüstung verschaffte ich mir dann die für Amateurjäger erlaubten fünf Zobel. Jetzt überlege ich mir, was ich mir von dem Erlös zulegen soll. Entweder Tee und Zucker oder ein Gewehr. In der Taiga kommt man ohne Gewehr nicht aus.«

Während wir uns leise unterhalten, wirtschaftet Jerofej herum: Er inspiziert den Ofen, schätzt ab, wieviele Ziegelsteine noch fehlen, kümmert sich um die Ziegen und füttert den geschwächten Hahn aus der Hand. Verschwitzt kommt er in die Hütte. Unter dem geöffneten Hemdkragen sieht man die Schnur, an der das Kreuz hängt. Ich hatte die Schnur schon während des abendlichen Gesprächs bemerkt.

»Ist das Agafjas Einfluß?«

»Ja, so kann man wohl sagen...«

Ein Kranker spricht in erster Linie über Krankheiten. Agafja ist da keine Ausnahme. Und wie ein Arzt muß man sich geduldig ihre Klagen anhören. »Mir bricht das Kreuz... die Hand tut weh... die Beine gehorchen mir nicht mehr so.« Alle Hoffnung auf Heilung verbindet Agafja nun mit den Thermen. Sie liegen den Abakan flußabwärts. Im Herbst hatte Agafja die Piloten dazu bewegen können, sie dorthin zu bringen. Sie überließ Jerofej ihre Wirtschaft und »badete acht Tage lang mit großem Nutzen im heißen Wasser«, so daß die Wunde am Arm verheilte und die Salben, die ich aus Moskau für sie mitgebracht hatte, überflüssig geworden waren. Rücken, Arme und Beine schmerzen jedoch. Und das Gespräch kommt in Zyklen immer wieder auf die Thermen zurück. Ich sage, man solle auf den Sommer warten, da würden die Hubschrauber öfter fliegen...

Daß die Flüge jetzt unvorstellbar teuer sind, versteht Agafja nur zum Teil. Die Enthusiasten, die hier die Funkboje mit dem SOS-Signal installierten, haben in dieser naiven Taigaseele die Illusion erweckt, daß ein Hubschrauber leicht verfügbar ist: Kaum hat man an der »Schnur« gezogen, ist der Hubschrauber schon da. Aber er kommt leider nicht. Über hunderttausend Rubel kostet es hin und zurück. Wer soll das bezahlen? Mit ihr darüber zu reden, konnte ich mich nicht entschließen. Ich habe sie nur gewarnt: Ohne äußerste Not sollte sie auf keinen Fall Alarm auslösen. Das ist doch heutzutage nicht der einzige Fall, wo die Weltraumtechnik nicht den Realitäten des Lebens angemessen ist! Agafja kann das nicht verstehen. Aber diejenigen, die die Funkboje installiert haben, müßten es verstehen. Und so sollte man entweder dazu kommen (aber wie?), daß auf das Signal hin ein Hubschrauber kommt, oder man muß Agafja aufrichtig sagen: Das Unterfangen mit der »Schnur« und dem Hubschrauber ist nicht zuverlässig.

Es ist heute noch nicht einmal leicht, Agafja angemessene und reale Hilfe zu leisten. Die Einnahmen aus der Subskription des Buches *Endstation Taiga* haben wir nach Abakan überwiesen und Nikolai Nikolajewitsch Sawuschkin, der jetzt Chakassischer Forstwirtschaftsminister ist, gebeten, die Gelder zu verwalten. Ich kenne diesen Mann nun schon über zehn Jahre. Mit »Agafjas Geldern« hat Nikolai Nikolajewitsch schon drei Säcke Mehl und Grütze, dreizehn Kilo tiefgefrorenen Fisch und Heu für die Ziegen hingeschafft.

Wir sprachen noch über die Ziegen. Eine müßte man ersetzen, da sie zu wenig Milch gibt. Und sie bat um drei »bunte« Hühner. Die weißen Hühner, die man hierher gebracht hatte, legen zwar gut, brüten aber nicht. Und Agafja hätte so gerne Küken.

Auf den Regalen liegt das bereits zur Gewohnheit gewordene Sortiment Moskauer Geschenke: Batterien, Kerzen, Zitronen. Ich schaue in mein Notizbuch, was ich noch zu fragen habe. Es gibt noch soviel, was ich gerne wissen möchte. Aber das Gespräch wird durch den Motorenlärm unterbrochen – der Hubschrauber muß weiter, die Besuchszeit ist zu Ende.

Drushok, der den nahen Abschied spürt, bellt heftig. Agafja bleibt diesmal nicht auf dem Hügel, sondern trippelt zum Hubschrauber. Sie läuft zur Kabine, um sich von den Piloten zu verabschieden: Sie weiß, wie sehr ihre Existenz in der Taiga von ihnen abhängt. Am Hubschrauber wirkt sie wie ein kleines Kind neben einem großen Spielzeug.

Wir fliegen zwischen den Bergen aus der Schlucht. Auf der Karte des Jagdkundlers sind – »damit niemand vergessen wird« – die Punkte in der Taiga verzeichnet, an denen Jäger auf uns warten.

Und da ist auch schon einer. Aus Angst, der Propellerwind könnte sein Gepäck wegwehen, legt er sich auf den Haufen Säcke und Bündel und umfaßt alles mit weit ausgebreiteten Armen. Wieder fliegen ein Hund, Skier, Kisten und Säcke durch die geöffnete Tür. Der Jäger selbst trägt eine Jacke aus Militärloden und schaut mit verwildertem Blick in die Runde, als könne er nicht glauben, wieder unter Menschen zu sein. »Jungs, laßt mich euch alle umarmen!« Schulterklopfen, derbe Witze, Tabak wird gereicht. Vier Monate sind für einen Menschen lang genug, um starke Sehnsucht nach Hause, nach einer menschlichen Stimme zu bekommen...

Wieder jemand in einer Jacke aus grauem Militärloden. Ein Riese. Er hat beim Bereitstellen seiner Sachen einen Fehler gemacht. Einen leichten Sack, möglicherweise ausgerechnet der mit den Zobelfellen, trägt der heftige, direkt über dem Boden fegende Schneesturm immer weiter fort... Dann bleibt der Sack an einem Gebüsch liegen. Wir müssen mitansehen, wie der Jäger nicht läuft, sondern bis zu den Schultern im Schnee versunken zu seinem weggewehten Gepäck schwimmt. Wir können ihm überhaupt nicht helfen, können den Wind nicht verringern – der Hubschrauber schwebt direkt über einem Schneekissen. »Das kann vorkommen. Es ist nicht das erste Mal«, beruhigt uns der Pilot. Und tatsächlich regelt sich alles. Der Riese wirft den unglückseligen Sack in die Maschine, hilft dem Hund hinauf und stellt danach eine aus dünnen Zirbelkieferlatten genagelte Kiste hinein. »Wißt ihr, was da drin ist?« Er öffnet den Deckel. In der Kiste sind sieben schwarzweiße, dicke Welpen. »Meine Hunde haben sich miteinander amüsiert!«

Ohne Zwischenfälle und genau nach Plan gehen wir noch dreizehnmal hinunter. Der Hubschrauber ist bis unters Dach mit Gepäck vollgestopft. Es ist so eng, daß ich die letzten zwanzig Flugminuten auf einem Bein stehe.

»Nun ist die Taiga menschenleer«, sagt Jerofej nachdenklich und schaut dabei auf die entlang des Abakan vorbeifliegenden schneebedeckten Tannen. Aber dann schreckt er auf: »Was heißt menschenleer, sie ist gar nicht menschenleer...« Er spricht nicht zu Ende, weiß er doch, daß ich sehr wohl verstehe, was er sagen will.

P. S. Dieser Bericht war bereits druckfertig, als die Zeitungen die Meldung veröffentlichten: »Agafja Lykowa hat SOS gesendet...« Weiter war die Rede von ihren Krankheiten und davon, daß wegen der hohen Kosten kein Hubschrauber geschickt werden kann. Ich dachte: Jetzt ist das geschehen, was kommen mußte. Aber aus welchem Grund hatte Agafja an der »Schnur« gezogen? War es etwas Ernstes, oder hatte dieses Kind der Taiga, von unseren Alltagsschwierigkeiten nichts ahnend, das Signal ohne äußerste Not ausgelöst? Besorgt rief ich Nikolai Nikolajewitsch Sawuschkin in Abakan an. Er antwortete zwei Stunden später: »Im Flughafen von Abakan sagte man mir: ›Es ist kein Notsignal über Satellit gekommen.‹« So kann man nur rätseln, wie diese alarmierende Meldung entstanden ist und ob Agafja damit irgend etwas zu tun hat.

NOCH NICHT DAS LETZTE WORT

Soweit unsere Geschichte. Die Geschichte eines beinahe vorsintflutlichen Lebens. Es ist anzunehmen, daß es in der Vergangenheit viele vergleichbare Einsiedeleien gab. In den dreihundert Jahren seit Nikon und Peter hat die Taiga eine Vielzahl jeglicher Klausen, Hütten und Grabkreuze geschluckt. Das ist Vergangenheit. Dieser Fall in der Taiga aber ist etwas ganz anderes, kommt dem Fund eines lebendigen Mammuts gleich.

Ein schwer zu beschreibendes Gefühl überkam mich, als ich den Lykows begegnete. Die Möglichkeit, daß eine winzige Gruppe von Menschen unter diesen selbstgewählten Bedingungen überleben kann, ohne die Nachbarschaft mit Gleichen, ohne die Freude, jemanden anzulächeln, ohne die Möglichkeit, um Hilfe zu bitten und schließlich ohne die Möglichkeit, jemanden zu haben, wenn man stirbt, beschäftigte mich sehr. Auge in Auge mit der wenn nicht armen, so doch unerbittlichen Natur. Interessant war es auch, die Kraft des Glaubens zu spüren. Dieser starke Glaube, diese Überzeugung, »nur wir sind wahre Christen«, drängte sie zur äußersten Isolation in der Taiga. Aber dieselbe Stärke im Glauben half ihnen zu überleben, durchzuhalten und alles zu ertragen, was ihnen das Schicksal vorgezeichnet hatte. Ein Experiment, das durch das Leben selbst vorgenommen wurde. Alles an diesem außergewöhnlichen Fall ist interessant: sowohl das Leben in der Isolation als auch alles, was später, nach der Begegnung mit Menschen, geschah. Fassen wir nun unsere Beobachtungen und Überlegungen zusammen.

Der Grund des Einsiedlerlebens... Seine weit zurückliegenden Anfänge muß man im religiösen Raskol zu Zeiten des Zaren Alexei Michailowitsch und seines Sohnes Peter suchen. Er war eine kolossale Erschütterung, hervorgerufen nur durch einige Veränderungen kirchlicher Riten und die Korrektur der aus dem Griechischen abgeschriebenen Bücher. Es war ein starker Einschnitt in die althergebrachte Lebensform. Dieser Prozeß war äußerst schmerzlich und zwang die Anhänger der »heiligen alten Zeiten«, in die Wälder zu gehen.

Von der Zersplitterung der Altgläubigen zunächst in *Popowzy* (mit Priestertum) und *Bespopowzy* (Priesterlose) und danach in eine Vielzahl von Sekten war in diesem Bericht kurz die Rede. Die Lykows gehören zu einer der Sekten, deren Position sie mit dem Wort »Es ist uns nicht möglich, mit der Welt zu leben« beschreiben. Seit Peter dem Ersten bedeutete dies die Ablehnung von Zarenherrschaft, staatlichen Gesetzen, Geld, Armeedienst, Pässen und Papieren aller Art. Um all das befolgen zu können, mußte man sich verstecken und ohne die Berührung mit der »Welt« leben. Angesichts der riesigen Weiten des Landes gelang das vollkommen.

Die stürmischen Ereignisse unseres Jahrhunderts, die in das Leben von Millionen Menschen eingriffen, erreichten auch die Klausen in der Taiga. Selbstverbrennungen wie unter Peter gab es nicht, aber Blut wurde vergossen, womit sich in den Augen der Einsiedler die Sündhaftigkeit der Welt bestätigte. Wie können Körper und Seele gerettet werden? Nur, indem man noch tiefer in die Taiga zieht, in ihre unzugänglichsten Winkel. So begann die Robinsonade der Lykows am Oberlauf des Abakan. Erinnern wir uns: Bis 1945 lebten sie »nicht im Verborgenen«. Ihre Hütte war sogar in den Karten der Topographen und Geologen verzeichnet. Das Versteck entstand im letzten Kriegsjahr, als aus Richtung der autonomen Republik Tuwa ein Militärtrupp kam. Das Leben zwang die Lykows zum wiederholten Male, eine Zuflucht vor der »Welt« zu suchen, und »vergrub« die Familie fünfunddreißig Jahre lang auf jenem Berg in der Taiga.

Waren die Lykows froh über die Begegnung mit den Menschen? Ich denke, ja. Nach dem ersten Schrecken und den ersten zaghaften Kontakten zog es die »Robinsons« zu den Geologen, hatten sie in ihnen doch Menschen entdeckt, die mitfühlend und zu uneigennütziger Hilfe bereit waren. Und Hilfe brauchten sie. »Wir waren ganz abgerissen. Kleidung gab es nicht, Geschirr gab es nicht, ein brauchbares Messer gab es nicht. Ohne Salz aßen wir...«, erinnert sich Agafja. Aber das war noch nicht alles. Nicht weniger wichtig war das Bedürfnis nach Kontakt zu Menschen. Die jungen Lykows entdeckten die Welt. Sie empfanden eine starke Neugier, den Wunsch, alles zu erfahren und zu verstehen. Jerofej erklärt diese wichtige Veränderung auf seine Art: »Das Leben war für sie wie ein Schwarz-Weiß-Fernseher. Und plötzlich veränderte sich der Fernseher, wurde er farbig.« Die natürliche, menschliche Neugier und der Drang zu den Menschen machten die Lykows gastfreundlich und veranlaßten sie zu regelmäßigen Besuchen bei den Geologen. Da sie nicht immer die Möglichkeit hatten, den Fluß zu durchwaten, begannen sie ein Boot zu bauen und fällten zu diesem Zweck eine riesige Zirbelkiefer. Man war mit dem Zimmern fast fertig, als drei unerwartete Tode kurz nacheinander eine weitere dramatische Seite im »nicht mehr der Geheimhaltung unterliegenden« Lebensbuch der Lykows beschrieben.

Wie sich alles ereignet hat, wissen wir nur aus Erzählungen. Als ich das erste Mal an den Abakan gelangte, traf ich nur noch Agafja und Karp Ossipowitsch an. Es war natürlich, zu denken, daß die übrigen Familienmitglieder an irgendeinem Virus gestorben sind, das für uns gewohnt, für isolierte Menschengruppen dagegen verhängnisvoll ist. Der Krasnojarsker Arzt Igor Pawlowitsch Nasarow hält an ebendieser Virus-Version fest. Gründlichere Nachfragen aber ergeben, daß zumindest zwei der drei an anderen Krankheiten gestorben sind. Dmitri hatte sich erkältet. »Er ging im Regen von der oberen Hütte zu der unteren. Er war durchnäßt. Er hätte sich trocknen müssen – es war doch Herbst, aber naß und durchfroren ging er zum Bruder ins Wasser, um die Fallen für den Fisch aufzustellen. Und wurde bettlägerig.« Sawin litt immer sehr an einer Darmkrankheit. »Und als sie das Boot bauten, schleppte er einen Baumstamm und überhob sich. Blutiger Durchfall brach auf. Dann kam der Tod des Bruders, dann hat der Schnee die Kartoffeln bedeckt, und Sawin hat nicht auf uns gehört und mit uns nach ihnen gegraben. Und er blutete aus.« Natalja, die sah, daß nach Dmitri nun auch Sawin starb, sagte: »Und ich werde vor Kummer sterben...« – »Die Patin (Natalja) wusch die blutigen Lappen im kalten Bach aus und verkühlte sich.« So war das. Wie Dominosteine: wenn einer umfällt, kippen auch die anderen. Wäre ihr Lebensstereotyp nicht durchbrochen worden, hätte es eine so dramatische Kettenreaktion vielleicht nicht gegeben. Aber die Begegnung mit den Menschen war für die Lykows eine Erschütterung. Den »Jungen« ging sie sehr ans Gemüt, sie machte sie nachdenklich, führte zu Diskussionen und Streit: Lebten sie denn richtig? Es entstanden unlösbare Widersprüche zwischen den verschiedenen Tabus und dem gesunden Menschenverstand. Im modernen Sprachgebrauch nennt man das Streß. Streß führt zu einer Schwächung des Organismus. Früher konnte Dmitri barfuß im Schnee laufen, aber nun hatte ihn eine Krankheit überwältigt. Sawin konnten sie früher durch das »Richten des Bauches« wieder auf die Beine bringen, aber diesmal stand er nicht mehr auf.

Am Leben blieben nur noch der Älteste und die Jüngste in der Familie. Und zu zweit lebten sie sechs Jahre lang. Während meiner leider seltenen Besuche bei Agafja und Karp Ossipowitsch beobachtete ich, wie sie allmählich, wie Jerofej es ausdrückte, »richtige Russen wurden«, ohne allerdings in der Hauptsache auch nur einen Deut nachzugeben: »Mit der Welt zu leben ist uns nicht möglich«.

Das Essen. Anfänglich nahmen sie nur Salz an. Dann nahmen sie auch Grütze, Mehl, Eier und nicht ausgenommenen Fisch. Wenn man analysiert, wie sie so zwischen Erlaubtem und Unerlaubtem unterscheiden, sieht man: Unerlaubt ist, was irgendeine »weltliche« Verarbeitung durchlaufen hat oder sich in »weltlichem« Geschirr befindet. Honig in einem Glasbehälter wurde als untauglich abgelehnt, in einem Tujesok dagegen nahmen sie ihn. Haferflocken mußte man aus der Packung in einen Sack umfüllen. Worum ging es dabei? Den Grund muß man wiederum in den früheren Jahren des Altgläubigentums suchen.

Der Raskol fiel zeitlich zusammen mit den Pest- und Cholera-Epidemien. Es kam vor, daß Klausen innerhalb einer Woche verwaisten. In jener längst vergangenen Zeit hatte man natürlich keine Ahnung von Mikrobiologie. Der gesunde Menschenverstand aber sagte: Die Krankheit brach mit dem Erscheinen eines Zugereisten aus oder wurde »im Geschirr gebracht«. Aus diesem Grund wird sogar in weniger strengen Altgläubigensekten niemand einen Fremden aus seinem Becher trinken lassen. Die schrecklichen Krankheiten von früher gibt es nicht mehr. Das alte Raskolnik-Mütterchen von heute hat möglicherweise gar keine Ahnung von ihnen. Einen Becher könnte man, wenn jemand zufällig daraus getrunken hat, auch abwaschen. Aber nein, der Becher wird weggeworfen – er ist »besudelt«. So schreibt es das von Jahrhunderten geheiligte Ritual ihres Glaubens- und Alltagslebens vor.

Bei den Lykows herrschte besondere Strenge. Das Geschirr war immer gesondert. Bei der Begrüßung gaben sie niemandem die Hand. Berührten sie einen Besucher zufällig, liefen sie sofort zu ihrem Handwaschbecken aus Birkenrinde. Manchmal kam es vor, daß kein Wasser darin war. Dann rieben sie einfach die Hände über dem Waschbecken und hatten damit das Ritual befolgt. Aber es kam der Moment, als Vater und Tochter dem Doktor erlaubten, sie zu untersuchen, zu befühlen und abzuhören, und sie sich auch nicht gegen eine Blutabnahme sperrten. Wenn die Umstände sie dazu zwangen, schluckte Agafja sogar Tabletten, die doch so streng »von Gott verboten« waren. Karp Ossipowitsch ließ sich das Bein in Gips legen.

Aus demselben ursprünglichen Grund, so ist zu vermuten, nahmen die Lykows keine getragene Kleidung an, auch wenn sie gut gewaschen war – nur neue!

Wenn von den Lykows die Rede ist, hört man am häufigsten die Frage: »Wie war das mit dem Flugzeug, dem Hubschrauber, dem Fernseher?« Interessanterweise setzten die Lykows Flugzeuge und Hubschrauber überhaupt nicht in Erstaunen, sie nahmen sie gewissermaßen als unsündige Gegebenheit: »Die Menschen haben sie erdacht.« Die strengen Glaubensregeln sahen keine Beziehung zu diesen Dingen vor. Streichhölzer (»Schwefelchen«) aber waren vor langer Zeit als sündig abgestempelt worden und werden auch jetzt nicht akzeptiert. Obwohl es auch hier eine Lockerung gibt. In der letzten Zeit benutzt Agafja Streichhölzer, um Holz anzuzünden. Das Feuer für Kerzen und zum Kochen dagegen macht sie nur mit dem Feuerstein.

Manches hatten die Lykows erst hier, auf dem Berg, als »sündig« eingestuft. Die Banja ist ein typisches Beispiel dafür. Karp Ossipowitsch kannte Dampfbad und Birkenruten aus seiner Jugendzeit. In der Taiga hätte die Banja zur Hauptfreude des Alltags werden, Sauberkeit und Ordentlichkeit in vielen anderen Dingen »diktieren« und als Therapie dienen können. Aber die Lykows waren heruntergekommen, und so schlossen sie die Banja aus der Reihe der christlichen Tugenden aus.

Das strengste Tabu legt der »wahre christliche Glaube« der Lykows auf das Fotografieren. »Nicht möglich«, und damit hat es sich. So war es bei unserer ersten Begegnung. Und bis heute gibt es keine Lockerung dieses Tabus. Woran liegt das? Es liegt offenbar in der Natur des Fotografierens selbst, das den Gegenpol zu ihrem verborgenen Taigaleben bildet. Da verstecken sich die Menschen, und das Fotografieren macht dieses Verborgene offensichtlich. Das Urteil wurde gefällt, sobald man hier mit Fotoapparaten auftauchte. Und um das Verbot durchzusetzen, wurde das Fotografieren als äußerst sündige Angelegenheit bezeichnet. Das Tabu wird strikt eingehalten. Ich habe es mit Erklärungen und Überredung versucht, aber nichts erreicht. Nur einmal sagte Agafja: »Wenn man heimlich, gegen seinen Willen fotografiert wird, dann ist die Sünde nicht so groß. Die Sünde fällt auf den, der das Maschinchen hat.« Dabei ließen wir es bewenden. Und um die guten Beziehungen nicht zu stören, nahm ich die Kamera nur noch selten aus dem Rucksack, unter dem Vorwand, meine Begleiter oder irgend etwas neben der Hütte zu fotografieren.

Interessant ist, wie sich das Verhältnis der Lykows zum Geld entwickelt hat. Aus Neugier, so erinnere ich mich, zeigte ich Agafja und Karp Ossipowitsch einen Zehnrubelschein, den der »Lykow-Fonds« von einem Leser der *Komsomolskaja Prawda* bekommen hatte. Ihre Reaktion war, als hätte man den Teufel persönlich in die Hütte gelassen. »Nun steck das doch bitte weg, Wassili Michailowitsch«, flehte der Alte, »das ist etwas Weltliches, etwas Weltliches.« Aber etwa zwei Jahre später zeigte Agafja mir heimlich einen Beutel mit Geld. Sie erklärte, daß sie es von Jerofej habe, der sie überredet hatte, es anzunehmen: »Das haben Glaubensbrüder von dir geschickt, und es kann sein, daß du es brauchst.« Die Kontakte zur »Welt« hatten das Geldverbot außer Kraft gesetzt. Die Reise zu den Verwandten und dann auch zu den Müttern am Jenissei machten es dann schon direkt erforderlich, mit Geld ausgestattet zu sein. Und obwohl die Menschen für Agafja, sobald man sie erkannte, uneigennützig und mit Freuden fast alles machten, fühlte sie: Geld macht unabhängig in der »Welt«.

Soviel zu den äußeren Veränderungen der Lykows durch den Kontakt mit dem bis dahin gemiedenen Leben. Doch auch eine Entwicklung der Persönlichkeit ist natürlich spürbar, insbesondere bei Agafja. Als ich Agafja zum erstenmal begegnete, war sie eine über und über mit Ruß befleckte Wilde, war ein erwachsenes Kind, nicht dumm, aber sozial rückständig. Wer sie heute zum erstenmal sieht, denkt genauso. Für mich aber ist es schon eine andere Agafja. Sie ist nunmehr selbstbeherrscht-besonnen, ironisch, ordentlicher gekleidet und bemüht, in der Hütte Ordnung zu halten; sie hat nun den Wunsch, ihre Behausung irgendwie zu schmücken: Im Regal steht ein Wasserkessel, auf dem seitlich ein Bär abgebildet ist; sie freut sich über einen roten gußeisernen Topf und findet ein Kopftuch mit Blümchenrand schön. Ihre Sprache ist reicher geworden, sie verfügt über eine Vielzahl neuer, häufig unerwarteter Wörter. Ihr ausgezeichnetes Gedächtnis bewahrt die Bilder dessen, was sie gesehen hat. Und weil Agafja zu allem eine eigene, feste, ausgewogene und unerschütterliche Meinung hat, würde sie bei Kaschpirowski[1] nie in Hypnose fallen. Sie errät einiges von der Stärke der »Welt« und auch von deren Schwächen, versteht ihre eigene Abhängigkeit von ihr und zieht zugleich auf sehr vernünftige Weise die Grenzen dieser Abhängigkeit. Ihre »unionsweite Berühmtheit« nahmen

1 Kaschpirowski: populärer Wunderheiler und Hypnotiseur in der ehemaligen UdSSR (A. d. Ü.).

Agafja und ihr Vater zurückhaltend auf, und nachdem sie darüber nachgedacht hatten, beschlossen sie offenbar, daß nichts Schlechtes daran ist. »Von uns, habe ich gehört, weiß man auch in Amerika«, sagte Karp Ossipowitsch einmal zu mir. Ich spürte seinen Stolz: So sind wir Lykows eben.

Die reichlichen Geschenke – Werkzeug, Geschirr, Kleidung, Nahrungsmittel – hätten die Lykows eigentlich verlocken können, alles als etwas ihnen selbstverständlich Zustehendes zu nehmen. In der Tat gab es auch Momente eines Lebens auf Kosten anderer. Aber in keinem Fall habe ich einen Verlust ihrer Würde bemerkt. In der ersten Zeit haben die Lykows sehr selten um etwas gebeten, man konnte ihre Wünsche nur erraten. Jetzt kann Agafja sagen: »Die Ziegen könnten Heu gebrauchen...« Heu kann man nur mit dem Hubschrauber herbringen. Und das tut man auch, dank der Tatsache, daß der Hubschrauber häufig zu den Geologen kommt und nicht voll beladen ist.

Hauptsache, Agafja hat wirklich begriffen, daß man sie nicht im Stich läßt. Diese entscheidende Entdeckung bei dem Kontakt mit der »Welt« hatte übrigens keinerlei Einfluß auf ihre frühere Einstellung: »Uns ist es mit der Welt nicht möglich.« Der Lykowsche Charakter und die Festigkeit ihres Glaubens sind bei allen Veränderungen in ihrem Leben dieselben geblieben.

Man hätte natürlich erwarten können, die alleingebliebene Agafja würde zumindest in die Nähe der »Welt« rücken. Nein, sie war bei ihren Verwandten (Glaubensbrüdern!) und fand, daß sie den Glauben schlecht befolgen und im Zusammenleben nicht freundschaftlich sind. Nach ihrem Besuch bei den Nonnen am Jenissei fällte sie das Urteil: »Sie sorgen sich nur um den vergänglichen Körper. Über die Seele machen sie sich keine Gedanken.« Und kehrte in ihre Behausung zurück.

Sind es nur die Glaubensstärke und das Vermächtnis des

Vaters: »Geh nicht in die Welt«, die sie in dieser entsetzlichen, unvorstellbaren Einsamkeit halten? Ich denke nein. Der Glaube bedeutet natürlich viel, aber man sollte auch folgendes bedenken: Der Mensch ist das Produkt seiner Umwelt, in der er aufgewachsen ist. Für Agafja, die sechsunddreißig Jahre lang nichts anderes kannte als den Wald, ist die Taiga kein Feind. Im Gegenteil, alles ist ihr hier vertraut und lieb. Wenn sie alles, was sie gesehen hat, mit »ihren« Plätzen vergleicht, dann ist sie nur um so überzeugter von deren Vorzügen und kehrt zu ihnen zurück. Als Stütze bei dieser Wahl dienen ihr der durch nichts und niemanden zu erschütternde Glaube, die Lebensgewohnheiten, die beweinten Gräber von Eltern, Schwester und Brüdern.

Denkt dieser außergewöhnliche Mensch an den Tod, begreift er, daß der Tod ihm unter den gegebenen Umständen zu jedem beliebigen Zeitpunkt auflauern kann? Ja, Agafja begreift das. Ich habe oft mit ihr darüber gesprochen. Aber für sie ist der Tod etwas anderes als für viele von uns. Wer davon überzeugt ist, daß es außer diesem irdischen und vergänglichen Leben noch ein anderes gibt, dem ist der Tod lediglich die Grenze zu einem anderen Reich. »Aber angenommen, du begegnest einem Bären. Und der zerreißt dich. Von was für einer Auferstehung kann man da reden?« Selbst ein solches Ende beunruhigt Agafja nicht. »Ach, Wassili Michailowitsch, alles wird dort oben doch wieder vereint.«

Ich schreibe den Schluß dieser Erzählung an einem Herbstabend und versuche mir vorzustellen, wie es dort, in den menschenleeren Bergen, jetzt wohl ist. Der Fluß ist noch nicht gefroren, er rauscht in der Mondnacht über den Steinen. Die Taiga aber ist schweigsam. Und zwischen den Bäumen leuchtet ein Fensterchen. Niemand wird hineinschauen. Die Bewohnerin, die bei Kerzenlicht ihr Gebet in der Hütte verrichtet, kann, was auch immer ihr geschieht, niemanden durch ihre Rufe erreichen, allenfalls beginnen die Ziegen im Stall zu meckern oder der Hund schlägt an... Über den Bergen steht der Große Bär. Agafja nennt dieses Sternbild den Elch, bei den Mongolen ist es das Fuhrwerk der Ewigkeit.

Der Mensch ist nur ein Staubpartikel im Universum. Aber auf Erden wünscht er sich Glück und große wie kleine Freuden. Das Schicksal ist nicht allen hold. Agafja, die 1944 hier am Fluß Jerinat geboren wurde, bereitete es eine Einsamkeit, die sie nicht flieht. Sie kann nicht und sie will nicht.

Ob
S I B
Ob
Tomsk
Omsk
Nowosibirsk
Nowokusnetzk
Ob
SCHORIA
Taschtagol
Kilinsk
Irtysch
Einsiedelei der Lykows
nach Abasa 250km
nach Moskau 3000km
Teletzker-See
Semipalatinsk
4506
KASACHSTAN
Balchaschsee
CHINA